Jeder pflegt allein

Wie es in deutschen Heimen wirklich zugeht.

Eine Reportage von Daniel Drepper

Jeder pflegt allein

Wie es in deutschen Heimen wirklich zugeht.

Eine Reportage von Daniel Drepper

CORRECTIV – BÜCHER FÜR DIE GESELLSCHAFT

Inhalt

Vorwort / Seite 10
Warum ich dieses Buch geschrieben habe. Und was Sie erwartet.

Tod und Leben / Seite 18
Ein Trauma und seine Folgen. Der Kämpfer Marcus Jogerst.

Undercover / Seite 26
Wir ziehen verdeckt in zwei Pflegeheime – als Bewohner.

Familienpflege / Seite 30
Jogerst wird zum Rebell. Und warum das noch immer eine Ausnahme ist.

Verändern / Seite 40
Wie sich Jogerst freischwimmt. Pfleger fliehen aus der Pflege. Einer brennt aus..

Undercover in Bremen / Seite 56
Kaum betreut. Keine Tabletten. Gefälschte Dokumente.

Endlich Chef / Seite 66
Ein eigenes Heim für Jogerst. Pflege wird zum Geschäft.
Ein Heimleiter macht reinen Tisch.

Bis auf das letzte Hemd / Seite 86
Jogerst ringt ums Geld, gegen die Pflegekasse und das Sozialamt.

Einzelkämpfer / Seite 96
Die Bürokratie frisst nicht nur Jogerst, sondern die Pflege auf.
Eine Pflegedienstleiterin erzählt.

Die Mühlen der Politik / Seite 122
Jogerst geht nach Berlin, kämpft für die Pflege und gegen illegale Pflegesklaven.

Undercover in Niedersachsen / Seite 144
Keine Zeit für Michael. Bingo und sonst nichts. Angst vor dem Alter.

Schlusswort / Seite 152
Warum die Politik in die falsche Richtung steuert und wir alle für die Pflege aufstehen müssen.

Ratgeber / Seite 158
Ihr Recht auf Auskunft. Tipps. Kontakte.

Hintergrund und Quellen / Seite 186

Danksagung / Seite 198

Der Autor / Seite 202

Über Correctiv / Seite 206

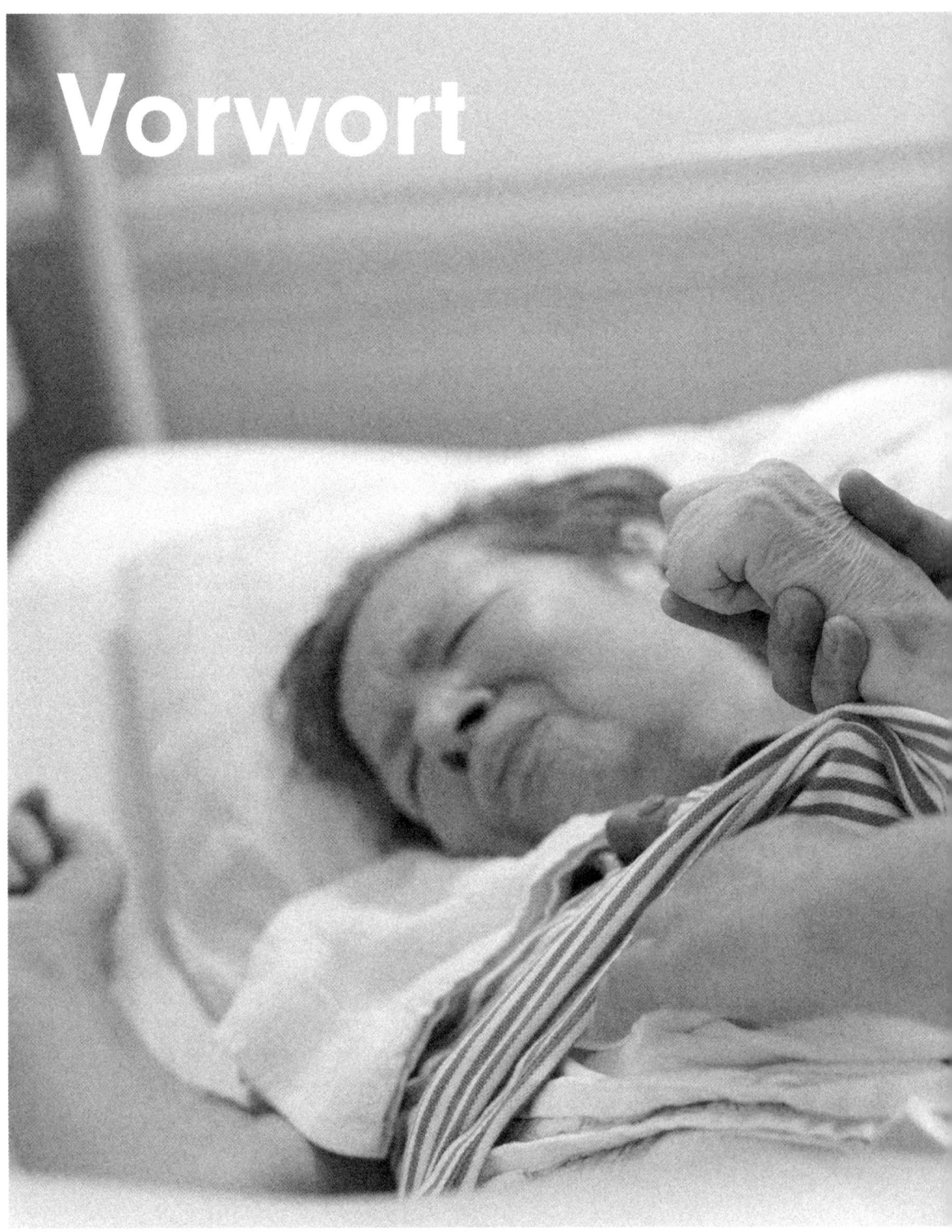

Vorwort

Jeder pflegt allein – Wie es in deutschen Heimen wirklich zugeht.

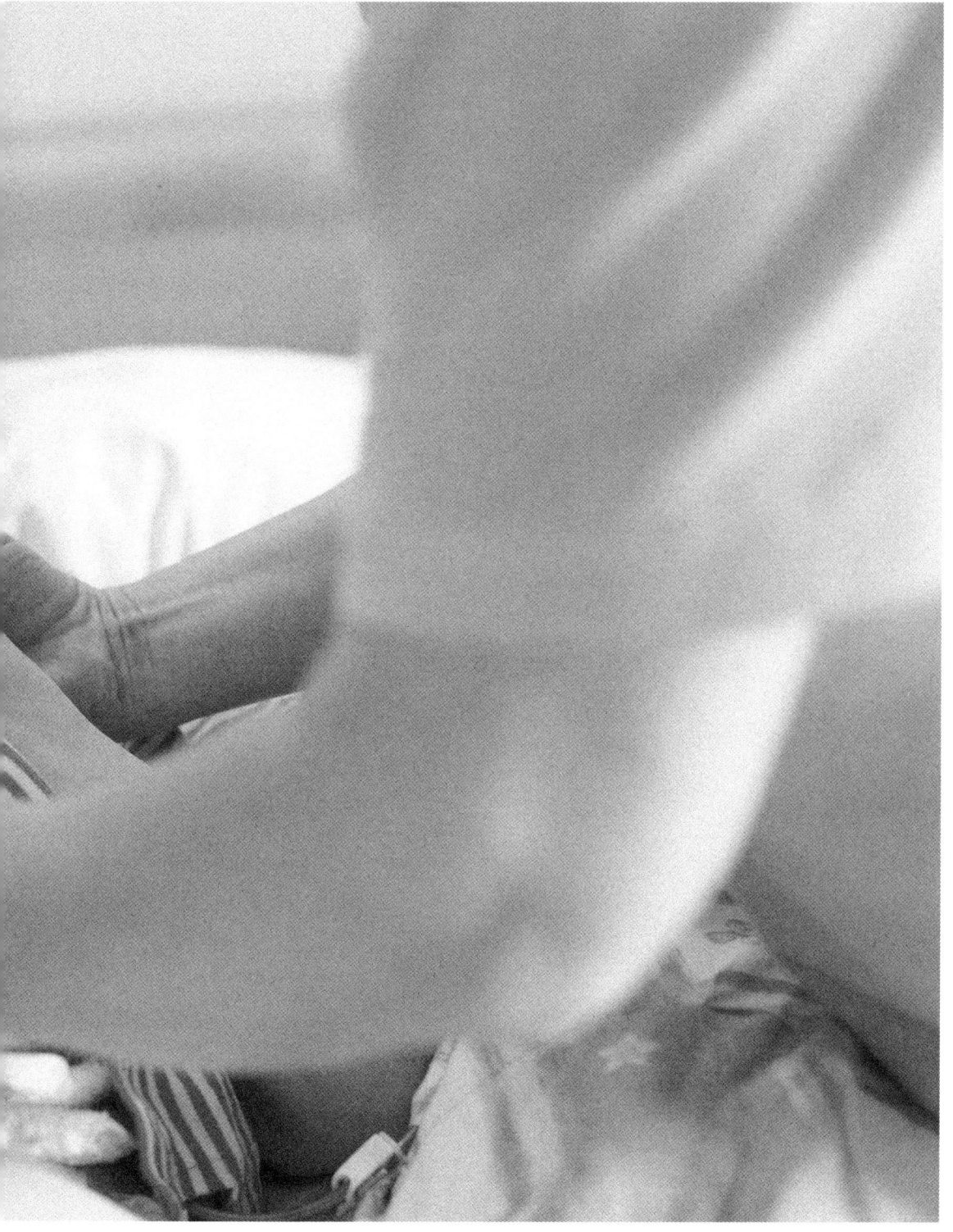

Vorwort

Ein Freund sagte kürzlich am Telefon: „Wenn ich 65 bin, verprasse ich fünf Jahre lang mein restliches Geld. Und wenn das Geld weg ist, dann nehme ich mir eine Pille und mache Schluss.“

Viele haben Angst vor dem Altwerden. Es ist eine Angst vor der Hilfslosigkeit. Vor dem Dahinsiechen. Vor dem Vergessenwerden. Kinder haben ihre Eltern. Alte Menschen haben oft niemanden. Oder zumindest niemanden, der die Zeit, die Kraft oder auch nur die Lust hat, sich um sie zu kümmern.

Kaum jemand von meinen Kollegen lebt in derselben Stadt wie seine Eltern. Meine Eltern leben in Münster, die Schwiegereltern in Karlsruhe. Meine Frau und ich wohnen in Berlin. Angehörige leben heute immer häufiger verstreut über ganz Deutschland, oder sogar darüber hinaus. Wir können nicht einfach heimkehren, wenn die Eltern alt und gebrechlich werden. Und die Eltern wollen nicht zu ihren Kindern in die Großstadt.

Wir sind angewiesen auf Pflege. Auf gute Pflege. Wir wollen sicher sein, dass es unseren Eltern, unseren Angehörigen gut geht in ihren letzten Jahren.

Können wir dessen sicher sein? Nein. Und die Lage wird seit Jahren schlimmer. Es scheint, als seien „Pflege“ und „Skandal“ immer untrennbarer verbunden. Fast jede Woche gerät ein anderes Heim, ein anderes Problem in den Blick. Geschlagene und ans Bett gegurtete Großmütter. Verzweifelte Angehörige. Die Russen-Mafia. Von den Behörden geschlossene Heime. Eine Pflegerin, die alleine ihre Bewohner nicht mehr versorgen kann, zum Telefonhörer greift und aus lauter Verzweiflung die Berliner Feuerwehr zu Hilfe ruft. Horror-Heime, in denen Einmal-Windeln auf der Heizung getrocknet werden. In denen alle Bewohner am selben Tag Abführmittel bekommen, um danach in einem Abwasch gereinigt zu werden.

Was ist die gemeinsame Ursache all dieser Skandale? Warum lesen wir seit Jahren hauptsächlich Schlechtes über die Pflege? Warum halten es Pfleger im Schnitt nur gut acht Jahre in ihrem Beruf aus, bevor sie krank werden, ausbrennen, die Pflege verlassen? Warum fürchten wir uns alle so sehr davor, am Ende unseres Lebens ins Heim zu müssen?

Was muss sich ändern, damit wir Pflege nicht mehr nur mit Vernachlässigung, Gewalt und Dahinsiechen verbinden, sondern mit Professionalität, Freundlichkeit, Geborgenheit?

Für dieses Buch haben meine Kollegen von correctiv.org und ich mehr als ein Jahr lang mit Hunderten Menschen gesprochen, mit Politikern und Behörden, mit Heimbetreibern und Pflegern, mit Angehörigen, Aktivisten, Wissenschaftlern und Mitarbeitern von Pflegekassen.

Wir werden vier Menschen treffen, die in der Pflege arbeiten – stellvertretend für die mehr als eine Million Pfleger.

Wir sind mit versteckter Kamera in zwei verschiedene Heime eingezogen.

Wir haben Daten aller deutschen Pflegeheime ausgewertet und uns bislang geheime Untersuchungsberichte besorgt.

Und wir begegnen einem Visionär. Einem Menschen, der zeigt: Gute Pflege ist möglich. Er heißt Marcus Jogerst. Er ist ein Dickschädel und Kämpfer. Jemand, der sich mit einem „Nein" nicht zufrieden gibt, sondern solange gegen Mauern rennt, bis sie einstürzen. Der zeigt, wie es gehen könnte. Seine Lebensgeschichte ist der rote Faden dieses Buches.

Marcus Jogerst hat sich hoch verschuldet, um ein Altenheim zu bauen. In seinem Seniorenhaus Renchen, zwischen Karlsruhe und Freiburg, ist vieles anders. Jeweils zwölf Menschen leben in kleinen Hausgemeinschaften zusammen, Mini-WGs, in denen es manchmal so herzlich zugeht wie in einer Familie. Mit einer Betreuerin bereiten die Bewohner ihr eigenes Essen in einer Wohnküche zu, gemeinsam mit den Pflegern sitzen sie dann zu Tisch. Was auf den Teller kommt, bestimmen die Bewohner selbst. Manchmal kaufen sie die Zutaten auf dem Wochenmarkt neben dem Seniorenhaus. Anders als große Pflegeketten schaut Jogerst beim Essen nicht auf den Preis.

Jogerst will, dass sich seine Bewohner wie in einer Großfamilie fühlen, nicht wie auf einer Pflegestation. Die professionelle Pflege, das Waschen, die medizinische Versorgung bestimmen nicht den Tag der Bewohner, sondern laufen im Hintergrund. Jede Hausgemeinschaft hat bei Jogerst ihr eigenes kleines Wohnzimmer, mit Sofa und Sesseln, mit Fernseher und Stereo-Anlage, mit Büchern und Zeitschriften. Morgens wird gemeinsam in die Zeitung geschaut, abends lesen die Bewohner bei einem Glas Saft oder Wein.

Gemeinsam mit dem Förderverein des Heimes fahren die Bewohner ins russische Staatsballett nach Offenburg. Oder es geht zum Tanzen in den Acherner Bürgersaal. Sonntags gibt es gemeinsam mit Angehörigen und Nachbarn Kuchen, mal schaut eine Märchenerzählerin vorbei. Und während andere Pflegeheime Heiligabend um einige Tage vorziehen, um an Weihnachten keinen Stress zu haben, feiert Jogerst an Heiligabend gemeinsam mit Bewohnern und Angehörigen im Seniorenhaus.

Wenn im Seniorenhaus Renchen ein Bewohner am Morgen mal sein Hemd schief knöpft, dann darf er das, dann halten die Pfleger das aus. Lieber ein schief geknöpftes Hemd, als keinen Alltag mehr erleben. Das Heim als Zuhause. So sollten alle alten Menschen leben dürfen.

Marcus Jogerst hat nicht mehr Geld zur Verfügung als die Horror-Heime, von denen wir alle immer wieder lesen. Ein wichtiger Unterschied: Er investiert das Geld in gute Pflege – und macht kaum Profit. Anders als so mancher Konzern, so mancher Privatunternehmer, bei dem die Rendite an erster Stelle steht. Auf Kosten der Bewohner und der Mitarbeiter.

Seit 25 Jahren kämpft Marcus Jogerst gegen das System. Gegen die Pflegekassen, die Sozialämter, die Politiker. Jogerst war in diesen Jahren immer wieder am Limit. Er ist immer wieder gescheitert. Aber er kämpft weiter.

Marcus Jogerst hat mich sehr beeindruckt. In diesem Buch beschreibe ich seinen Kampf. Ich beschreibe, warum es so schwer ist, gute Pflege zu betreiben. Wer daran schuld ist. Und was passiert, wenn wir nichts ändern.

Dieses Buch ist nicht das Ende meiner Recherche. Es ist der Anfang. Ein erster Schritt. Auf Aufklärung muss Veränderung folgen. Ich will, dass sich die Verhältnisse ändern.

Meine Eltern sind 55 Jahre alt. Ihnen geht es gut. Sie sind fit, sie leben glücklich in unserem Heimatstädtchen im Münsterland, fahren Rad und in den Ski-Urlaub. Trotzdem machen sie sich schon jetzt Gedanken über das Alter. Unser Einfamilienhaus hat zwei Etagen und keinen Aufzug. Deshalb schauen sich meine Eltern nach einer altengerechten Wohnung um. Ich stelle mir derweil die Frage: Wie werden meine Eltern alt? Und wie kann ich sie unterstützen, wenn ich in Berlin lebe, mit dem Zug vier Stunden entfernt?

Ich habe keine Lösung für dieses Problem. Ich verdränge. Ich habe mich vor der Recherche zu diesem Buch ganz bewusst nie mit Altenpflege beschäftigt. Das Thema ist mir unangenehm, es macht mich traurig.

Die vielen Gespräche und Recherchen im vergangenen Jahr haben mir gezeigt: Wir dürfen nicht verdrängen. Wir müssen über Altenheime reden wie über Krankenhäuser, wie über Schulen, Straßen, das Internet. Denn die Probleme in unseren Altenheimen sind tiefgreifend und sie betreffen so viele Menschen, dass wir dieses Thema unbedingt anpacken müssen.

Sollten meine Eltern eines Tages auf Pflege angewiesen sein, dann möchte ich sicher sein, dass es gute Pflege ist. Dass gute Pflege dann noch möglich ist.

Ich werde weiter über dieses Thema berichten. Und ich möchte Sie um Ihre Mithilfe bitten. Schreiben Sie mir. Was sind Ihre Erfahrungen? Auf welche Missstände sind Sie gestoßen? Auf welches wegweisende Heim?

Nur wenn wir Probleme öffentlich machen und die Pflege transparenter wird, kann sich etwas ändern. Nur dann werden Politiker und Funktionäre den überforderten Pflegern zu Hilfe kommen. Nur dann können wir in Zukunft menschenwürdig pflegen.

Daniel Drepper, Berlin, Mai 2016
daniel.drepper@correctiv.org

Dieses Buch ist eine Produktion des gemeinnützigen Recherchezentrums correctiv.org. Wenn Sie unsere investigativen Recherchen unterstützen wollen, können Sie unter **correctiv.org/unterstuetzen** Fördermitglied werden. Wir freuen uns über jede Hilfe. Je mehr wir sind, desto mehr Recherche.

In diesem Buch schreibe ich durchgängig von Pflegern. Damit sind beide Geschlechter gemeint. Nur wenn es sich in einem speziellen Fall ausschließlich um Pflegerinnen handelt, verwende ich die weibliche Form. Ich nutze die männliche Form Pfleger, obwohl noch immer der allergrößte Teil der Pflegekräfte weiblich ist. Damit möchte ich verhindern, dass dieses Buch das Klischee vertieft, die Pflege sei ein Frauenberuf.

Impressum

Copyright © 2016 by CORRECTIV - Recherchen für die Gesellschaft gGmbH

Gedruckt in Lettland / Livonia Print / Riga

Autor: Daniel Drepper

Mitarbeit: Michael Schomers, Benedict Wermter, Vanessa Wormer, Benjamin Knödler, Stefan Wehrmeyer, Sandhya Kambhampati, Lovis Krüger.

Fotos: Ivo Mayr

Art Direction: Thorsten Franke

Layout: Mr. Jet Lag

Redaktion: Ariel Hauptmeier

Chefredakteur: Markus Grill

ISBN 978-3-9817400-1-1 (Hardcover)

Jeder pflegt allein
Wie es in deutschen Heimen wirklich zugeht.

CORRECTIV - Bücher für die Gesellschaft eine Marke der
CORRECTIV - Verlag und Vertrieb für die Gesellschaft UG
(haftungsbeschränkt)
Huyssenallee 11
45128 Essen

Geschäftsführung: Dr. Christian Humborg / David Schraven

Web: correctiv.org
Twitter: @correctiv_org
Facebook: correctiv.org

Wir haben Informationen zu jedem einzelnen
deutschen Pflegeheim ausgewertet.

Recherchieren Sie Ihr Heim unter
correctiv.org/pflege

Tod und Leben

Jeder pflegt allein – Wie es in deutschen Heimen wirklich zugeht.

Jeder pflegt allein – Wie es in deutschen Heimen wirklich zugeht.

Tod und Leben

Marcus Jogerst hat ein Altenheim gebaut, mit dem er beweisen will, dass pflegedürftige Menschen in Würde leben können. Er ist ein Visionär und ein Vordenker. Ein Dickschädel und ein Kämpfer. Sein Leben soll hier geschildert werden.

Wer ihn begleitet, gerät mitten hinein in ein krank machendes System. Erlebt, wie in einem Brennglas gebündelt, die Probleme der deutschen Altenpflege. Jogerst kämpft mit verkrusteten Strukturen, mit knappem Geld, fehlendem Personal und einer Bürokratie, die ihm die Luft zum Pflegen nimmt. Er kämpft gegen dubiose Vermittlungsfirmen und gegen illegale Pflegekräfte. Er erlebt 25 Jahre lang hautnah, wie das deutsche Pflegesystem unter der Last einer immer älter werdenden Bevölkerung knarzt und ächzt und fast zusammenbricht. Bis er schließlich in Berlin mit denen an einem Tisch sitzt, die unsere Pflege in Deutschland gestalten.

Als Jogerst 13 Jahre alt ist, trennen sich seine Eltern. Mutter Christa zieht aus, nimmt Marcus mit und redet schlecht über Lorenz, den Vater. Der bleibt mit Haus und Schulden zurück und bekommt eine chronische Darmentzündung. Es dauert ein halbes Jahrzehnt, bis sich Vater und Sohn wieder annähern.

Anfang Oktober 2003. Jogerst ist 28 Jahre alt und führt seit vier Jahren eine von ihm gegründete Unternehmensberatung für Pflegeheime. Nun will er sein eigenes Heim bauen. Aber er hat fast nichts gespart. Und ohne Eigenkapital gibt ihm die Bank keinen Kredit.

Er weiß, wie sparsam sein Vater ist. In welch bitterer Armut er in den Nachkriegsjahren aufgewachsen ist. Wie verbissen er sein Leben lang um finanzielle Sicherheit, um seine Altersvorsorge gekämpft hat. Er will ihn trotzdem fragen.
Vater und Sohn sitzen im elterlichen Wohnzimmer.

Papa. Ich frage Dich. Und ich bitte Dich. Du musst es nicht tun. Ich werde nicht böse sein, wenn Du Nein sagst. Kannst du dir vorstellen, deine Altersvorsorge in ein Pflegeheim zu investieren, das ich bauen will?

Der Vater bittet um Bedenkzeit. Er bespricht die Angelegenheit mit Iris, seiner neuen Frau.

Probier es doch, ermuntert ihn Iris. Ich brauche dein Geld nicht, sagt sie. Sorg lieber für deine Kinder. Und wenn etwas schief geht, dann muss der Marcus es halt zurückzahlen.

Lorenz Jogerst stimmt zu.

Vater und Sohn unterschreiben einen Vertrag.

Zwei Jahre vergehen.

Die Grundsteinlegung in der Stadtmitte von Renchen. 7000 Einwohner im zufriedenen Baden, zwischen Freiburg und Karlsruhe. Alle sind da: der Bürgermeister, dessen Stellvertreter, beide Ortsvorsteher, ehemalige Kollegen, Freunde und Verwandte. Familie Jogerst lässt sich fotografieren. Marcus posiert im Rohbau, in grauem Anzug, mit weißem Hemd, rotem Schlips und roter Baskenmütze.

Jahrelang hat Jogerst für dieses Heim gekämpft. Erst lässt ihm seine Bank fast den Kredit platzen, dann gibt es Ärger mit den Nachbarn, schließlich schickt ihm der Bauunternehmer so gut wie jede Woche irgendwelche Nachforderungen. Jetzt kommt Jogerst seinem Ziel Tag für Tag näher. Endlich will er die Pflege möglich machen, die er sonst nirgendwo durchsetzen konnte. Endlich will er alte Menschen in Ruhe leben lassen – wie in einer großen Familie, ohne die sonst üblichen starren Regeln und Hierarchien. Ende Juni soll sein Heim eröffnen.

Freitag, 9. Juni 2006.

Der Sommer beginnt, blauer Himmel, seidige 20 Grad. Jogerst hat sich den Tag frei genommen und fährt mit einem Freund an den Korker Baggersee bei Odelshofen.

Währenddessen holt Stiefmutter Iris seinen Vater Lorenz von der Arbeit ab. Lorenz setzt sich ans Steuer. Sie fahren über die Landstraße, passieren den Baggersee, an dem Marcus gerade in der Sonne liegt. Lorenz Jogerst fährt vorsichtig, wie immer, langsamer als die erlaubten 70 Stundenkilometer.

Ein Auto kommt ihnen entgegen, wird langsamer, will nach rechts abbiegen, da ist ein Erdbeerfeld zum Selbstpflücken.

Dahinter ein zweites Auto. Plötzlich beschleunigt es und schert zum Überholen aus.
Das reicht nicht, schreit Iris. Dann krachen die Wagen frontal ineinander.

Auf der Rückfahrt vom Baggersee sieht Marcus einen Helikopter aufsteigen.

Wieder daheim, sind die Eltern nicht da. Er wartet. Warum kommen sie nicht? Die sind doch sonst immer pünktlich. Jogerst starrt auf sein Handy. Als das Telefon endlich klingelt, ist seine Stiefschwester dran.

Du, Marcus, bei Kork hat ein silberner Opel Zafira einen Unfall gehabt. Sind die Eltern zu Hause?

Der Schwager fährt Jogerst zur Unfallstelle. Stiefmutter Iris ist mit Blaulicht ins Krankenhaus gebracht worden. Vater Lorenz mit dem Helikopter unterwegs in die Uniklinik Freiburg.

Jogerst fährt sofort los. Als er ankommt, schieben die Ärzte gerade seinen Vater durch die Operationsschleuse. „Passen sie mir auf seinen Kopf auf", sagt Jogerst zum Anästhesisten. Warum er das sagt, weiß er bis heute nicht. Dann verschwindet der Vater.

Samstag, 10. Juni.

Jogerst packt Wäsche zusammen, fährt nach Freiburg und läuft mit der Tasche auf die Intensivstation. Beim Betreten eilen Ärzte mit dem Bett des Vaters an ihm vorbei. Um Gottes Willen, was ist denn? Eine halbe Stunde später kommt der Arzt zurück. Alle Karten auf den Tisch, sagt Jogerst. Ich bin vom Fach. Was ist los? Der Vater habe einen Schlaganfall gehabt. In einer Not-OP setzen ihm die Ärzte zwei Stents, die seine Gefäße offen halten.

Als Jogerst den Raum betritt, ist er ganz Pfleger. Papa, du brauchst keine Angst haben. Wir schaffen das. Ich sorge für alles. Sein Vater schaut ihn an – und erbricht sich auf ihn und den behandelnden Arzt.

Jogerst ruft in Norddeutschland an, bei seiner ehemaligen Kollegin und Freundin Manuela Vallendor-Wedermann. Er sagt: Wenn ich jetzt nicht bei meinem Vater bleibe, kann ich mein Leben lang nicht mehr in den Spiegel schauen. Sie steigt ins Auto und übernimmt die Hoheit über die Baustelle.

Jogerst bleibt in Freiburg. Es geht auf und ab. Mal sagt der Anästhesist: Es sieht gut aus, die Schwellung geht zurück. Dann wird der Druck zu stark. Die Ärzte schneiden die Schädeldecke auf. Wieder bessert sich der Zustand.

Dienstag, 13. Juni.

Jogerst fährt aus Freiburg zurück. Zu Hause angekommen, fällt ihm auf, dass sein Handy nicht funktioniert. Vom Festnetz aus ruft er auf der Station seines Vaters an.

Ah, Sie wollten wir sowieso gerade anrufen.

Ja? Wieso?

Können Sie vorbeikommen?

Warum soll ich kommen?

Sie müssen hier eine Entscheidung treffen.

Jogerst fliegt die Treppen hinunter, rennt über die Straße und wird fast von einem Auto überfahren. Hämmert auf die Motorhaube. Weiß nicht, warum er dort steht. Seine Tante fährt ihn so rasch wie möglich nach Freiburg.

Dort ist das Stammhirn des Vaters wieder unter Druck geraten. Stiefmutter Iris sitzt im Rollstuhl neben dem Bett. Alle Brüder und Schwestern sind gekommen. Sie weinen. Soll ihr Vater ein Pflegefall werden, mit Magensonde und Beatmungsgerät? Sollen sie die Apparate ausstellen und den Vater gehen lassen?

Lorenz Jogerst hat immer betont, dass er kein Pflegefall werden will. Und so entscheiden sie es. Die Ärzte setzen die Medikamente ab. Die Familie bleibt über Nacht. Marcus Jogerst liest eine Geschichte über das Loslassen vor. „Illusionen" von Richard Bach. Er legt die Hände des Vaters auf seinen eigenen Kopf. Der fühlt sich an, als schrumpfe er auf Kindergröße. Jogerst verabschiedet sich. Dann hört der Vater auf zu atmen.

Donnerstag, 15. Juni.

Bis zur Eröffnung des Pflegeheims sind es noch 15 Tage.

Undercover

Jeder pflegt allein – Wie es in deutschen Heimen wirklich zugeht.

Undercover

In Bremen entdecken wir ein Heim, das passt: das Haus Sodenmattsee 1. Es gehört zur privaten Residenz-Gruppe, die in Deutschland 41 solcher Heime betreibt. Wir hören uns um.

Der Geschäftsführer Rolf Specht wird in Bremen gefeiert. Vom Sohn einfacher Gemüsebauern mit Plumpsklo zum Immobilien-König. 2010 wird er Bremens „Unternehmer des Jahres". Specht ist kein Wohltäter, er macht Geld mit seinen Heimen. Aber, sagen Insider, Specht macht seinen Job ordentlich. Sollten wir uns seine Pflegeheime anschauen, wären das keine Ausreißer nach unten. Wir würden das erleben, was in Pflegeheimen Alltag ist.

Im Werbeprospekt wirkt das Anwesen idyllisch: im Garten ein Teich, auf dem Enten schwimmen, man kann sie füttern. Kinder kämen häufig zu Besuch, schreibt die Residenz-Gruppe, es gebe eine Theatergruppe, einen Chor, Gymnastik, Basteln und Singen. „Wir bieten den Bewohnern unseres Hauses die Möglichkeit, ein weitestgehend selbstständiges und aktives Leben zu führen."

Bei der aktuellsten Prüfung hat das Heim Anfang Juni 2015 die Pflegenote 1,2 bekommen, also „sehr gut". Das Magazin „Focus" hat Sodenmattsee 1 mehrfach als eines der besten Pflegeheime Deutschlands ausgezeichnet. „Wir wissen, dass unsere Mitarbeiter hier Tag für Tag gute Arbeit für unsere Bewohner leisten", schreibt die Residenz-Gruppe in einer Pressemitteilung. „Umso mehr freuen wir uns, dass es jetzt von unabhängigen Experten bestätigt wird."

Das wollen wir uns ansehen. Sodenmattsee 1 ist unser Heim.

„Guten Tag, mein Name ist Benedict R." Unser Reporter Benedict Wermter ruft unter falschem Namen in Bremen an. „Ich habe am Wochenende meinen Onkel Michael besucht. Der wohnt im Rheinland, allein. Ich habe gemerkt, dass das so nicht mehr geht."

Das ist die Legende, die wir der Verwalterin erzählen. Sie schluckt den Köder. Und lädt uns zu einem Vorstellungsgespräch ein.

Michael Schomers – Onkel Michael – ist 66 Jahre alt und arbeitet seit Jahrzehnten als investigativer Journalist, häufig undercover. Er war verdeckter Rechtsradikaler Fernfahrer, Bestattungshelfer und Sozialhilfeempfänger. Seit zwei Jahren hat er Speiseröhrenkrebs. Er wurde operiert, bekommt noch immer eine Chemotherapie, hat 50 Kilo abgenommen.

Soweit die Realität. Wir haben sie ein wenig ausgeschmückt. Und behaupten zusätzlich: Dass Onkel Michael seit dem Tod seiner Frau Charlotte zunehmend depressiv ist und immer unselbstständiger werde. Dass er nicht mehr auf seinen Neffen hört und häufig einen verwirrten Eindruck macht. Niemand kümmert sich darum, ob der Alte genug isst und trinkt und seine Medikamente nimmt.

Für seinen Aufenthalt im Heim hat sich Michael Schomers vorgenommen, immer mal wieder verwirrt und desorientiert herumzulaufen und nach seiner verstorbenen Ehefrau zu rufen: Wo ist Charlotte?

Auch die medizinische Seite haben wir gut vorbereitet. Der Hausarzt von Onkel Michael hat eine medizinische Verordnung geschrieben, in der alle Medikamente aufgeführt sind, die er nehmen muss. Es sind einerseits – real – die typischen Mittel gegen die Nebenwirkungen einer Chemotherapie. Und darüber hinaus – fiktiv – auch Psychopharmaka, zur Beruhigung einzunehmen. Tatsächlich sind es Placebos, Tabletten ohne Wirkstoff.

Zusätzlich hat der Hausarzt folgende Maßnahmen festgelegt, sie seien unbedingt zu befolgen:
- Bei Unruhe zusätzlich 20 mg Citalopram, aber insgesamt max. 4 / Tag.
- Auf ausreichende Trinkmenge achten.
- Bitte täglich wiegen wegen Wassereinlagerung nach Chemotherapie.
- Bitte einmal täglich Temperatur messen wegen der Infektgefahr nach Chemotherapie.

Dann fahren wir Ende August 2015 los zum Vorstellungsgespräch. Wir haben die Kameras eingepackt, mit denen wir verdeckte Aufnahmen machen wollen. Onkel Michael hat sich seit Wochen nicht rasiert, sein weißer Bart sprießt in alle Richtungen. Er trägt alte Kleider, sicher fünf Nummern zu groß, und war lange nicht beim Frisör. Neffe Benedict hat sich ebenfalls nicht gekämmt, auch er ist schließlich gestresst.

Vor dem Aufnahmegespräch sind die beiden nervös. Wird man ihnen ihre Rolle abnehmen? Fummeln am Hörgerät, abwesendes Nicken mit dem Kopf, störrische Nachfragen, ein paar Tränen wegen der Einsamkeit – Onkel Michael spielt die Rolle eines leicht verwirrten älteren Herrn perfekt. Auch Benedict wirkt aufrichtig verzweifelt. Problemlos meistern sie das 45-minütige Gespräch und den anschließenden Rundgang über die Zimmer. Am Ende schiebt ihnen die Verwalterin die Unterlagen zur Anmeldung über den Tisch.

Sie stehen nun auf der Warteliste. Ein volles Heim ist ein gutes Zeichen. Das spricht für einen guten Ruf. Für Qualität.

Dann heißt es: warten. Einen Monat, zwei Monate. Benedict ruft immer wieder im Heim an und fragt nach. Doch die Verwalterin am Sodenmattsee 1 wiederholt stoisch: „Wir müssen warten, bis jemand stirbt."

Anfang November 2015 ist es endlich soweit: Onkel Michael darf in das Heim Sodenmattsee 1 einziehen. Die verdeckte Recherche beginnt.

Eine weitere Woche später wird Michael Schomers in seinem Tagebuch notieren: „Ich frage mich, ob ich in einem solchen Seniorenheim meinen Lebensabend verbringen möchte. Nein, möchte ich nicht. Auf gar keinen Fall. Es ist ein trister, schleichender Abschied aus einem am Ende unwürdigen Leben."

Aber der Reihe nach.

Familien-
pflege

Jeder pflegt allein – Wie es in deutschen Heimen wirklich zugeht.

Familienpflege

Einen runden Rattansessel im Schwesternzimmer, darin ein weiches Kissen – viel mehr braucht Marcus Jogerst als kleiner Junge nicht, um sich wohl zu fühlen. Pflegeheim, das ist für ihn seit jeher eine Art zu Hause.

Seine Großmutter hatte im Zweiten Weltkrieg als Pflegerin beim Roten Kreuz gearbeitet. Nun arbeitet seine Mutter als Pflegerin in einer psychiatrischen Klinik für junge Erwachsene. Die Arbeit macht ihr Spaß. Wenn sie Nachtdienst hat, nimmt sie den kleinen Marcus manchmal mit. Der ist aufgeregt, freut sich auf die Ausflüge – und schläft dann im Rattansessel ein, statt zu Hause im eigenen Bett.

Er erlebt als Kind die guten Seiten der Pflege. Die Fürsorge, die liebevolle Obhut. Und er erlebt die schlechten Seiten. Misshandlungen und Gewalt.

Mit 17 Jahren, nach der mittleren Reife, entscheidet sich Jogerst für eine Ausbildung im Krankenhaus. Das erscheint ihm interessanter als die Altenpflege. Menschen jeden Alters, diverse Krankheitsbilder, mehr Abwechslung.

Er ist noch in der Ausbildung, als sein rebellisches Naturell hervorbricht. Als er mit eigenen Ideen bei seinen Vorgesetzten aneckt.

Eine drückend heiße Nacht im August 1994. Im Krankenhaus steht die Luft wie eine warme, wabernde Wand. Auch weit nach Mitternacht ist es noch schwül und stickig. Jogerst hat Nachtschicht und rennt von Zimmer zu Zimmer, drückt Wagen durch die Flure, trägt Tabletts, steigt Treppen. Längst ist sein Pflege-Kittel schweißnass.

Morgens um vier, kurz vor Ende des Nachtdienstes, muss er einen zentralen Zugang verbinden. Einen Kunststoffschlauch, durch den eine Nährlösung bis an den Vorhof des Herzens geführt wird. Egal was passiert, dieser Zugang muss steril bleiben, frei von Keimen.

Aber Jogerst tropft der Schweiß nur so von der Nase. Was tun? Ohne lange zu überlegen, zieht er sich eine kurze Hose an und bindet sich ein Schweißtuch um die Stirn.

Als die leitende Schwester ihn sieht, ist sie entsetzt. So könne er doch nicht herumlaufen. Er sehe ja aus wie ein Kamikaze-Pilot. Ob er die Kleiderordnung nicht kennen würde?

Doch Jogerst will nicht nachgeben. Er fühlt sich im Recht. Er ruft den leitenden Krankenhaushygieniker an. Schildert ihm den Fall. Was solle er denn machen? Er könne den Schweiß doch nicht ins Wundgebiet tropfen lassen. Der Hygieniker pflichtet ihm bei. Schließlich habe Jogerst nicht – wie ein Arzt im OP – eine Krankenschwester neben sich, die ihm den Schweiß von der Stirn tupfe. Na gut, sagt der Mann, dann ziehen sie das Ding halt an.

Jogerst verbindet den Zugang in seinem vermeintlichen Kamikaze-Outfit. In kurzer Hose und mit Stirnband.

Danach ist das Verhältnis zwischen ihm und der Schwester zerstört. Danach „gab es Krieg". Fortan versucht seine Chefin, ihm seinen Alltag zur Hölle zu machen.

Jogerst ist desillusioniert. Die hierarchischen Machtverhältnisse. Das Klammern an Regeln, die Härte, Dinge auch gegen den gesunden Menschenverstand durchzusetzen – Jogerst ist sich sicher, dass das etwas mit den Menschen macht, die Jahrzehnte lang in diesem Beruf arbeiten. „In solch einer Atmosphäre zu bestehen und nicht selbst zu solch einem Menschen zu werden, das ist nicht einfach."

Früh hat Jogerst seine eigenen Ideen vom Leben. Im Fall des umstrittenen Kamikaze-Schweißbandes ist ihm klar, dass nicht die Stationsleitung die moralische Instanz ist und nicht der Lehrer in der Ausbildung, sondern der leitende Krankenhaushygieniker. Im Leben gibt es nicht nur schwarz und weiß. „Und mein Stirnband war die Grauschattierung."

Jogerst ist ein Dickschädel. Eine Eigenschaft, die ihn mehr als einmal an seine Grenzen führen wird. Später, als Heimbesitzer, erkennt Jogerst, dass es Strukturen geben muss. Es braucht Hierarchien, es braucht klare Regeln, und Mitarbeiter müssen wissen, woran sie sind. Aber ergeben diese Regeln immer Sinn? Wo muss ich auch mal abweichen dürfen? Ein schmaler Grat.

Marcus Jogerst tendiert bis heute dazu, Regeln zu brechen. Regeln sind nicht dazu da, befolgt zu werden. Regeln sind dazu da, Dinge effizienter zu machen. Wenn das nicht funktioniert, dann müssen die Regeln geändert werden. Marcus Jogerst hat sein Stirnband durchgesetzt. Und rennt bis heute gegen Mauern, wenn er von etwas überzeugt ist. Das hat ihm viel Ärger bereitet. Aber es hat dafür gesorgt, dass er – trotz vieler Rückschläge – bis heute mit sich im Reinen ist. Sagt er.

Damals, während der Ausbildung im Krankenhaus, Mitte der 1990er Jahre, ist Jogerst frustriert. Er fühlt sich unterfordert. Und lenkt sich ab, indem er zum Feiern nach Berlin fährt, bis heute seine Traumstadt. Fast wäre Jogerst schon nach dem ersten Trennungsversuch der Eltern nach Berlin gezogen. Im Nachhinein ist er froh, dass es nicht so gekommen ist. Dass er als Jugendlicher nicht den Verlockungen der großen Stadt widerstehen musste.

Später ist Jogerst umso häufiger in Berlin. Er zieht durch Berliner Techno-Clubs und feiert schon im berühmten Berghain, dem angeblich besten Club der Welt, als der noch Ostgut heißt und fester Bestandteil der Berliner Schwulenszene ist. „Ich bin gar nicht gläubig, aber diese Verbindung von Architektur und Musik. Und dass ich anstehen muss, um reinzukommen. Und wenn man es dann in die Vorhalle geschafft hat..." Bis heute ist ein Ausflug ins Berghain für Jogerst wie eine Pilgerfahrt.

Aufs Examen als Krankenpfleger büffelt Jogerst dann wochenlang. Und vergisst dabei, sich zu bewerben. Aus der Not fragt Jogerst in der Altenpflege. „Berufe fürs Leben" heißt damals der Slogan, der Jugendliche in die Pflege locken soll. „Ich habe dann ziemlich schnell festgestellt, dass die Berufe fürs Leben eigentlich gar nicht so viel Recht auf Leben haben."

Trotzdem gibt er die Hoffnung nicht auf. Seine schlimmen Erfahrungen im Krankenhaus schiebt Jogerst nicht auf die Pflege insgesamt, sondern auf die Krankenhäuser. „Die menschliche Seite habe ich im Krankenhaus immer vermisst. Dass ich keine Zeit hatte, mich um die Patienten zu kümmern."

Und so wird die Altenpflege für ihn ein Neustart.

1995 wird die Pflegeversicherung eingeführt und damit auch eine verbindliche Fachkraftquote. Jeweils die Hälfte einer Belegschaft muss nun eine Ausbildung als Pflegekraft haben. Jogerst findet einen Job in einem Pflegeheim bei Offenburg. Dort arbeiten viele ältere Kolleginnen, deren Ausbildung nicht anerkannt wird. Der frisch ausgebildete Marcus Jogerst ist auf einmal gefragt. „Ich glaube, ich war eine von fünf Fachkräften. Bei 350 Betten."

Schnell steigt Jogerst auf zum stellvertretenden Wohnbereichsleiter, ist für mehrere Mitarbeiter zuständig und hilft, die Ausbildung für 60 Pflegeschüler zu organisieren. Außerdem kümmert er sich um die Einführung der Pflegeplanung. Die neuen Regeln bestimmen, wie die Arbeit in einem Pflegeheim dokumentiert werden muss. Das stellt viele Abläufe auf den Kopf. Jogerst ist noch nicht einmal Mitte 20 – und verantwortlich für eine Aufgabe, die woanders von einem ganzen Schwarm Unternehmensberater übernommen würde.

Es sind glückliche Jahre. Seine Vorgesetzte Manuela Vallendor-Wedermann fördert ihn. Vor den Kollegen siezen sich die beiden, privat sind sie längst beim Du. Sie arbeiten Hand in Hand, versuchen, das alte, konservative Haus umzukrempeln. Und machen sich damit keine Freunde.

Das Pflegeheim ist mehr als 100 Jahre alt. Die Mitarbeiter sind zum Teil seit Jahrzehnten im Haus, manche haben ihre Ausbildung in den 1950er Jahren gemacht. Ihr Selbstbild: Sie sind sorgende Schwestern, die den armen Alten durch die letzten Stunden helfen. „Das war unglaublich verkrustet. Wenn wir irgendetwas verändern wollten, hat das jedes Mal hohe Wellen geschlagen", sagt Jogerst. „Jede Entscheidung musste zigmal diskutiert werden."

Manuela Vallendor-Wedermann erkennt Jogersts Potential. Sie braucht engagierte Mitarbeiter, um ihre Ideen durchzusetzen. Bei Jogerst muss sie aufpassen, dass er es nicht übertreibt. „In einem öffentlich-rechtlichen Betrieb müssen sie auch mal taktieren können. Es fiel ihm schwer, das zu akzeptieren."

Jogerst ist Vallendor-Wedermann anstrengendster Pfleger, steht immer wieder wutentbrannt bei ihr im Büro. „Es gab keine Entscheidung, die er nicht hinterfragt hätte." Wedermann hat damals 220 Mitarbeiter. „Wenn die alle so gewesen wären, hätte ich ein Problem gehabt."

Eine Sache stößt Marcus Jogerst besonders auf. In seinem Wohnbereich verschwinden die Bewohner gleich nach dem Abendessen auf ihre Zimmer. Um 18 Uhr ist der Gemeinschaftsraum leer. Monatelang geht das so. Jogerst grübelt. Irgendwann sieht er, wie ein Bewohner in den wunderschönen Wintergarten geht, sich umständlich auf das dreisitzige Designersofa legt – und nach einer Minute wieder aufsteht und auf sein Zimmer schlurft. Jogerst wird klar: Es liegt an den Möbeln, die zwar toll aussehen, hygienisch sind und perfekt den Brandschutzregeln entsprechen – aber eben auch sehr unbequem. „Auf denen hätte ich abends selbst nicht sitzen wollen", sagt Jogerst.

Die Pflege, begreift Jogerst, hat sich über Jahre extrem weit von dem weg entwickelt, was die Menschen eigentlich wollen. In diesem Fall: Einfach nur bequem auf dem Sofa liegen. Das Problem sei, dass die Menschen in der Pflege eine wahnsinnige Angst davor hätten, Regeln zu brechen und Verantwortung zu übernehmen. „Wenn ich ein normales Sofa da hinstelle und es nach drei Jahren riecht, weil jemand draufgepieselt hat, dann hole ich halt ein neues Sofa."

Einer der Bewohner im Wohnbereich hat viel Geld. Der gesetzliche Betreuer dieses Bewohners bietet an, neue Sessel und Sofas zu spendieren. Diese Möbel würden den Brandschutz-Standards entsprechen und wären gleichzeitig bequem. Letztlich scheitert Jogersts Plan am Veto des Verwaltungsleiters.

Es ist ein Beispiel von vielen.

Marcus Jogerst beginnt seine Karriere in der Pflege zu einer Zeit, die das vorläufige Ende einer langen Entwicklung ist, von der Laienpflege hin zu einem professionellen Beruf als Pflegefachkraft. Er beginnt seine Karriere zu einer Zeit, in der Deutschland die Pflege so hoch aufhängt, wie nie zuvor. Die Bundesregierung führt die Pflegeversicherung ein. Die Pflege wird professioneller – aber auch strenger reglementiert, bürokratischer und ökonomischer. Es ist das vorläufige Ende einer jahrhundertelangen Entwicklung.

Den Grundstein für die professionelle Pflege legt ein Pfarrerssohn aus dem hessischen Eppstein. Am 13. Oktober 1836 gründet der damals 36-jährige Theodor Fliedner in Kaiserswerth bei Düsseldorf die erste „Bildungsanstalt für evangelische Pflegerinnen". Es ist eine Revolution. Sie wird viel Gutes bewirken. Und viel Schlechtes zementieren. Das wirkt bis heute nach.

Zu diesem Zeitpunkt ist die Hilfe für „arme Kranke" über Jahrhunderte eine Sache der Kirche. An Pilgerrouten entstehen ab dem 4. Jahrhundert einfache Unterkünfte zum Schutz vor Wind und Wetter, später werden diese ausgebaut zu Anstalten der Armenpflege. In den Städten des Mittelalters werden Arme und Alte in Spitälern notdürftig versorgt. Kranke sollen wieder arbeiten können. Wer alt und krank ist, siecht dahin bis er stirbt.
Erst im 18. Jahrhundert fangen Ärzte an, Kranke systematisch zu untersuchen. Der Staat fördert die Medizin. Ärzte impfen und klären die Menschen über Hygiene auf. Sie gewinnen an Einfluss, sie professionalisieren sich, sie sind verantwortlich für die Gesundheit des Volkes. Pflegekräfte gibt es damals keine, sondern männliche Wärter, die für kleines Geld auf die sterbenden Kranken

Jeder pflegt allein – Wie es in deutschen Heimen wirklich zugeht.

Marcus Jogerst

In seinem Seniorenhaus in Renchen, für das er jahrelang gekämpft hat. Um gute Pflege möglich zu machen.

aufpassen. Eine spezielle Pflege für alte Menschen existiert lange nicht. Ärzte unterscheiden nur zwischen Kranken, Irren und Invaliden. Wer nicht mehr gesund werden kann, ist den Ärzten im Weg. Die Medizin wird zur Königswissenschaft.

Die Fürsorge für andere ist seit jeher christlich geprägt, Selbstlosigkeit und Gehorsam, arbeiten für Gottes Lohn – das alles macht die Pflege aus. Auch Pastorensohn Fliedner hat einen christlichen Blick auf die Pflege. Er ist entsetzt, wie die langsam einsetzende industrielle Revolution die Arbeiter und ihre Familien zerstört. Die arme Landbevölkerung zieht in die Städte. Die Männer arbeiten dort oft 15 Stunden am Tag, sieben Tage die Woche in den Fabriken. Wer nicht mehr arbeiten kann, ist eine Last für die Familie. Das soziale Netz bricht. Außer Fliedner wird sich kaum jemand um diejenigen kümmern, die nicht mehr lange zu leben haben.

Während die Männer vom Land in die Fabriken ziehen, beginnen die Frauen, sich zu emanzipieren. Das kommt Theodor Fliedner gelegen. Er nutzt die Arbeitskraft derjenigen, die in dieser Zeit keine Rolle für sich finden, die weder Mutter sind noch ins Kloster wollen. Fliedner macht sie zu Pflegerinnen, zu Diakonissen. Der erste Frauenberuf.

Frauen gelten damals als zäh, als fähig zur ungeteilten Hingabe, bis hin zur Selbstaufgabe. Das mischt sich mit dem religiösen Anspruch von Fliedners Pflege. Die sei kein Beruf, sondern eine Berufung. Viel Arbeit, wenig Lohn. Fertig sind damit auch die perfekten Bedingungen für dauerhafte Ausbeutung. Traditionell haben Männer in der Pflege gearbeitet. Aber für so wenig Geld arbeitet kein Mann.

Fliedners Pflegerinnen tragen Gewand und Kopfbedeckung. Die Kleidung gleicht der Ordenstracht des Klosters. Und so sollen die Frauen auch arbeiten: produktiv, gehorsam, in Demut. Ein Erbe, das lange hält. Bis in die 1980er Jahre hat in manchen von Fliedners Häusern der Pfarrer das letzte Wort. Die Pflegerinnen werden als Schwestern bezeichnet. Bis heute.

Die Bedingungen für die Pflegerinnen sind von Anfang an brutal. Sie arbeiten bis zu 14 Stunden am Tag, oft zwei Wochen am Stück, Urlaub kennen sie nur vom Hörensagen. Anfang des 20. Jahrhunderts untersucht der Reichstag nach zahlreichen Beschwerden zum ersten Mal ihre Arbeitsbedingungen. Das Ergebnis ist ein Schock: Ordensschwestern sterben früh, viele begehen Selbstmord. Im Schnitt halten sie es keine neun Jahre in ihrem Beruf aus.

Schon damals muss ein deutscher Pfleger doppelt so viele Patienten betreuen wie seine Kollegen in anderen Ländern. Als der Reichstag 1908 den Arbeitsschutz überarbeitet, nehmen die Politiker die Pfleger explizit von den neuen Gesetzen aus. In den meisten Dienstordnungen steht auch danach weiterhin, dass Pfleger Tag und Nacht zur Verfügung stehen müssen. Das Argument gegen bessere Arbeitsbedingungen ist das gleiche wie heute: Das sei zu teuer. Das könne niemand bezahlen. Und Pflege habe doch ohnehin viel mit Hingabe und Liebe zu tun, die finanzielle Entlohnung sei zweitrangig. 1924 fordern Pfleger die 48-Stunden-Woche. Vergeblich. Stattdessen wird für sie die 60-Stunden-Woche eingeführt.

In dieser Zeit gibt es in Deutschland so viele hilfsbedürftige Alte wie wohl niemals zuvor. Der Erste Weltkrieg und die Inflation stürzen Deutschland in eine Depression. Es entstehen viele verschiedene Arten von Altenheimen, vor allem der Staat investiert. Es scheint billig, alte Menschen an einem Ort zusammenzuführen, schließlich werden dann auch Wohnungen frei.

Nach dem Zweiten Weltkrieg ändert sich nur wenig. Bis in die 1960er Jahre hausen alte Menschen in Schlafsälen, werden durch Krankenschwestern oder Laien gepflegt. Damals arbeiten in ganz Deutschland etwa 45.000 Menschen in der Altenfürsorge, heute sind es 20 Mal so viele. Langsam entwickelt sich die Bundesrepublik, das Soziale tritt in den Vordergrund. 1961 bekommen Alte erstmals einen Rechtsanspruch auf Hilfe. Die Kommunen bauen erste Altenheime.

Doch die Bedingungen für die Pfleger ändern sich in diesen Jahrzehnten kaum. Bis nach dem Krieg arbeiten sie zum Teil 70 bis 80 Stunden in der Woche. Irgendwann reicht das nicht mehr. In den 1950er Jahren bricht der erste Pflegenotstand der Bundesrepublik aus. Pfleger bekommen endlich ein wenig mehr Geld. Das soll mehr Menschen in die Pflege locken.

Ein paar Jahre bleibt es vergleichsweise ruhig, bis in die 1980er Jahre hinein, ehe erneut massenhaft Pfleger fehlen, auch weil immer mehr alte Menschen versorgt werden müssen. Laut Bundesinstitut für berufliche Bildung fehlen damals 60.000 Krankenschwestern und bis zu 50.000 Altenpfleger.

Lange gibt es keine offizielle Ausbildung für Altenpfleger. Erst in den 1960er und 1970er Jahren führen Bundesländer einzelne Ausbildungsordnungen ein. Eine bundesweit einheitliche Ausbildung kommt sogar erst 2003. Über die Jahre versuchen sich die Pfleger immer stärker von der Medizin zu emanzipieren. Sie fordern eine akademische Ausbildung. Ruth Schröck wird 1987 die erste Professorin für Pflege in Deutschland, an der Fachhochschule Osnabrück. Bei der Akademisierung hilft schließlich auch die Wiedervereinigung: In der DDR konnten Pfleger schon lange studieren.

Schließlich führt die Bundesregierung 1995 die Pflegeversicherung ein. Die Pflege wird endlich ernst genommen. Gleichzeitig gibt es jetzt strengere Vorgaben, wie lange Pflege dauern und wie viel sie kosten darf. 20 Jahre später sind viele Pfleger über diese Ökonomisierung gar nicht glücklich. Wohl auch, weil die Pfleger selbst von dieser Entwicklung weniger profitieren, als erhofft.

Immer mehr Pfleger merken, dass sie in der Marktwirtschaft zerrieben werden, wenn sie nicht selbst für sich einstehen. Ende der 1990er Jahre entsteht aus dieser Frustration der Deutsche Pflegerat, eine Vereinigung der Pfleger.

Bis heute ist die Pflege überwiegend ein Frauenberuf. Bis heute gibt es für harte Arbeit nur wenig Geld. Die Finanzierbarkeit ist wichtiger als die Frage nach dem, was kranke Menschen eigentlich benötigen. Und Pfleger stehen bis heute nicht mit einer starken, gemeinsamen Stimme für ihre Ziele ein. Die Geschichte der Pflege, die mit Theodor Flieder begann, wirkt noch immer nach.

Verän dern

Jeder pflegt allein – Wie es in deutschen Heimen wirklich zugeht.

Verändern

Marcus Jogerst ist 22 Jahre, als er sicher ist, dass er ein Heim besser führen könnte als seine Vorgesetzten. Es ist ein kühner Gedanke. Wieder kommt ihm eine Gleichzeitigkeit zu Hilfe.

In den 1990er Jahren beschließt die Bundesregierung, die Pflege besser zu kontrollieren. Pfleger sollen ausführlicher dokumentieren, welche Schwächen ihre Bewohner haben, wie sie diese Schwächen beheben wollen und was langfristig dabei rauskommen soll. Langfristige Ziele, im Altenheim, für demente Patienten im Endstadium? Vielen Pflegern ist von Anfang an klar, dass das nicht funktionieren kann. Wie auch immer – die Heime sind mit der Pflegeplanung überfordert. Bisher hatten sie ihre Patienten so versorgt, wie sie es für richtig hielten – und nur relativ wenig aufgeschrieben. Das ändert sich nun.

Jogersts Vorgesetzte bezahlen einen Pflegemanagement-Experten, um den Mitarbeitern die neuen Vorschriften beizubringen. Jogerst soll die Treffen organisieren. Der erste Termin läuft glatt. In der zweiten Woche taucht der Dozent nicht auf.

Jogerst, allein mit seinen Kollegen, wird panisch, versucht seine Chefin zu erreichen. Soll ich die Ausbildung etwa selber geben? Die lässt mitteilen: Du machst das schon. Jogerst zieht den Tag durch und alles geht gut. „Ich bin an dem Abend völlig beseelt da rausgegangen. Ich war total happy, weil ich auf einmal gemerkt habe: Ich kann das. Das ist mir gelungen. Die sind mir nicht abgehauen zwischendurch." Jogerst wird klar, dass ihm die Pflege liegt. Und dass er mehr drauf hat als viele seiner Kollegen.

Damit jemand wie Jogerst in so jungen Jahren so viel verändern will, braucht es zwei Zutaten. Selbstbewusstsein – und Unzufriedenheit. Oft ist das eine mit dem anderen gepaart. Jogerst traut sich jetzt immer mehr. Und es frustriert ihn, zu sehen, wie unglaublich langsam Veränderungen ablaufen. Es ist Ende der 1990er Jahre, in einem Heim auf dem badischen Land. Für Jogerst, der in seiner Freizeit in Berliner Techno-Clubs fährt, der offen schwul ist, der Urlaub auf der ganzen Welt macht, fühlt es sich an wie 1950. So hierarchisch und eng, so deutsche Provinz.

Das Pflegeheim, in dem Jogerst nach seiner Ausbildung arbeitet, hat einen hohen Anteil von psychisch kranken Langzeit-Patienten. Oft junge Menschen, die trotz ihrer Erkrankung leben wollen – und lieben. Die Patienten schlafen in einem nahegelegenen Waldstück miteinander, im Sommer wie im Winter. „Wir haben das immer gemerkt, wenn wir abends die Tannennadeln aus den Unterhosen fischen mussten."

Ein schriftlicher Eintrag im Pflegebericht eines Kollegen macht Jogerst bis heute fertig. „Bewohner auf Bewohnerin vorgefunden, keine Erektion sichtbar", zitiert Jogerst aus dem Kopf. „Das sagt einfach alles zu der Haltung, die man hatte." Jogerst hat Mitleid mit den Bewohnern, die Situation ist für ihn unerträglich. Er will ein Begegnungszimmer einrichten. Doch das ist tabu.

Wenn Jogerst damals in Fachzeitschriften von Ganzheitlichkeit liest oder von einem personen-zentrierten Modell, das den einzelnen Bewohner in den Mittelpunkt stellt, muss er bitter auf-lachen. „Mit dem Einzug ins Pflegeheim haben die Bewohner alles abzugeben, was vorher die Persönlichkeit ausgemacht hat."

Immer wieder scheitert Jogerst an seinen Vorgesetzten. Das Pflegeheim, sagt Jogerst im Rück-blick 20 Jahre später, rang wohl auch mit sich selbst. Eine fortschrittliche Pflegedirektorin gegen alteingesessene Mitarbeiter. „Dieses Haus hat rebelliert, mit aller Kraft."

Marcus Jogerst kämpft sich voran. Er hat viel erreicht, er ist stellvertretender Leiter seines Wohnbereiches, er leitet die Auszubildenden an, er hat einen guten Draht zu seiner Chefin und bekommt in der Leitungsrunde viel Einblick in die Strukturen. Doch je mehr er kämpft, je stär-ker er sich engagiert, desto leerer fühlt sich Jogerst. Er merkt: Er rennt immer wieder gegen die gleichen Wände – und es ändert sich kaum etwas.

Jogerst freut sich auf seinen Jahresurlaub. Drei Wochen Mexiko, im Herbst 1999. Nach der letz-ten Nachtwache, Jogerst will gerade aufbrechen, ab nach Hause zu seinen gepackten Koffern, setzen sich drei neue Vorgesetzte vor ihn. Wenn Jogerst aus dem Urlaub zurück ist, verliere er die Wohnbereichsleitung. Das Heim strukturiere angeblich um, von nun an soll er nur noch Nacht-schichten machen – ohne jede Führungsfunktion. Von Kollegen erfährt Jogerst später, dass die neuen Vorgesetzten keine Lust mehr auf seine ständigen Beschwerden haben. Das System stellt sich gegen ihn.

Jogerst fliegt mit einer Kollegin nach Mexiko. Kurz vor dem Día de Muertos, dem berühmten Tag der Toten, landet Jogerst in Mexiko City. Mit Rucksack und Bus fahren die beiden durchs Land. Auf einem Marktplatz irgendwo in Oaxaca spricht Jogerst eine Gruppe Hippies an. Unbedingt müsse er zu diesem Strand gehen, raten ihm die Hippies. Dort gebe es nur glückliche Menschen.

Für den ausgebrannten Marcus Jogerst klingt das verlockend. Mit dem Bus und die letzten Kilo-meter per Pickup-Truck geht es zum Playa Zipolite an der Pazifikküste. Viele Hippies, einige Nudisten, dazu Cocktails, Sonne, gelber Sand und endloses Meer. Den beiden Pflege-Flüchtlin-gen läuft ein Hund vor die Füße, den sie in ihrer Hütte leben lassen. Am Ende bestechen sie einen Tierarzt und nehmen den Hund mit gefälschtem Zertifikat mit nach Deutschland.

Jogerst unterhält sich stundenlang mit seiner Kollegin. Ich habe so lange geschuftet, um voran-zukommen. Für mein Alter, 24 Jahre, bin ich weit gekommen. Das lasse ich mir jetzt nicht kaputt machen. Ich will nicht im Nachtdienst landen. Da kann ich mich nicht einbringen. Da entwickle ich mich zurück. Da müsste ich den ganzen Weg noch einmal gehen.

Immer wieder läuft in diesem Urlaub der Song „Summer Son" der Gruppe Texas, Jogerst erinnert sich noch genau. „Here comes the summer son, he burns my skin…" Es geht um eine vergangene Liebe, die noch immer die Hand ausstreckt. Eine Liebe, die sich trotz allem so falsch anfühlt, dass sie überwunden werden muss.

Zurück in Deutschland geht Jogerst als erstes zu seiner Hausärztin. „Wenn ich nur daran denke, dass ich ins Pflegeheim zurück muss, wird mir schlecht." Die Ärztin schreibt Jogerst krank und gibt ihm ein Psychopharmakum. Nach der ersten nächtlichen Fressattacke setzt Jogerst das Medikament wieder ab. Aus zwei Wochen krank werden schnell Monate.

Die Diagnose: reaktive Depression, eine Anpassungsstörung auf einen belastenden Vorfall. Sein Psychiater motiviert ihn wochenlang, wieder zurück zur Arbeit zu gehen. Jogerst müsse seinen Mann stehen, um die Depression zu überwinden. Bei der ersten Fahrt zur Arbeit fährt Jogerst rechts ran, kurbelt das Fenster runter und übergibt sich zwei Mal.

Dann zerstören zwei Erlebnisse die Hoffnung, in diesem Heim jemals etwas zu erreichen. Wenige Wochen nach seiner Rückkehr pflegt Jogerst einen Bewohner, die Zimmertür steht offen. Im Nebenraum unterhält sich sein Chef mit einer Schülerin, die Jogerst ausgebildet hat. Zufällig hört er mit, was er ihr sagt: Wenn der Marcus den kleinsten Fehler macht, dann meldest du mir das sofort. Jogerst ist den Tränen nahe. „Ich habe so viel für dieses Heim gearbeitet. Wer bin ich hier eigentlich noch?"

Parallel zu seiner Arbeit macht Jogerst eine Weiterbildung zum TQM-Auditor, eine Art Qualitätsmanager. Seine Vorgesetzte Manuela Vallendor-Wedermann hat ihm das ans Herz gelegt. „Marcus war sehr jung und sehr ungestüm. Er war von seiner Sache sehr überzeugt, aber er war halt ein Krankenpfleger – und mehr nicht." Die Ausbildung soll ihn vorbereiten auf größere Aufgaben. Insgeheim haben Wedermann und Jogerst damals schon ein eigenes Pflegeheim im Kopf.

Jogerst hat vereinbart, dass er für die Weiterbildung seine Überstunden abbauen darf. Jeden zweiten Monat fährt er eine Woche zum Pflegeinstitut der Diakonie. 220 Kilometer über die A5 hoch bis Karlsruhe, dann an Stuttgart vorbei über die A8 nach Dornstadt.

Die letzte Woche naht. Jogerst ist in Dornstadt. Einen Tag vor der Abschlussprüfung klingelt das Telefon. Er solle zurückkommen ins Pflegeheim, jetzt, sofort, es gebe eine Krankheitswelle. Am nächsten Morgen solle Jogerst Vertretungsdienst machen und dafür seine Prüfung sausen lassen. „Ernstfall, Krieg, Einsatz. So richtig hierarchisch wurde ich zurückbeordert", sagt Jogerst.

Jogerst erklärt seiner Dozentin in Dornstadt die Situation und sagt ihr, dass der Anruf seiner Meinung nach ein rein taktisches Manöver sei. Weil ihm der neue Pflegedienstleiter die Weiterbildung, die er selbst bezahlt hatte, vermiesen wolle. Die Dozentin erlaubt ihm, die Prüfung mit einer Hausarbeit nachzuholen, damit er keinen Ärger im Pflegeheim bekommt und trotzdem den Kurs abschließen kann.

Am nächsten Morgen fährt Jogerst zurück zum Dienst. Seine Station hat eine Mindestbesetzung von fünf Leuten, sechs Leute sind die Regel. Als Jogerst das Zimmer betritt, sitzen sieben weitere Pfleger im Raum. Das ist die Bestätigung: Seine Chefs wollten ihm nur die Prüfung kaputt machen.

Jogerst will auf der Stelle kündigen. Doch im öffentlichen Dienst bekommt er dann kein Arbeitslosengeld. Das kann er sich nicht leisten. Nur mit einer ärztlichen Bescheinigung kommt er heil aus der Sache raus. Jogerst beendet den Frühdienst, steigt wieder ins Auto und fährt direkt zum Psychiater. „Entweder sie schreiben mich jetzt krank oder ich gehe da raus und halte meine Hand zwischen die Tür." Der Psychiater entscheidet, dass Jogerst akut gefährdet ist, sich selbst zu verletzen und weist ihn mit dessen Zustimmung in eine psychiatrische Rehaklinik in St. Blasien ein.

„Der Marcus war am Boden zerstört", erinnert sich seine Stiefmutter Iris Jogerst. „Er hatte Angst. Und er hatte das Gefühl, dass jeder gegen ihn ist."

„Das war alles so niederträchtig", sagt Jogerst. „So boshaft." Jogerst fragt sich bis heute, was er seinen Kollegen damals getan hat. „Irgendwie haben die sich von mir angegriffen gefühlt."

Es ist der Sommer 2000. Marcus Jogerst hat schlimme Erfahrungen gemacht, er ist arbeitslos. Aber er hat seine Ideale nicht verloren, seinen Mut, seine Dickköpfigkeit. Vielleicht ist das jetzt die Chance, selbst gestalten zu können, endlich keine Vorgesetzten mehr zu haben, die ohnehin nur dazu da sind, seine guten Ideen zu zerschießen. Gemeinsam mit Manuela Vallendor-Wedermann plant er, eine Unternehmensberatung für Pflegeheime zu gründen.

Zwei Jahre zuvor hatten sich die beiden am Bodensee getroffen. Am frühen Abend brechen die beiden zu einem Spaziergang auf. Eine knappe Stunde wandern sie am Bodensee entlang. Wie immer diskutieren sie kontrovers. Sie sind froh, dass sie unter sich sind und offen sprechen können. An einem Brunnen in der Nähe des Bad Schachener Fähranlegers bleiben sie stehen. Ab hier gehen die Beschreibungen auseinander. Wer wem vorgeschlagen hat, gemeinsam etwas Neues zu starten, ist strittig. Klar ist nur: Wedermann und Jogerst wollen sich selbstständig machen. Darüber reden sie seit Monaten.

Eigentlich, sagt Jogerst, müsstest du in so einen verkrusteten Laden wie unseren reingehen können, von außen, alles umschmeißen, aufräumen – und dann wieder gehen können. Denn wenn du drin bleibst, dann wirst du nach so einer Aktion geköpft.

Jogerst und Vallendor-Wedermann schlagen ein.

Viele der Missstände, auf die Jogerst und Vallendor-Wedermann stoßen, haben ihren Ursprung im mangelnden Personal. Der viel beschriebene Pflegenotstand. Er war damals akut und hat sich seither verschlimmert.

Es beginnt damit, dass Pfleger erschreckend wenig verdienen. Der Durchschnittslohn eines Arbeitnehmers beträgt in Deutschland rund 3600 Euro brutto pro Monat. Wer in der Pflege arbeitet, liegt mehr als ein Drittel darunter: Pfleger verdienen durchschnittlich 2200 Euro pro Monat. In der Altenpflege ist es sogar noch weniger. Die Zahlen schwanken von Region zu Region und von Heim zu Heim. Frauen in ostdeutschen Altenheimen verdienen am wenigsten und sind am häufigsten dazu gezwungen, in Teilzeit zu arbeiten.

Kein Wunder, dass Pfleger sich nicht wertgeschätzt fühlen. Geld ist nicht alles, aber wenn jemand schlecht bezahlt wird, braucht man schon verdammt viel ideelle Wertschätzung, um den Job trotzdem gern und gut zu machen.

Doch statt Wertschätzung: Stress. Darüber klagen die meisten Pfleger. Dass sie keine Zeit haben, sich auf die Bewohner einzulassen. Grundwäsche, Essen, Dokumentation – und dann das Ganze wieder von vorn.

Altenpfleger verlassen ihren Beruf im Schnitt bereits nach gut acht Jahren. Damit halten sie fünf Jahre weniger durch als Krankenschwestern.

Und es ist auch keine Überraschung, dass es an Fachkräften mangelt. Im März 2016 waren bei der Arbeitsagentur fast 12.000 offene Stellen in der Altenpflege gemeldet – bei etwa 3500 Arbeitssuchenden. Keine Branche in Deutschland hat so wenig Angebot bei so viel Nachfrage.

In der Pflege dauert es mittlerweile 141 Tage, bis eine offene Stelle besetzt ist – fast drei Mal so lange wie vor knapp zehn Jahren. Arbeitsagentur-Vorstandsmitglied Raimund Becker sprach schon 2014 von einem „gravierenden bundesweiten Mangel an Altenpflegekräften". Seitdem hat sich die Situation noch verschärft.

Mittlerweile suchen alle möglichen Organisationen nach Fachkräften im Ausland: private Pflegeanbieter, die Gesellschaft für internationale Zusammenarbeit, das Arbeitsamt. Pilotprojekte gibt es unter anderem für Pflegerinnen aus Bosnien, Serbien, Vietnam, den Philippinen und China.

Dabei müssten in Deutschland noch viel mehr Arbeitsplätze in der Pflege geschaffen werden, um die Bewohner menschenwürdig zu versorgen.

Die Leistungen, die in den Heimverträgen stehen, können mit dem vorhandenen Personal nicht erfüllt werden. Zu diesem Schluss kam schon vor Jahren eine Studie aus Nordrhein-Westfalen. Die Forscher beobachteten Pfleger in vergleichsweise gut ausgestatteten Heimen. Selbst hier blieb nur etwa halb so viel Zeit für die Pflege wie in den offiziellen Richtwerten festgelegt war. Die Studie ist mittlerweile 16 Jahre alt. Seitdem sind die Anforderungen noch gestiegen – nicht aber der Personalschlüssel.

Bevor 1995 die Pflegeversicherung eingeführt wurde, verhandelten Heimbetreiber ihr Budget einzeln mit den Kommunen. Jeder argumentierte für sich selbst, es gab keine verbindlichen Mitarbeiterquoten. Und als irgendwann die ersten Personalschlüssel entstanden, leiteten sich diese aus dem vorhandenen Personal ab. Nicht davon, wie viele Minuten Pflege ein Bewohner pro Tag eigentlich benötigen würde. Bis heute hat niemand auf wissenschaftlicher Grundlage festgelegt, wie viel Personal in Deutschland gebraucht wird, um pflegebedürftige Menschen angemessen zu versorgen.

Seit Einführung der Pflegeversicherung werden die Bewohner in Pflegestufen eingeteilt. Sie legen fest, wie viele Pfleger ein Heim bezahlt bekommt. Doch diese Rechnung fällt von Bundesland zu Bundesland extrem unterschiedlich aus. Bei Pflegestufe drei, bei den am stärksten hilfsbedürftigen Bewohnern, schwankt der Personalschlüssel zwischen 1,76 und 2,8 Bewohnern, die ein Pfleger betreuen muss. Mit anderen Worten: Ein Heim mit 100 schwer kranken Bewohnern kann sich in Hamburg 57 Pfleger leisten, in Niedersachsen 45 und in Schleswig-Holstein sogar nur 36. Wie sollen 36 Menschen in Kiel die gleiche Pflege leisten wie 57 in Hamburg? Die logische Folge: Pflegebedürftige werden von Hamburg hinaus aufs Land verfrachtet, weil da die Pflege billiger ist. Pfleger wiederum pendeln in die Gegenrichtung, von Niedersachsen und Schleswig-Holstein nach Hamburg. Weil sie dort halbwegs angemessen ihren Job machen können.

Wissenschaftler haben mehrfach versucht, den Personalbedarf in der deutschen Pflege zu messen. Am vielversprechendsten war wohl der Versuch der kanadischen Firma Eros. Anfang des Jahrtausends betrieb Eros in Kanada und der Schweiz ein System namens Plaisir. Jeder Patient wurde im Detail untersucht und befragt, ehe eine Software berechnete, wie viel Zeit die „erforderliche Pflege" dieses speziellen Patienten benötigt. Danach wurde bestimmt, wie viele Pflegekräfte bezahlt werden.

Auch in Deutschland wird man aufmerksam und startet ein großflächiges Pilotprojekt. Bundesländer und Landkreise machen gute Erfahrungen mit dem System. Im Handelsregister wird eine Gesellschaft eingetragen, die Plaisir in Deutschland organisieren soll. Es wäre eine Revolution gewesen.

Rolf Gennrich hat damals drei Jahre lang dafür gearbeitet, dass Plaisir in Deutschland eingeführt wird. Gennrich vermittelte zwischen dem kanadischen Anbieter, den Anwälten und den deutschen Pflegekassen, Kommunen und Politikern. „Meine Vermutung: Am Ende war es zu teuer", sagt er. „Bei den Tests kam raus, dass man 30 Prozent mehr Personal benötigt." Das hätte Milliarden gekostet. Gennrich glaubt, die Pflegekassen und Politiker hätten das Projekt damals bewusst abgeschossen. Im Sommer 2004 scheitert Plaisir.

Tatsächlich lesen sich interne Vertragsentwürfe, Briefe und E-Mails von Eros an deutsche Vertreter so, als hätten die kanadischen Entwickler bei einem Deal nur verlieren können. Die deutschen Betreiber wollten offenbar vollen Zugriff auf den Code der Software, dabei aber keinerlei Verpflichtungen eingehen.

Harald Kesselheim hat damals für die AOK verhandelt, die größte Pflegekasse in Deutschland. Kesselheim schreibt auf Anfrage, die Kassen hätten ganz im Gegenteil großes Interesse daran gehabt, das System einzuführen. In technischen und finanziellen Fragen sei man sich auch weitgehend einig gewesen. Das Problem sei vielmehr gewesen, dass dem kanadischen Betreiber klar geworden sei, dass er für den deutschen Markt nicht genug Kapazitäten gehabt hätte. Deshalb habe die deutsche Seite ihm ein neues Rechenzentrum bezahlen sollen. „Ein eigenes finanzielles Interesse konnte oder wollte der Rechteinhaber nicht eingehen, wohl aber guten finanziellen Nutzen aus dem Projekt ziehen", schreibt Kesselheim. Die deutsche Seite habe sehr bedauert, dass die langen Verhandlungen scheiterten.

Jetzt, mehr als ein Jahrzehnt später, hat die Bundesregierung im Pflegestärkungsgesetz II „die Entwicklung und Erprobung eines wissenschaftlich fundierten Verfahrens zur einheitlichen Bemessung des Personalbedarfs" beschlossen. Bis Mitte 2020 soll es soweit sein. Zu spät, kritisieren viele.

Pfleger sind am Limit. In Untersuchungen gehören sie regelmäßig zu den am härtesten beanspruchten Berufsgruppen. Etwa ein Drittel aller Pfleger fühlt sich häufig an der Grenze ihrer Leistungsfähigkeit, doppelt so viele wie in anderen Berufen. Pfleger haben häufiger Schlafstörungen und Nackenschmerzen als der Durchschnitt der Bevölkerung, müssen häufiger schwer heben oder in Zwangshaltung arbeiten. Fast die Hälfte aller Altenpfleger arbeitet in Schichten und sagt, der Stress im Job habe in den vergangenen Jahren zugenommen.

Die hohe Krankheitsquote ist der inoffizielle Pflegestreik. Still und heimlich und ohne lauten Protest hören viele Pfleger irgendwann auf. Weil es nicht mehr geht. Weil sie ausgebrannt sind.

So wie Marcus von Horn.

Von Horn wollte seine Arbeit gut machen und ist am System zerbrochen. Er war einer jener Pfleger, die sich verantwortlich für ihre Bewohner fühlten – und hat sich dabei hoffnungslos überfordert. Er wollte, dass es allen gut geht, dass alle zufrieden sind, und betrieb dabei Raubbau am eigenen Körper – bis er zusammenbrach. Bis er erkannte, dass er sich erst um sich selbst kümmern muss, bevor er anderen helfen kann.

Bremen-Huchting liegt im Süden der Stadt, zwischen Flughafen und Delmenhorst. In den 1960er Jahren baut Bremen hier Tausende Wohnungen, oft sechs, acht, zehn Etagen. Die Einwohnerzahl springt von gut 10.000 auf fast 40.000. Viele Menschen mit Migrationshintergrund und viele sozial schwache Familien ziehen in die verputzten Hochhäuser. Hier wächst Marcus von Horn in den 1980er und 1990er Jahren auf. Mal brennt der Keller, mal der Fahrstuhl, die Häuserwände sind vollgesprüht. Ein Idyll sieht anders aus.

Zur Hauptschule geht von Horn in Delmenhorst. Er ist ein bequemer Schüler, weiß nicht wirklich, was er mit seinem Leben anfangen will und startet eine Ausbildung zum technischen Assistenten der Informatik, lernt programmieren. Das ist noch langweiliger, als er gedacht hätte. Schnell hat von Horn keine Lust mehr. Seine Eltern zwingen ihn, Praktika zu machen. Eines davon ist zufällig in der Altenpflege. Das ist nichts, was er sich schon immer gewünscht hätte. Von Horn hat keine Eltern, die in der Pflege arbeiten, kein besonderes Herz für alte Menschen. Er bleibt durch Zufall in der Pflege hängen.

In der Ausbildung lernt von Horn Entspannungstechniken für Senioren, die Stimulation durch Gerüche, Geschmäcker, Geräusche. Sein erster Praxiseinsatz im Haus am Deichfluss, einem

Heim der Residenz-Gruppe in Bremen-Huchting, trifft ihn umso härter, zertrümmert alle Illusionen. Allein das Waschen. Die Schüler lernen eine belebende Waschung und eine beruhigende Waschung. Das Wasser muss zwischendurch gewechselt werden – und bitte drei verschiedene Handwaschlappen benutzen. „Die Realität ist natürlich eine ganz andere. Du setzt den auf den Pott und wäschst den", sagt von Horn. Später wäscht er sogar mit Kissenbezügen, weil die Waschlappen fehlen.

Die Lücke zwischen Theorie und Praxis ist maximal. Von Horn wird oft ganz normal als volle Pflegekraft eingesetzt, kümmert sich schon im zweiten Lehrjahr alleine mit einer Helferin um einen ganzen Wohnbereich. Das ist nicht erlaubt. Andere Schüler berichten davon, dass sie 23 Tage am Stück durcharbeiten müssen, erinnert sich von Horn. „Dementsprechend habe ich angefangen zu zweifeln."

Schon im zweiten Jahr, von Horn ist 18 Jahre alt, will er wieder hinschmeißen. Die Ausbildung nervt und zu Hause ist Stress. Seine Mutter muss wegen Depressionen in eine Klinik, verguckt sich dort in einen Betreuer und kommt nie wieder zurück. Der Vater ist am Boden zerstört und verliert seinen Job als Schweißer. Wenn von Horn abends nach Hause kommt, sitzt der Vater oft vor dem Computer und spielt seit Stunden World of Warcraft, ein Online-Strategiespiel. Irgendwann steht der Vermieter vor der Tür.

Ist Ihr Vater da?

Nein, wieso?

Sie haben seit drei Monaten keine Miete mehr gezahlt.

Von Horn geht zu seinem Vater. Was hast Du mit dem Geld gemacht? Das geht Dich nichts an, ist die knappe Antwort. Vater und Sohn tauschen die Rollen. Von Horn muss eine neue Wohnung suchen, den Umzug organisieren, sich um den Alltag kümmern. Weil die beiden vom Arbeitsamt als Bedarfsgemeinschaft gezählt werden, muss er sein Ausbildungsgehalt an den Vater abgeben. Die Ausbildung abbrechen? Das kommt jetzt nicht mehr in Frage. Von Horn wird in dieser Zeit sehr schnell erwachsen. Verarbeiten wird er das erst Jahre später.

Mit 21 Jahren hat von Horn seine Ausbildung beendet und wohnt in seiner eigenen Wohnung. Im Haus am Deichfluss übernimmt er schnell zusätzliche Aufgaben. Er ist für die Azubis verantwortlich, geht mit ihnen die Hausaufgaben durch, ist auch nach dem Dienst immer erreichbar. Schnell leitet von Horn auch einen Wohnbereich. Für sechs Monate ist er sogar stellvertretende Pflegedienstleitung, unterstützt seine Chefin Jenny Tiedemann wo es nur geht. „Wenn sie im Urlaub war, habe ich oft ihre Aufgaben übernommen. Ich wollte nicht, dass sich alles auf ihrem Tisch stapelt, wenn sie zurückkommt."

Wenn Du es fertig haben willst, dann mach es selbst. Das ist von Horns Einstellung. „Ich bin Perfektionist. Ich habe übertrieben und die Warnsignale nicht gesehen", sagt er heute. Er springt

Jeder pflegt allein – Wie es in deutschen Heimen wirklich zugeht.

Marcus von Horn

*Erst 30 Jahre alt ist von Horn.
Trotzdem hat er in der Pflege
schon viel erlebt. Und spricht
darüber. Weil er will, dass sich
etwas ändert.*

für Kollegen ein, er bleibt länger, er reißt Aufgaben an sich, die ihm eigentlich zu viel werden. Weil er will, dass nichts liegen bleibt. So schreibt von Horn zum Beispiel für seine Kollegen die Pflegeplanung. Diese aufwändige Dokumentation muss eigentlich jeder Pfleger für die ihm zugeteilten Bewohner selbst schreiben. Aber die Kollegen jammern, lassen es schleifen. Also macht von Horn einfach die Planung für alle 23 Bewohner im Wohnbereich selbst.

Er fängt an, seine Kollegen zu kontrollieren. Er schaut nach, ob die Zimmer sauber und die Betten gemacht sind. Und wenn er einen Angehörigen erreichen muss und das bis Schichtende nicht funktioniert hat, dann bleibt er, bis er ihn am Hörer hat. Freunde hat von Horn nur noch wenige. „Du hast keine Zeit für Freundschaften. Am Wochenende, immer, wenn Du gefragt wirst, ob Du irgendwo mitkommen willst, bist Du arbeiten", sagt von Horn. „Irgendwann fragt Dich keiner mehr."

Zwei Jahre lang geht das gut. Dann ist Schluss. Von einem Tag auf den anderen. „Ich saß vor dem Rechner und habe einfach angefangen zu heulen." Marcus von Horn ist 23 Jahre alt und kann nicht mehr. Er beendet seinen letzten Frühdienst, geht zu seiner Hausärztin – und kommt danach nicht mehr zur Arbeit. Eine Depression mit Zwangsstörung. Der Stress in der Pflege hat von Horn nie die Zeit gelassen, die Trennung der Eltern zu verarbeiten.

Ein halbes Jahr lang bleibt von Horn zu Hause. Er wartet, dass die Tabletten anfangen zu wirken, dass es ihm besser geht. Er liegt im Bett, die Rollladen unten. „Nichts. Man macht nichts. Fernsehen erfordert Motivation. Die hast Du nicht."

Doch irgendwann kommt von Horn an einen Punkt, an dem er das Gefühl hat, nutzlos zu sein. Er will wieder Teil vom Leben da draußen sein. „Irgendwann dachte ich: Ach, ich probiere es einfach mal wieder."

Zurück im Heim, wird von Horn rasch vom Alltag eingeholt. Es fällt ihm schwer, nicht in alte Muster zu fallen. Aber er kämpft dagegen an. Er beschließt, nicht mehr einzuspringen. Dienste tauschen? Gern. Aber einspringen, mehr arbeiten, Freizeit opfern? Nie wieder. Da ist von Horn strikt. Er merkt, dass er seine freien Tage braucht, um nicht wieder krank zu werden. Die Kollegen regt das auf, er wird sogar einige Male angeschrien. Wie? Du springst nicht mehr ein? Du kannst doch nicht Nein sagen. „Natürlich kann ich Nein sagen", sagt von Horn. „Es gibt in meinem Vertrag keinen Punkt, in dem es heißt, dass ich einspringen muss. Es ist die Verantwortung des Heimbetreibers, dafür zu sorgen, dass jemand da ist."

Nach etwa einem Jahr haben die Kollegen verstanden, fragen ihn nicht mehr und regen sich – zumindest vor ihm – auch nicht mehr auf. Von Horn kümmert sich nur noch um seine eigenen Aufgaben. Und das tut ihm gut. „Ich habe gelernt, Dinge auch mal einfach liegen zu lassen. Ich musste lernen, auch mal zu akzeptieren, dass ich auf etwas keinen Einfluss nehmen kann."

Das Haus am Deichfluss, in dem Marcus von Horn arbeitet, hat eine starke Pflegedienstleitung. Jenny Tiedemann arbeitet viel und hält den Pflegern den Rücken frei. Sie kämpft für mehr Personal und für Leiharbeiter, um Lücken auszugleichen. Wenn nötig, stellt sie sich auch mal gegen die Geschäftsführung der Residenz-Gruppe. Das ist typisch in der Pflege: Vieles hängt davon ab, wie gut das Führungspersonal im einzelnen Haus ist. Wenn die Arbeit gut organisiert ist und Heimleiter sowie Pflegedienstleitung für Mitarbeiter und Bewohner kämpfen, dann ist meist auch die Pflege gut. Lässt die Führung die Zügel schleifen, gehen Heime kaputt.

Tiedemann kennt von Horn seit seiner Ausbildung. Erst bildet sie ihn aus, dann lernt sie von ihm, Nein zu sagen. „Ohne Marcus wäre ich in diesem Haus zu Grunde gegangen." Ab 2010 erlebt Tiedemann, wie sie schleichend immer weniger Personal zur Verfügung hat. Immer häufiger, erinnert sich auch von Horn, setzt die Residenz-Gruppe Leiharbeiter ein. „Aber das ist halt wie ein Lotteriespiel. Meistens ziehst Du Nieten." Pfleger ohne Ausbildung, mit schlechten Deutschkenntnissen oder so alt, dass sie fast selber einziehen könnten – von Horn hat alles erlebt.

„Wenn Du jemanden an die Seite bekommst, der nicht gut ist, dann hast Du verloren. Dann rennst Du und buckelst Du und versuchst das auszugleichen. Das machst Du einmal, vielleicht auch zweimal – aber nicht wochenlang." Zwischendurch kommen die Leiharbeiter auch gar nicht und von Horn hängt eine zweite Schicht hintendran, um die Bewohner nicht unversorgt zu lassen. „Dann leidest Du. Und dann leiden die Bewohner."

Tiedemann ist als Pflegedienstleiterin für die Bewohner verantwortlich. Irgendwann muss sie mehrmals die Woche selbst einspringen. Bei jeder Übergabe, morgens, mittags, abends, ist sie unter Hochspannung. Erst wenn das Handy eine Stunde lang nicht klingelt, wenn die Übergabe durch ist, wenn sie nicht erneut einspringen muss, kann sie entspannen. „Freizeit kannte ich nicht. Ich hatte schon ein schlechtes Gewissen, wenn ich mal eine Stunde ohne Handy schwimmen war." Jedes Jahr nimmt sich Tiedemann an Silvester vor, im kommenden Jahr zu kündigen – und macht es dann doch nicht.

Die Residenz-Gruppe schreibt auf Anfrage, die Personalschlüssel seien „gesetzlich vorgeschrieben und werden laufend überprüft. Es gibt hierzu keine Beanstandung."

Als Jenny Tiedemann das Heim 2014 tatsächlich verlässt, geht es steil bergab. Marcus von Horn hat schon immer gerne den Mund aufgemacht. Jetzt mobilisiert er seine Kollegen. Er will den Geschäftsführer persönlich ins Haus am Deichfluss holen. „Es gibt immer Leute, die sagen: Es wird sich doch sowieso nichts ändern. Aber das ist mir egal", sagt von Horn. Wenn nur zwei Leute mitziehen, denkt er, habe ich schon mehr geschafft, als wenn ich nichts tue. „In manchen Situationen sollte man nicht einfach sitzen bleiben, sondern den Mund aufmachen. Auch auf die Gefahr hin, dass es unbequem wird."

Also fragt von Horn im November 2014 Geschäftsführer Frank Markus über seine Heimleitung an. Der sagt zu. Gemeinsam mit einigen Mitstreitern hat von Horn gut einen Monat Zeit, seine Kollegen zu begeistern. Er gestaltet, druckt und verteilt Zettel auf den Stationen, schreibt E-Mails und spricht jeden Kollegen persönlich an. „Ich habe jedem gesagt: Wenn Du nicht kommst, sagst

Du damit, dass es in Ordnung ist, so wie es derzeit läuft." Am Ende kommen alle Kollegen, der Speisesaal ist bis auf den letzten Platz besetzt.

Eine Stunde vorher haben sich die Pfleger getroffen. Von Horn will, dass die Konfrontation des Geschäftsführers ein klar organisiertes Gespräch wird, kein wildes Geschrei. Je klarer die Forderungen, desto schwerer wird es für den Geschäftsführer, sich rauszureden. Die Gruppe einigt sich auf eine Handvoll Themen, darunter die schlechte Bezahlung und das fehlende Personal.

Mitten zwischen den Pflegern sitzt Geschäftsführer Frank Markus und geht entspannt in das Gespräch, erinnert sich von Horn. Zurückgelehnt, Arme verschränkt, die Beine locker übereinandergeschlagen. Doch je mehr Fragen von Horn stellt, desto angespannter wird Markus. Von Horn spricht alte Möbel und Teppiche an, das schlechte Gehalt und den fehlenden Tarifvertrag, das in seinen Augen immer schlechter werdende Essen, die knappe Besetzung auf den Stationen.

Doch Geschäftsführer Frank Markus will sich nicht auf konkrete Versprechen einlassen, stattdessen beschwichtigt er die Pfleger. „Aber ich habe da keinen Bock drauf gehabt. Und ich habe immer weiter gemacht. Immer weiter gemacht. Immer weiter gemacht. Ich habe immer wieder dieselbe Frage gestellt." Das Gespräch endet ohne Einigung. Von Horn ist frustriert. Die Residenz-Gruppe will auf Anfrage „grundsätzlich keine Aussagen über interne Abläufe" treffen.

Nach dem Gespräch ändert sich nichts. „Irgendwann wollte ich keine Sachen mehr unterschreiben, die ich nicht gemacht habe oder mit deren Qualität ich nicht einverstanden war." Die ehemalige Chefin Jenny Tiedemann war schon Monate vorher in eine Tagespflege-Einrichtung in der Nachbargemeinde Stuhr gewechselt, mit dem Rad nur ein paar Minuten entfernt. Für von Horn klingt das verlockend.

In der Tagespflege kommen die Senioren morgens und gehen abends wieder nach Hause. Sie sind im Durchschnitt deutlich fitter als die Bewohner von stationären Altenheimen. Waschen, pflegen und zu Bett bringen übernehmen die Angehörigen selbst oder ein ambulanter Pflegedienst. „Tagespflege ist eher wie eine Seniorenkita", sagt Marcus von Horn. Ein paar Spiele, ein Mittagessen, ein paar Gespräche – und der Tag ist rum. Von der Bundesregierung wird die Tagespflege mittlerweile verstärkt gefördert. Seitdem gibt es immer mehr solche Einrichtungen.

Vier Wochen nach dem Gespräch mit Geschäftsführer Frank Markus ist für von Horn klar, dass er wechseln und seiner Ex-Chefin folgen will. Am 1. März 2015 fängt er bei der ambulanten Krankenpflege Gabriele Donath an. Für ihn fühlt es sich an wie das Paradies. Geregelte Arbeitszeit, kein Schichtdienst, kein Stress. „Ich weiß gar nicht, was ich mit meiner ganzen Freizeit anfangen soll."

Marcus von Horn hat gelernt, auf sich selbst zu achten. „Wäre ich jetzt tot, dann hätte keiner gesagt: Ach, der Marcus war aber so ein guter Mitarbeiter." Arbeit ist wichtig, ja. Geld auch. Aber es ist nicht alles. Marcus von Horn hat erkannt, dass Arbeit an zweiter Stelle stehen muss, wenn es um die eigene Gesundheit geht.

In ein Heim, das hat sich Marcus von Horn geschworen, geht er nie wieder zurück. „Eher nehme ich Hartz IV.“

Undercover in Bremen

Jeder pflegt allein – Wie es in deutschen Heimen wirklich zugeht.

Undercover in Bremen

Ein Tagebuch von Michael Schomers

Tag 1, Haus Sodenmattsee 1, Bremen-Huchting

November, es ist kalt, auf den Sträuchern liegt Raureif. Gegenüber vom Eingang eine Sitzgruppe, wie ein Wartezimmer. Fünf, sechs Frauen und Männer sitzen dort. Sie schweigen und starren uns Neuankömmlinge an.

Nach einem kurzen Begrüßungsgespräch mit der Heimleiterin zeigt man mir mein Zimmer. Es liegt im Erdgeschoss, nur ein paar Stufen hoch. Das schaffe ich wohl, ich kann aber auch den kleinen Aufzug nehmen. Es ist eines von zwei Zimmer, die von einem kleinen Flur abgehen. Im Flur hängt ein Spiegel, an der Seite ein Desinfektionsgerät.

Eine ältere, nette Pflegerin stellt sich vor: Sie sei Lea* und habe noch bis 21.00 Uhr Dienst und werde sich um mich kümmern.

Das Zimmer ist spartanisch eingerichtet. Das Pflegebett, ein Schrank, eine Kommode, auf dem der Fernseher steht, ein kleiner Tisch mit zwei Stühlen, ein Nachttisch. Würde ich hier einziehen, müsste nur das Bett drin bleiben, alles andere könnte ich mit meinen eigenen Möbeln bestücken. Ich räume meine Sachen ein.

Von einer Küchenhelferin bekomme ich um 18 Uhr im Speisesaal das Abendbrot serviert: Graubrot, Weißbrot, zwei Sorten Wurst und etwas Käse. Dazu etwas Tee. So wie früher im Schullandheim.

Bei Tisch schweigen fast alle, im ganzen Saal. Die Küchenhelferinnen sehen ihre Aufgabe offenbar nur darin, etwas zu essen auf den Tisch zu stellen und es nach einer Stunde wieder abzuräumen. Einsam kauen alle vor sich hin.

Nach dem Essen, wenn alle Bewohner auf ihre Zimmer geschlichen sind oder dorthin gerollt wurden, ist das Heim so gut wie tot. Es ist 18.30 Uhr.

Ich hatte erwartet, dass man sich länger mit mir unterhält. Über meine Lebensumstände, meine Biographie, meine Krankheit, meinen Alltag. Aber bisher ist das nicht geschehen. Später, nach dem Auszug, bekomme ich die Kopien der Dokumentation zugeschickt. Jeder Bewohner hat einen Rechtsanspruch auf seine Akten als Kopie. Darin wird auf der ersten Seite ein Einführungsgespräch „dokumentiert", das nicht stattgefunden hat. Jemand hat Vieles frei erfunden. „Zum Frühstück isst er gerne Brötchen mit Auflage oder Marmelade", oder: „Herr S. isst gerne Hausmannskost". Woher wollen sie das wissen?

Wir haben die Residenz-Gruppe mit unseren Recherchen konfrontiert und dokumentieren die Antwort im Wortlaut, jeweils am Ende des jeweiligen Tages:
„Wie in allen unseren Häusern werden auch in unserem Haus Sodenmattsee 1 grundsätzlich Einführungsgespräche vor dem Einzug geführt. Diese finden entweder mit dem Bewohner oder mit einem Angehörigen oder Betreuer statt. Wir bitten um Verständnis dafür, dass wir keine persönlichen Informationen über unsere Bewohner ohne deren Einverständnis an die Öffentlichkeit geben dürfen. Dies betrifft selbst die Frage, ob Personen überhaupt Bewohner sind oder waren."

Tag 2

Auf dem Weg zurück zu meinem Zimmer lege ich mit meiner „Vorstellung" los. Ich irre verwirrt und desorientiert auf dem Gang herum, finde mein Zimmer nicht und rufe nach meiner verstorbenen Ehefrau: „Charlotte? Charlotte – wo ist Charlotte?!"
Schwester Paula kommt mir entgegen. Ich blicke verwirrt in der Gegend herum: „Ich weiß gar nicht, wo ich bin. Charlotte muss doch kommen. Die war nicht beim Frühstücken. Wo ist die denn?"

Ziemlich cool antwortet sie: „Keine Ahnung. Vielleicht schläft sie ja noch?"
Zum Mittagessen gibt es eine Scheibe Leberkäse, Kartoffelpüree, Soße, Sauerkraut. Das Essen ist einfach nur fad. Es schmeckt und riecht nach nichts. Fertigpampe aus der Großküche. Niemand sagt ein Wort. Eine gespenstische Atmosphäre.

Meine Tabletten habe ich regelmäßig bekommen. Aber die Verordnungen, die mir mein Arzt so ausdrücklich mit auf den Weg gegeben hat, werden ignoriert. Keiner hat mich gewogen oder meine Temperatur gemessen oder darauf geachtet, wie viel ich getrunken habe. Auch um das Blutdruckmessen – nach meinen vermeintlichen Schwindelanfällen – kümmert sich niemand.

„Generell ist es so, dass wir ärztliche Hinweise, die wir beim Einzug von neuen Bewohnern erhalten, selbstverständlich beachten und diese entsprechend protokollieren."

Tag 3

Das Essen ist wieder eine Katastrophe: Es gibt eine Frikadelle mit dem Kartoffelbrei und der Tüten-Soße von gestern und vorgestern, dazu etwas verkochtes Kohlgemüse. Das Dessert ist ein eklig nach Chemie schmeckender Kompott.

Wasser steht nicht auf dem Tisch. Im Hintergrund, am Ende des Speisesaals, gibt es zwar einen Rollwagen mit Flaschen, aber da geht niemand hin – und die Helferinnen reichen es nicht an.

Nach dem Essen darf ich zusammen mit einer Betreuerin ein nahegelegenes Einkaufscenter besuchen, um dort ein paar persönliche Sachen einzukaufen. Anke* begleitet mich. Eine Ausnahme, betont die Pflegedienstleiterin, als wir uns bei ihr abmelden. Normalerweise gebe es für Bewohner nur einmal im Monat eine solche Einkaufstour.

Ich unterhalte mich mit Anke und erfahre, dass sie eine „zusätzliche Betreuungskraft nach Paragraph 87b" ist. Was diese 87b-Kräfte tun sollen und dürfen, ist gesetzlich geregelt. Sie dürfen mit den Bewohnern malen, basteln, singen und musizieren, spazieren gehen, spielen, vorlesen und so weiter. Sie dürfen nicht in der Küche arbeiten, Essen anreichen, bei Toilettengängen oder der Körperhygiene helfen und schon gar nicht ärztlich verordnete Maßnahmen durchführen, also Verbände wechseln, spritzen oder Medikamente ausgeben.

Die Realität sieht aber wohl meistens anders aus. Die Selbsthilfe-Initiative Heim-Mitwirkung hat dazu kürzlich eine nicht repräsentative Online-Umfrage gemacht. Bei der Frage „Welche Aktivitäten werden durch Betreuungskräfte unterstützt?" antworteten 60 Prozent, dass sie auch Essen und Trinken anreichen, rund 34 Prozent, dass sie auch Toilettengänge unterstützen, und fast 20 Prozent, dass sie sogar pflegerische Hilfstätigkeiten ausüben.

Auch Anke* erzählt mir, dass sie gleich beim Abendessen helfen muss.
Nach dem anstrengenden Abenteuer lege ich mich erst einmal hin. Später kommt Schwester Ursula vorbei und bringt mir Tee. „Und dann sind Sie heute die ganze Nacht hier?", frage ich sie. „Nein, ich bin um 21.45 Uhr weg." Dann kämen die beiden Nachtschwestern.

Vor kurzem hat die Universität Witten-Herdecke eine Studie veröffentlicht, nach der in Heimen im Durchschnitt nachts eine einzige Pflegekraft für 52 Personen zuständig ist.

Auch an diesem Tag hat niemand kontrolliert, wie viel ich getrunken habe. Alte Menschen können leicht austrocknen. Sie bekommen dann trockene Haut und trockene Schleimhäute, verlieren an Gewicht, leiden unter Kopfschmerzen, Schwindel oder Verwirrtheit. Die Gefahr von Stürzen steigt.

Aber obwohl ich heute wiederholt von Schwäche und Schwindel gesprochen habe, ist niemand auf die Idee gekommen, dass ich zu wenig trinke.

„Wir setzen Betreuungskräfte nach § 87 b SGB XI nicht außerhalb der im Gesetz geregelten Tätigkeitsbereiche ein."

Tag 4
Ich habe lange geschlafen. Ich lasse mich voll in meine Rolle fallen, simuliere Schwäche und Schwindel, heute nochmals verstärkt. Ich sage, dass ich so schwach bin, dass ich nicht zum Speisesaal gehen kann und stattdessen auf dem Zimmer frühstücke.

Auch das Mittagessen bekomme ich allein auf dem Zimmer: etwas Spinat, verkochte Kartoffeln, ein Klatsch Rührei. Ich kann den Fraß schon jetzt nicht mehr sehen. Ich esse fast nichts, lasse den Teller fast unangetastet zurückgehen.

Hier im Sodenmattsee 1 sind Bewohner gezwungen, sich zwei Wochen vorher zu entscheiden, welches Menü sie essen wollen. Offenbar geht dann die Bestellung an eine Bremer Großküche raus. Dabei ist der tägliche Verpflegungssatz – den jedes Heim mit den Pflegekassen und den Bewohnervertretern aushandelt – hier gar nicht mal so niedrig, er liegt bei 7,85 Euro pro Bewohner und Tag. Andere Heime veranschlagen deutlich weniger und servieren dennoch besseres Essen. Es sind diese Tricks, mit denen Heimbetreiber ihren Gewinn machen.

Ich trinke aus einer Flasche, die ich in meinem Schrank versteckt habe. Die Flasche Wasser, die offen auf meinem kleinen Tischchen steht, habe ich seit zwei Tagen nicht angerührt. Seit zwei Tagen hat sie exakt denselben Pegel.

Doch in der Dokumentation, die ich eine Woche nach meinem Auszug bekomme, steht für den heutigen Tag notiert, exakt um 11:02 Uhr: „Herr S. trinkt im Durchschnitt 1.500 ml Flüssigkeit in 24 Stunden". Eine glatte Lüge.

Die Decke auf meinem kleinen Tisch ist immer voller Krümel, weil ich zum Tee Zwieback esse. Ich lasse sie bewusst dort liegen. Offensichtlich ist das kein Bereich, für den sich die Putzfrau zuständig fühlt. Bereits vor drei Tagen habe ich ein blutiges Papiertaschentuch hinter den Sessel geworfen. Es liegt immer noch da. Auf den Bildern unserer versteckten Kamera sehe ich später, dass die Putzfrau keine zwei Minuten für mein Zimmer braucht. Papierkorb leeren, einmal mit dem Feudel durchwischen, fertig.

Tag 5

Schwester Paula schüttet mir ihr Herz aus: „Ich habe manchmal überhaupt keine Zeit, um einer Omi die Hand zu geben oder sie zu umarmen, weil sie traurig ist."
Und: „Das Schlimme ist, wir müssen ja auch mit putzen, die Regale saubermachen. Sie können sich nicht vorstellen, was da zu machen ist. Da bleibt der Mensch zurück."

Im Flur unseres Zweier-Bereichs hängt neben der Tür ein Desinfektionsmittelspender. Hygiene ist unerlässlich, um multiresistente Keime in Schach zu halten, die jedes Jahr Tausende alter Menschen in Deutschlands Krankenhäusern und Pflegeheimen töten. Schade nur, dass der Spender leer ist, seit ich hier bin.

Ich setze mich zu einer Gruppe offensichtlich ziemlich dementer Bewohner, mit denen eine Betreuerin gerade ein Gedächtnistraining macht.

Sie reden über den Herbst. Die Betreuerin will mit Fragen oder Rätseln Erinnerungen bei den alten Leuten anstoßen. Sie fragt: „Ich bin ein Säugetier, habe ein rot-braunes Fell, wohne in einem Bau in der Erde und habe einen buschigen Schwanz. Wer bin ich?" Erst nach zwei, drei Anläufen kommt die richtige Antwort.
Nach einer halben Stunde ist das Event beendet. Der Fernseher wird eingeschaltet. Alle werden Richtung Bildschirm gedreht. Und dann schweigen alle wieder.

Tag 6

Als ich an diesem Morgen klingele, kommt eine Pflegerin herein, die ich bisher noch nicht gesehen habe. Sie heißt Margret und erzählt, sie sei nicht hier im Haus angestellt, sondern von einer Leiharbeitsfirma geschickt worden. „Ich bin immer überall, immer da wo Not am Mann ist. Mir fehlt nur noch das Blaulicht auf dem Kopf."

Wir unterhalten uns eine Weile, freimütig klagt sie mir ihr Leid: „Es gibt ja nur noch Jahresverträge", sagt Margret. Man wird nur noch ausgenutzt. In meinem letzten Heim hatte ich einen Arbeitsvertrag mit 174,9 Stunden also mehr als Vollzeit. Ich bin aber nie unter 200 Stunden rausgegangen. Ein Jahr war ich dort, und trotzdem hab ich einen Tritt in den Arsch gekriegt. Obwohl ich für das Haus, für die Bewohner immer da war."

Für die Heimbesitzer haben befristete Verträge viele Vorteile. Sie können dann besser Druck machen und sind unliebsame Mitarbeiter schnell wieder los. Zum Beispiel, wenn sie sich irgendwie gegen die Arbeitsbedingungen wehren.

Es ist Samstag. Mein vermeintlicher Neffe Benny kommt mich besuchen. Als er Schwester Ursula fragt, wie es mir gehe, sagt sie zu ihm: „Ihr Onkel ist verwirrt, er sucht und ruft nach seiner verstorbenen Frau." Ansonsten sei sie sehr zufrieden mit dem Onkel, der sich immerhin selber seinen Tee kocht und selbständig auf sie wirke. Sie erzählt ihm von dem „tollen Ausflug", den ich ins Einkaufszentrum gemacht habe.

Danach fragt Benny, ob ich meine Medizin auch regelmäßig bekomme? „Da müssen wir ihn ein wenig pushen, aber er bekommt alles, natürlich." Ob ich genug trinke? Sie nickt mit dem Kopf: „Absolut."

Es ist eine absolut falsche Auskunft. Niemand weiß, dass ich heimlich aus meiner Flasche im Schrank trinke. Offiziell habe ich seit Tagen nichts getrunken. Niemand hat es bemerkt. Meine Vitalwerte – Gewicht, Temperatur – werden seit Tagen nicht kontrolliert.

Ein Angehöriger muss sich darauf verlassen können, dass ihm die Pfleger die Wahrheit sagen. Dass er erfährt, was wirklich los ist, wenn er die ganze Woche über weg ist. In Sodenmattsee 1 ist das nicht der Fall.

„Trinkprotokolle werden immer anlassbezogen geführt. Wenn ein Bewohner ausreichend Flüssigkeit zu sich nimmt, werden die Protokolle wieder gelockert. Wir werden, wie alle Pflegeheimbetreiber regelmäßig kontrolliert. Auch in dem von Ihnen angesprochenen Haus ist dies der Fall und wir hatten hinsichtlich der Pflegedokumentation keine Beanstandungen."

Tag 7

Das Highlight beim Frühstück am heutigen Tag ist ein kaltes, hartgekochtes Ei. Hurra! Es ist ja auch Sonntag. Da gönnt man den Heimbewohnern etwas. Sogar das Mittagessen, Roulade mit Klößen und Rotkohl, schmeckt einigermaßen.

Beim Kaffeetrinken am Nachmittag höre ich von den Tischnachbarn, dass gleich Bingo gespielt wird. Ich mache mit. Es ist schon sein sehr merkwürdiges Gefühl, dort mit so vielen alten Menschen zu sitzen und so ein Spiel zu spielen. Auf einmal gewinne ich sogar. Bingo! Für die Sieger gibt es kleine Preise. Ich suche mir eine Rolle mit Vitamintabletten raus.

Sonst passiert nichts an diesem Tag, wie wohl an den meisten Wochenenden. Wer keinen Verwandtenbesuch bekommt, sitzt allein herum.

Ich frage mich, ob ich in einem solchen Seniorenheim meinen Lebensabend verbringen möchte. Nein, möchte ich nicht. Auf gar keinen Fall. Es ist ein trister, schleichender Abschied aus einem am Ende unwürdigen Leben.

Tag 8

Am Montagnachmittag holt Benny mich ab, ich ziehe aus. Die Pflegedienstleiterin will zum Abschluss ein Gespräch mit uns führen. Sie kommt in mein Zimmer, setzt sich, ihre erste Frage klingt fast inquisitorisch: „Haben sie denn an den Veranstaltungen, die wir hier haben, auch teilgenommen?" Eigentlich sollte sie das wissen, denn so etwas sollte ja in den Unterlagen dokumentiert sein.

Nach einem einleitenden: „Uns ist es wichtig, dass die Menschen hier ihr Leben selbst gestalten", wird sie anklagend: „Sie haben zum Beispiel das Heim nicht verlassen. Wir haben hier das Einkaufszentrum...", – ich falle ihr ins Wort und sage: „Da war ich", was sie etwas aus dem Konzept bringt.

Sie kontert mit der Gegenfrage: „Mit der Betreuerin oder auch allein?"

„Allein kann ich nicht, daher war ich mit der Betreuerin dort."

„Sie hatten also eine Beschäftigungstherapeutin, die sie begleitet hat."

„Ja." Das hatte ich ja gerade gesagt.

Ungetrübt von meiner Antwort findet sie schnell wieder in ihre offenbar vorbereitete Argumentationslinie. Ihre vernichtende Schlussbewertung: „Ich habe das Gefühl, Sie haben nichts gemacht. Sie haben nicht gesagt, ich will heute das, morgen das... Sie haben alles so über sich ergehen lassen."

Innerlich empöre ich mich über dieses Gespräch. Ich habe alles mitgemacht, habe an allen Angeboten teilgenommen, war selbst aktiv. Wobei ich jedes Mal gewartet habe, ob vielleicht jemand mich anspricht, jemand kommt, mich holt, motiviert. Das fehlte völlig.

Wir packen meine Sachen und gehen.

Vorher verabschiede ich mich von meinen beiden Pflegerinnen.

Meine Zeit im Heim war nicht einfach. Krankheit, Schwäche und Alter: Wer in ein solches Heim zieht, merkt, dass er einsam und alleine ist. Und mir hat meine Zeit in Sodenmattsee 1 gezeigt, dass die Pflegenoten kein Beleg für die Qualität eines Heimes sind.

Ich bin froh, dieses Heim wieder verlassen zu können. Die Pflegerinnen waren sehr freundlich, aber offenbar ziemlich überfordert. Das größte Problem aber ist, dass medizinische Verordnungen nicht befolgt wurden. Das kann lebensgefährlich sein. In so einem Heim möchte ich meinen Lebensabend auf jeden Fall nicht verbringen.

Und jetzt?

Sind alle Heime so? Wir werden es noch einmal probieren, noch einmal eine Woche undercover in einem Seniorenheim verbringen.

Wir beschließen, in die „Seniorenresidenz am Park" einzuziehen, in Wesendorf bei Wolfsburg. Das Heim gehört zur privaten Mediko-Gruppe, die erst seit wenigen Jahren in die Pflege investiert, aber schon 20 Heime betreibt. Die Gruppe gehört zum Lindthorst-Konzern aus der Nähe von Celle. Der Bauunternehmer beschäftigt mehr als 1000 Mitarbeiter und besitzt eine Ackerfläche, größer als Lichtenstein. Im vergangenen Jahr stellten Heimaufsichten in Hattersheim und Bremen fest, dass zwei Mediko-Heime zu wenig Personal beschäftigten und schlecht pflegten. Das Heim in Bremen musste später sogar von einem neuen Betreiber übernommen werden.

Jetzt also Wesendorf. Wieder wollen wir undercover in das Heim gehen, wieder ausgestattet mit versteckten Kameras.

Auf den ersten Blick macht das Heim einen guten Eindruck. Bei einem Informationsgespräch werden wir freundlich empfangen. Dann müssen wir wieder warten. Wieder sagt uns die Heimleiterin: „Es wird erst ein Platz frei, wenn jemand stirbt."

Die Wochen verstreichen. Schließlich erhalten wir die Möglichkeit, für zwei Wochen in ein Einzelzimmer einzuziehen, zur „Kurzzeitpflege". Mit Aussicht auf einen dauerhaften Platz.
Am 29. Februar 2016 zieht Michael Schomers ein. Wieder wird er Schwäche, Schwindel und Verwirrtheit („Wo ist Charlotte?") vortäuschen. Wie reagieren die Pfleger dieses Mal darauf? Was wird anders sein als in Bremen?

Endlich Chef

Jeder pflegt allein – Wie es in deutschen Heimen wirklich zugeht.

Endlich Chef

Manchmal findet der Tüchtige sein Glück im Internet. Manuela Vallendor-Wedermann lernt beim Nachrichtendienst ICQ, dem Facebook der frühen 2000er, ihren künftigen Mann kennen. Er wohnt im Kreis Oldenburg. Sie will zu ihm ziehen. Und Marcus Jogerst soll mitkommen. Damit sie im Norden ihre Beratungsagentur gründen können.

JoVal Sozialmanagement soll sie heißen. Anderen Pflegeheimen helfen, besser zu werden und auch noch gut verdienen: Das ist der Traum. Jogerst bricht leichten Herzens auf nach Oldenburg. Es gibt nichts, was ihn im Süden hält.

Über den gleichen ICQ-Chat lernt Vallendor-Wedermann einen Krankenpfleger kennen. Sie erzählt ihm von den gemeinsamen Plänen und dass Jogerst gerade eine Ausbildung zum Qualitätsmanager abgeschlossen habe. Der Krankenpfleger sagt, dass er genau so jemanden suche. Vor kurzem habe er einen Auftrag von einem regionalen Zusammenschluss privater Heime bekommen. 15 Einrichtungen, die jetzt die neuen Qualitätsvorgaben umsetzen müssen und dabei beraten werden wollen. Er selbst wolle seine Stelle im öffentlichen Dienst nicht aufgeben. Der Großauftrag wird ihm zu viel. Ob sie ihn übernehmen wollen?

Was für ein Glück. Seit Monaten haben Jogerst und Vallendor-Wedermann überlegt, wie sie ihre Beratungsagentur aufziehen sollen. Haben herumprobiert. Kontakte geknüpft. Haben einen verrückten Trip nach Hamburg gemacht, um sich mit Investoren zu treffen, die ein großes Krankenhausprojekt in der Türkei aufziehen wollen. „Aber das war bestimmt 20.000 Nummern zu groß für uns", sagt Jogerst.
Und nun machen sie sich selbstständig und bekommen den ersten großen Kunden gleich vor die Tür gelegt. Von da an ist das Geschäft ein Selbstläufer. Schon bald beraten sie eine ganze Reihe von Heimen, schreiben Konzepte für Qualitätsstandards und überlegen, wie man Menschen mit Demenz besser integrieren kann.

Endlich können sie ihre Ideen umsetzen. Zumindest glauben sie das.
Jogerst berät vor allem Heime in Niedersachsen. Dort ist die Pflege seit Jahren besonders schlecht, werden die Kosten von den Betreibern besonders radikal gedrückt. Niedersachsen gilt unter Pflege-Experten als ausgeblutet. „Wenn die Marmelade auf dem Brot aussieht, als hätte sie eine Erdbeere vor 100 Jahren mal geküsst, dann fehlt das Elementare", sagt Jogerst. „Da können Sie auch mit Qualitätssicherung nichts mehr erreichen."

Niedersachsen ist ein Beispiel für die extremen Unterschiede zwischen den Bundesländern. Das Land hat einen der niedrigsten Personalschlüssel in Deutschland – nur Schleswig-Holstein und Mecklenburg-Vorpommern sind noch schlechter dran. Zudem gibt es in Niedersachsen viele private Einrichtungen. Die sind nicht verpflichtet, ihre Mitarbeiter nach Tarif zu bezahlen. Das drückt die Kosten und macht Niedersachsen zu einem der billigsten Pflegeländer in den alten Bundesländern.

Im Rückblick hat Jogerst für die Pfleger, Heimleiter und Unternehmen Verständnis, die damals unter seiner Beratung zu leiden haben. Auf einmal kommt da ein 25-Jähriger aus dem Schwarzwald und erklärt, was sich alles ändern muss, was da jetzt alles dokumentiert werden muss und dass das zwar alles Zeit und Geld kostet, aber nun mal nicht zu ändern sei.

Zu Beginn ist Jogerst ein großer Fan davon, Qualität zu sichern, Formulare auszufüllen, Standards zu überprüfen. Doch das ändert sich im Lauf der Jahre.
Seit Anfang des Jahrtausends pappen sich immer mehr Heime irgendein Zertifikat an die Tür, um möglichen Kunden zu zeigen, wie herausragend die Betreuung ist. Dabei haben diese Zertifikate keinerlei Bedeutung. Wenn damit nur ein bisschen Farbe auf das ansonsten rostige Heim geschmiert wird, dann „kann man sich das auch in die Haare schmatzen", sagt Jogerst heute.

Erst kürzlich war er in einer Einrichtung, die sich mit einem Siegel für Kundenfreundlichkeit geschmückt hat. Ein paar Tage später schaut Jogerst den Spam-Ordner seines E-Mail-Postfachs durch und findet ein Angebot für genau diese Auszeichnung. Man kann das „Qualitätssiegel" einfach im Internet bestellen.

Es gibt kaum eine andere Branche, die sich über Jahrzehnte so an den Bedürfnissen ihrer Kunden vorbei entwickelt hat wie die Pflege, sagt Jogerst. Die Heime versuchten damals immer hygienischer zu werden, sich immer stärker am Krankenhaus zu orientieren. Falsch, sagt Jogerst. Die alten Leute wollen sich doch gut aufgehoben fühlen. Lieber ein Fenster, das länger nicht geputzt wird, dafür aber auch mal Zeit für einen Plausch mit den Damen. Lieber mal Domino spielen, als sich einen weißen Kittel überzuwerfen und drei zusätzliche Formulare auszufüllen.

Mit seiner Beratungsfirma muss Jogerst damals entscheiden, was die Pflegeheime umsetzen können. Pfleger und Assistenten sind im Dauereinsatz. Jede neue Regel müssen sie im Kopf behalten, zum Nachschauen in den Unterlagen ist keine Zeit. „Und dann sind das Menschen, die in einfachen Berufen arbeiten können, die kein Abitur haben. Denen erzähle ich was von integrativer Validation im Umgang mit Demenzkranken, über den Standard Dekubitus-Prophylaxe." Viele Regeln sind zu kompliziert und zu bürokratisch. Immer öfter geht es nicht mehr um die Pflege selbst, sondern darum, alle Regeln zu befolgen – egal wie es dem Bewohner dabei geht.
Jogerst merkt schnell, dass sich seine Probleme nicht ändern, nur weil er jetzt Berater ist. Noch immer prallt er mit seinen Vorschlägen ab, noch immer kann er vieles nicht durchsetzen, noch immer arbeitet er sich am System ab. Wie in einem Labyrinth, bei dem Jogerst um die nächste Ecke biegt, die nächste Tür öffnet – und wieder nicht den Ausgang findet, sondern in einem weiteren, sich weiter verzweigenden Gang steht.

Gemeinsam mit Manuela Vallendor-Wedermann denkt er darüber nach, wie er ein Pflegeheim führen würde. Welche Mitarbeiter, welche Regeln, welcher Anspruch. Als Berater hat er damit keine Chance, er ist auf die Aufträge der Heimbetreiber angewiesen. Einigen Pflege-Unternehmern sagt Jogerst seine Meinung, aber nur selten dringt er durch – und noch seltener ändert sich etwas.

Was die Heimbetreiber umsetzen, liegt nicht in Jogersts Hand. Einige Heime wollen den schönen Schein, das Zertifikat, die offizielle Prüfung – aber nicht wirklich etwas dafür tun. Das macht ihn wütend. Er hasst Unehrlichkeit. Er will nichts verkaufen, hinter dem er nicht steht.

Es dauert zwei Jahre, bis er die Verlogenheit der Branche nicht mehr aushält.
Nun gibt es nur eine logische Konsequenz: ein eigenes Heim zu gründen. Marcus Jogerst ist 28 Jahre alt, als er sich endgültig eingesteht, dass er es am liebsten selber machen will.

Ja. Er wird ein eigenes Pflegeheim aufmachen. Als der Entschluss feststeht, werden unglaubliche Kräfte in ihm wach.

In Niedersachsen entdeckt Jogerst ein Anwesen das passen könnte: die ehemalige Reichsbräuteschule Husbäke. Im Zweiten Weltkrieg förderten die Nazis hier den arischen Nachwuchs. Es liegt weit draußen auf dem Land, rund 20 Kilometer vor Oldenburg, inmitten von knorrigem Wald und Gebüsch. Ein sicher 30 Meter breites Haupthaus mit geschwungener Auffahrt, links und rechts mehrere kleinere Gebäude. Dunkler Klinkerstein, rote Dachziegeln, große, weiße Fensterrahmen. Ein norddeutsches Idyll.

Jogerst ist begeistert. Er sieht in dem Haus gleich ein Heim für Menschen mit Demenz. Wieviel Platz sie hier hätten, für Spaziergänge im Grünen und am Wasser. Damals sind Häuser für Demenzkranke noch eine Seltenheit. Jogerst will die Nische besetzen.

Aber das Gebäude steht unter Denkmalschutz. Er rechnet aus, dass die nötigen Umbauten astronomisch teuer wären. Schweren Herzens verabschiedet er sich von der Idee. Die Gebäude stehen danach jahrelang leer.

Als auch ein Projekt im Süden von Bremen nicht klappt, ruft Jogerst in der Heimat an, redet mit seiner Stiefmutter Iris über die gescheiterten Ideen. „Ich glaube ich kann nicht so schnacken, wie ich hier oben bei denen schnacken müsste", sagt er zu ihr. Komm doch wieder heim, entgegnet sie. Woraufhin Jogerst denkt: Um Gottes Willen, wie soll ich das denn machen? Dann fange ich ja wieder bei Null an.
Sofort fällt ihm die schwere Zeit in Offenburg wieder ein, denkt er zurück an die Probleme mit den Kollegen. An die zwölf Wochen in der psychiatrischen Rehaklinik. Jogerst lässt den Vorschlag ruhen. Aber der arbeitet in ihm.

Bis Jogerst irgendwann denkt: Warum eigentlich nicht? Wenigstens probieren kann man es doch mal.

Im September 2004 kehrt er kehrt nach Offenburg zurück – und zieht vorübergehend bei seinem Vater Lorenz ein. Neun Monate lang pendelt er zwischen Norden und Süden, wohnt dort in einem kleinen Jugendzimmer. Die Eltern haben extra den Teppich neu verlegt. Stiefmutter Iris bügelt ihm die Hemden, kocht, verwöhnt ihn wie ein Kind. Bei Marcus Jogerst heilen in dieser Zeit viele Wunden. Zum ersten Mal hat er das Gefühl, dass sich jemand um ihn kümmert, ohne ihm den Vorwurf zu machen, dass er für zu viel Arbeit sorge. Die Stiefmutter bringt Vater und Sohn wieder zusammen. Jogerst fühlt sich daheim.

Er ruft beim Landratsamt des Ortenaukreises an, seinem Heimat-Landkreis. Dem schildert er sein Konzept, mit Hausgemeinschaften und Wohnküchen. Die Bewohner sollen aktiv werden, mitarbeiten, sollen sich zu Hause fühlen. Den Beamten gefallen seine Ideen.

Aber der Zeitgeist weht ihm scharf entgegen. Es ist 2004, das letzte Jahr der rot-grünen Koalition. „Hartz IV" ist das „Wort des Jahres". Die Zeichen stehen auf Effizienz und Wirtschaftlichkeit. Die Rente ist nicht mehr sicher, das Arbeitslosengeld wird gekürzt, die soziale Marktwirtschaft bröckelt. Längst wird auch in Deutschland hart gerechnet. Wer nichts beiträgt, muss sich warm anziehen.

Dieses Denken erfasst auch die Pflege. Konzerne steigen ein in das Geschäft mit den Altenheimen und wollen Rendite sehen. Jogerst ist Mitglied bei den Grünen und politisch interessiert. Er will es anders machen.

Einer der Sommerhits in jenem Jahr heißt „Perfekte Welle" und kommt von der Band Juli. „Stellst Dich in den Sturm und schreist: Ich bin hier, ich bin frei", singen sie, das Lied läuft rauf und runter. Jogerst singt mit. Es passt. Endlich frei sein, die eigenen Ideen umsetzen. Der Song befeuert ihn. Ja, er will jetzt den großen Schritt wagen: eintreten für bessere, menschlichere Pflege.

Immer konkreter wird der Plan: Wo könnte das Heim stehen? Jogerst grübelt, schaut sich den Landkreis Ortenau an. Abends vor dem Schlafen fragt er in Gedanken seine verstorbene Oma: Wo soll ich mit meinem Heim hingehen? Als er nachts um 3 Uhr aufschreckt, hat er das Städtchen Renchen im Kopf. 7000 Einwohner wohnen am Nordrand des Schwarzwaldes, bis über den Rhein ins französische Straßburg dauert es mit dem Auto nur eine halbe Stunde. Die Menschen sagen *Tarte Flambée* statt Flammkuchen. Hell verputzte Häuser, ein bisschen Fachwerk. Eine Kirche, eine Schule, ein Schwimmbad – kein Pflegeheim.

Das Land Baden-Württemberg hat damals ein Förderprogramm, um alte Heime zu sanieren und neue zu bauen. Jogerst sagt, den Großteil der Förderung hätten sich die Wohlfahrtsverbände wie Caritas, Rotes Kreuz oder Diakonie gesichert. Private Betreiber hätten kaum Chancen auf eine Förderung gehabt. Das Land Baden-Württemberg will auf Anfrage im Frühjahr 2016 nicht mitteilen, wer sich damals genau wie viel Fördergeld gesichert hat. Aufgrund der laufenden Koalitionsverhandlungen seien alle Pflegeexperten zu stark eingebunden. Jogerst jedenfalls bekommt nichts. Die verpasste Förderung wird ihn noch lange schmerzen. Andere Betreiber sind mit Millionen gefördert worden. In der Folge können sie viel einfacher wirtschaften.

Trotzdem baut Jogerst. „Der Ort hat nach einem Pflegeheim geschrien", sagt er. Die Menschen aus Renchen seien zum Teil in Sasbachwalden untergebracht worden, eine halbe Autostunde entfernt. Renchens Bürgermeister Bernd Siefermann empfängt Jogerst überschwänglich. „Wir hatten das damals als Zukunftaufgabe identifiziert", sagt Siefermann. „Herr Jogerst kam für uns genau im richtigen Moment."

Mit einem Schreiben vom Landratsamt und Unterstützung der Stadt – aber ohne Förderung – geht Marcus Jogerst zu einer Bank in Oldenburg. Er hat keine betriebswirtschaftliche Ausbildung, über den Finanzplan spricht er mit seiner Kollegin Manuela Vallendor-Wedermann. 4,5 Millionen Euro braucht er für ein eigenes Pflegeheim. Das Geld seines sparsamen Vaters, die 160.000 Euro aus der Altersvorsorge, und ein KfW-Darlehen sind das einzige Eigenkapital, das Jogerst vorweisen kann. Selbst damit kommt Jogerst nur auf eine Eigenkapitalquote von fünf Prozent.

Trotzdem laufen die Verhandlungen mit der Bank gut. Jogerst bekommt eine feste Zusage, ist sich sicher, dass nichts schief gehen wird, und investiert die ersten 60.000 Euro in einen Architekten. Plötzlich will die Bank das Ganze abbrechen. Jogerst vermutet, dass in dieser Zeit die internen Regeln für die Kreditvergabe umgestellt werden und bei seinem Projekt die rote Lampe angeht, vermutlich ist die Kapitaldecke zu dünn. „Später hätten die so etwas nie wieder durchgehen lassen."

Die Bank verlangt, dass er seinen Magdeburger Bauunternehmer verlässt, den günstigsten der Branche. „Die haben gedacht, dass mir dann die Luft ausgeht." Er vereinbart zwei Termine in Oldenburg. Mittags wird er seinen Anwalt treffen, im Anschluss daran die Berater der Bank.

Morgens um 5 Uhr, nach einer schlaflosen Nacht, will Jogerst von Offenburg aus in den Norden aufbrechen, doch er findet sein Bahnticket nicht. Er durchwühlt den Müll der Eltern, keine Chance. Wenn er jetzt in die Bahn steigt und ihn der Schaffner blöd anquatscht, kann Jogerst für nichts garantieren. Also lieber nicht mit der Bahn. Jogerst springt ins Auto, fährt die 620 Kilometer von Renchen bis Oldenburg selbst. Erschöpft, aber pünktlich, fährt er bei dem Rechtsanwalt vor.

Der erklärt ihm, er könne die Bank auf Schadensersatz verklagen, falls sie die Kreditzusage zurückzieht. Das gibt ihm Halt. Gemeinsam mit Manuela Vallendor-Wedermann betritt Jogerst die Bank. Jogerst ist sauer. Und zu allem bereit. Auch sein Vater hatte ihm Mut zugesprochen. Marcus, geh gerade, da musst Du jetzt Rückgrat zeigen.

So kurz vor dem Ziel, so kurz vor seinem eigenen Pflegeheim. Das erste Mal in seinem Leben zieht Jogerst voll durch.

Im Konferenzraum der Bank wird er ausfallend. „Leute, wenn das jetzt hier schief geht, dann werde ich richtig sauer. Entweder ihr macht mit – oder ihr hängt mit." Er droht offen mit einer Klage auf Schadensersatz.

Die wütende Tour in den Norden lohnt sich. Jogerst bekommt seinen Kredit. Später findet er einen Bauunternehmer, der nur 20 Prozent mehr verlangt. Das Budget knirscht, aber es platzt nicht.

Bei der Grundsteinlegung ist Vater Lorenz unglaublich stolz auf seinen Sohn. Er fragt Manuela Vallendor-Wedermann: Ist er wirklich so gut, wie er tut? Sie antwortet, auf den Marcus könne man bauen. Bald schon sind Mauern, Dach und Fenster fertig.

Als nur noch ein paar Möbel und Vorhänge fehlen, stirbt Vater Lorenz. „Mit 58 Jahren, von jetzt auf nachher. Er gibt mir das Geld und stirbt. Was das mit mir gemacht hat", sagt Jogerst, stockt, schluckt, auch zehn Jahre später kann er kaum darüber reden. „Er ist noch ein paar Mal wach geworden auf der Intensivstation und hat mich weggeschubst. Weil er genau wusste, dass ich Arbeit habe", sagt Jogerst. „Er wusste, dass es an die Eröffnung geht." Mehr als einmal denkt Jogerst, dass sein Heim verflucht ist.

Am frühen Abend, nach der Beerdigung seines Vaters, fährt Jogerst in den Stoffladen in Oberkirch und holt die Vorhänge ab. Acht Tage später, am 30. Juni 2006 eröffnet Jogerst sein eigenes Heim. Den großen Versammlungsraum im Erdgeschoss nennt er Lorenzsaal.

Seit Jahren eröffnen mehr und mehr Privatleute Pflegeheime – der Anteil der kirchlichen, kommunalen oder freigemeinnützigen Heime sinkt. In den vergangenen 15 Jahren ist die Quote der privaten Heime in Deutschland von gut 30 auf mehr als 40 Prozent gestiegen. Fast 5500 Pflegeheime werden in Deutschland mittlerweile privat betrieben.

Der Unterschied: Während Jogerst Geld investiert, um Menschen besser zu pflegen, ist es für die meisten anderen Investoren vor allem ein Geschäft.

Der französische Pflegheimkonzern Korian zum Beispiel. 2004 gegründet, ist er in kürzester Zeit zum europäischen Marktführer geworden. Etwa 60.000 Betten füllt Korian in Europa mittlerweile, macht zweieinhalb Milliarden Euro Umsatz im Jahr. Auch in Deutschland kauft der Konzern immer mehr Pflegeheime auf. Schon jetzt sind die Franzosen hier unter den privaten Betreibern die Nummer eins. Den Umsatz von einer halben Milliarde Euro will Korian in den kommenden Jahren verdoppeln.

Große Betreiber sind gut für Deutschland, weil sie die Preise niedrig halten, weil sie effizient arbeiten, weil sie durch den Betrieb vieler Einrichtungen nicht nur günstig einkaufen, sondern auch lernen können, über Ländergrenzen hinweg. So argumentiert Korian. Vieles davon ist richtig. Gleichzeitig besteht die Gefahr, dass der Renditedruck die Menschlichkeit unmöglich macht, die kranke Menschen im Pflegeheim benötigen.

Wenn Investoren in London, New York oder Tokyo auf die Zahlen schauen und Pflegeheime ein Investment sind wie Ferienhäuser in Miami Beach – wie wahrscheinlich ist es dann noch, dass wir Menschen einen würdigen Abschied vom Leben geben können?

Eine Buchhalterin aus der Pflegebranche berichtet, nach der Übernahme durch einen großen Konzern sei die Kostenschraube bei ihrem Heimbetreiber extrem angezogen worden. „Es wurde gespart wo es nur geht. Am Essen, am Personal. Jedes Jahr haben sie die Pauschale für das Essen um ein paar Cent gesenkt." Zuletzt waren es nur noch knapp über zwei Euro für 24 Stunden Verpflegung pro Bewohner. Die Buchhalterin will anonym bleiben, weil sie rechtliche Probleme befürchtet.

Egal ob Handtücher, Bettzeug, Windeln, Verbandsmaterial, Cremes oder Putzmittel – überall wählte der Konzern nun den günstigsten Anbieter, überall suchte er nach Einsparungen. Die Qualität, so die Buchhalterin, spielte bei der Auswahl der Produkte keine Rolle. Auch beim Personal sparte der neue Betreiber: Die Pflegerinnen übernahmen Arbeiten in der Küche. „Für mehr als eine Grundversorgung der Bewohner war keine Zeit mehr."

Ein verbreitetes Modell, mit Pflegeheimen Geld zu verdienen: Die Immobilie wird vom Betrieb getrennt. Firma A kauft oder baut das Pflegeheim, Firma B kümmert sich im Anschluss um die Pflege. So kann Firma A durch überhöhte Mieten eine ordentliche Rendite erwirtschaften, während Firma B kaum Geld für die Versorgung der Bewohner bleibt. Nicht selten gehören Firma A und Firma B dabei demselben Investor.

Im Internet verkaufen manche Betreiber ihre Zimmer sogar einzeln, auch an private Investoren. Ab 80.000 Euro aufwärts kosten Zimmer in Gerolzhofen, Heilbronn, Dresden oder Saarbrücken. Versprochen werden Renditen zwischen 3,5 und 5,5 Prozent. Die Verträge sind oft über mindestens 20 Jahre garantiert – egal ob das Zimmer belegt ist oder nicht: „100 Prozent Mietzahlung auch bei Leerstand eines Pflegeappartements."

Die Beratungsagentur Terranus in Köln, die nach eigenen Angaben „führende Spezialberatung im Markt der Sozialimmobilien", behauptet, dass Pflege-Immobilien derzeit mehr Ertrag abwerfen als Wohnblocks oder Bürotürme.

Derjenige, der die Immobilie günstig gebaut und teuer verkauft hat, ist mit seinem Gewinn bereits weitergezogen – jetzt müssen die Pfleger den viel zu hohen Renditedruck der Investoren ausbaden.

„Wir haben große Probleme mit Heimen, bei denen die Anteilseigner Hedgefonds an den großen Finanzplätzen sind", sagt Alexander Schweitzer, bis 2014 Sozialminister in Rheinland-Pfalz. „Die Verantwortung hat dann jemand in einem internationalen Aufsichtsrat, dem die Pflegedebatte in Deutschland völlig egal ist." Schweitzer sagt, dass hohe Renditen nur möglich sind durch Steuertricks, überzogenes Wachstum oder hartes Sparen beim Personal.

Gemeinsam mit seinen Ministerkollegen aus den anderen Bundesländern hat Schweitzer Ende 2013 ein Papier aufgesetzt, in dem sie von der Bundesregierung fordern, dass die Einnahmen und Ausgaben von Pflegeheimbetreibern besser geprüft werden können. Passiert ist bis heute nichts.

Wie sehr die Pflege leiden kann, wenn es nur noch darum geht, Gewinn zu erwirtschaften, hat Dirk Völler erlebt.

Dirk Völlers Lebenslauf ist der einer idealen Führungskraft. Praktika, Ausbildung, Studium, hochgearbeitet bis zur Heimleitung. Aber das, was Völler jahrelang gelernt hat, ist nicht gefragt. Er soll keine gute Pflege anbieten, mit motivierten Pflegern arbeiten, rundum für das Glück der Bewohner sorgen. Völler hat nur eine Aufgabe: Er soll gute Zahlen produzieren. Es geht ums Geld.

Völler wehrt sich, aber die Branche biegt ihn zurecht. Wann der Profitdruck das erste Mal seine Ideale besiegt hat? Wahrscheinlich, als Völler in dem Chor, in dem er in seiner Freizeit singt, Kontakte knüpft, um die Betten seines Pflegeheimes zu füllen. Er instrumentiert sein Privatleben für die Rendite seines Arbeitgebers. Von da an gibt es kein Zurück.

Drei Heime leitet Völler, am extremsten spürt er den Profitdruck in einem Haus in Glandorf, nicht weit von seinem Heimatort Bad Iburg. Das Haus gehört zur SWW Senioren Wohnpark Weser GmbH, ein Teil der Residenz-Gruppe von Rolf Specht. Die Residenz-Gruppe war eine der ersten, die vor etwa zwei Jahrzehnten in ihren Heimen einzelne Zimmer an Investoren verkauft hat. Das Geschäftsmodell ist klar: Rolf Specht baut Pflegeimmobilien und verkauft sie im Anschluss mit Gewinn. Die Pflege kommt an zweiter Stelle.

Das Heim in Glandorf übernimmt die Gruppe 2008 aus einer Insolvenz. Das Haus war Anfang der 1990er Jahre als reines Doppelzimmer-Haus konstruiert worden. „Total Banane" nennt Völler die Konstruktion. Als Völler im Herbst 2010 anfängt, ist ein Teil des Hauses noch immer veraltet, statt Einzelzimmer gibt es dort weiter Doppelzimmer. Etwa die Hälfte aller Heimbewohner haben einen Zimmerpartner, teilweise sind die Duschen auf dem Gang. Das ist für Völler ein großes Problem. Niemand zieht heutzutage noch freiwillig in ein Doppelzimmer.

Völlers Situation ist nicht untypisch für deutsche Heimbetreiber. Von den rund 860.000 Plätzen in deutschen Pflegeheimen sind nur gut 60 Prozent Einzelzimmer. Es gibt sogar noch mehr als Tausend Drei- oder Vierbettzimmer. Die Kölner Beratungsagentur Terranus schätzt, dass in den kommenden zehn Jahren ein Fünftel aller Plätze in Pflegeheimen modernisiert werden muss.

Trotz der vielen Doppelzimmer kalkuliert die SWW-Geschäftsführung mit fast 97 Prozent Belegung. Im Schnitt dürfen also nicht mehr als zwei der 62 Betten leer stehen. Völler muss die Zimmer vollmachen, egal wie.

Von Anfang an, so ist Völlers Eindruck, interessiert sich die Geschäftsführung in Bremen nur für die Zahlen. Wie viele Zimmer sind belegt? Wie groß ist der Umsatz? Was bleibt am Ende übrig? Das Heim setzt auf billig. Glandorf liegt im südwestlichen Niedersachsen, die Stadt grenzt im Süden, Westen und Osten an Nordrhein-Westfalen, vom Heim aus sind es zwei Kilometer bis zur Landesgrenze. Weil in Niedersachsen für die Pflege weniger Personal vorgeschrieben ist und die

Jeder pflegt allein – Wie es in deutschen Heimen wirklich zugeht.

Dirk Völler

Ausgebildet und studiert, aber an der Umsetzung immer wieder gescheitert. Völler hatte viele Ideen für eine bessere Pflege. Die Realität war stärker.

Residenz-Gruppe nicht nach Tarif bezahlt, müssen Bewohner und Angehörige weniger zuzahlen, als in der Nachbarstadt.

Entsprechend wirbt das Heim auf seiner Internetseite mit der Billig-Pflege: „Ihr Vorteil: Die Pflegeplatzkosten sind in Niedersachsen wesentlich günstiger. Deshalb lassen sich im Haus Glandorf bis zu 930 Euro im Monat sparen – und das bei gleicher Qualität in der Versorgung und Betreuung." 30 Prozent günstiger, und das bei gleicher Qualität – wie das funktionieren kann, erklärt die Residenz-Gruppe nicht.

Dirk Völler sagt, er habe der Geschäftsführung in seiner ganzen Zeit in Glandorf kein einziges Mal ein detailliertes Konzept vorlegen müssen, wie das Heim attraktiver werden könnte. „Ich sollte halt irgendwas machen. Vielleicht, weil die auch keine Ahnung hatten", sagt Völler.

Völler wird selbst aktiv, kauft sich ein Buch, es heißt „Belegungsmanagement - die Auslastung sichern". 128 Seiten über Kundenorientierung, Öffentlichkeitsarbeit und Multiplikatorenmarketing. Welche Stellen beeinflussen die Auslastung? Wie kann ich langfristige Partnerschaften aufbauen mit denjenigen, die mir neue Bewohner bringen?

Völlers erstes Ziel sind die Sozialdienste. Wer in ein Altenheim zieht, wird vorher meist ambulant betreut. Sobald die Pflege daheim nicht mehr reicht, empfehlen die ambulanten Betreuer ein Heim. Diese Dienste werden deshalb von Heimleitern umworben. Genau wie Sozialdienste in Krankenhäusern. Völler stellt sich bei ihnen vor, fährt durch die Region, schreibt Faxe und E-Mails an Unternehmen im Umkreis von 50 Kilometern.

Völler denkt viel nach. Vor allem der dritte Stock mit den nicht sanierten Doppelzimmern bereitet ihm Kopfschmerzen. Jedes Mal, wenn dort jemand auszieht, hat Völler ein Problem. Der Druck steigt. „Bis ich mir gesagt habe: Dirk, mit normaler Klientel wirst Du das nicht vollkriegen."

Alten Menschen helfen, das hatte sich Dirk Völler eigentlich ganz anders vorgestellt. Seine Karriere in der Pflege ist klassisch. Mit 14 tritt er in die Malteserjugend ein, unterstützt Erste-Hilfe-Kurse und wird Pflegehelfer. Nach der Realschule macht Völler ein Praktikum in der Rehaklinik seiner Heimatstadt Bad Iburg. Die Arbeit macht Spaß, warum nicht direkt die Ausbildung machen? Drei Jahre pflegt er im örtlichen Krankenhaus. Das ist Anfang der 1990er Jahre und Völler merkt damals schon, dass es in der Pflege nicht einfach werden wird. Zu wenig Personal, zu viel Arbeit.

Völler fühlt sich oft allein gelassen, überfordert. „Nach der Ausbildung war ich ziemlich geschlaucht, aber den Idealismus habe ich nicht verloren." Auch seinen Zivildienst macht Völler in der Pflege. Jetzt ist Völler 23 Jahre alt. Und platt. Nach fünf Jahren Pflege sieht er keine Perspektive, will etwas ändern. Völler kündigt seinen Job und macht sein Abitur nach. Er will studieren.

Drei Jahre später, das Abitur in der Tasche, steht Völler die Welt offen. Er könnte nun vieles machen. Entscheidet sich aber erneut für die Pflege. In Osnabrück, eine gute halbe Stunde mit dem Bus entfernt, studiert Völler Pflegemanagement. Hier lernt er, andere Pfleger zu leiten, die

Pflege zu verbessern. Für ein halbes Jahr geht er nach Finnland, belegt Kurse, macht Praktika und schaut sich das Pflegesystem an. Seine Perspektive weitet sich.

Zurück in Deutschland sucht sich Völler für die letzten Semester einen Nebenjob in einem Altenpflegeheim. Die Arbeit ist ruhiger als im Krankenhaus, weniger Kommen und Gehen, weniger Geschrei, dafür längere Gespräche. Zwischen Pflegern und Bewohnern entstehen Bindungen. Das passt zu Völler. Und anders als im Krankenhaus sind keine Ärzte in der Nähe, die ihre Pfleger häufig noch immer wie ungebildete Helfer behandeln. Bei den Alten will Völler bleiben.

Für seine Diplomarbeit untersucht Völler einen Verbund von Altenheimen, die Mönchengladbacher Sozialholding. In der Branche gilt die Sozialholding mit ihrem Chef Helmut Wallraffen-Dreisow als Vorbild. Wallraffen ist gelernter Pfleger, setzt sich für gute Bedingungen seiner Bewohner und Mitarbeiter ein. Und er kann gut reden. In der „CAREkonkret" kommt Wallraffen-Dreisow regelmäßig zu Wort, in der „Wochenzeitung für Entscheider in der Pflege". Und Wallraffen-Dreisow hat ein Buch geschrieben, es heißt: „In Ruhe verrückt werden dürfen – Für ein anderes Denken in der Altenpflege."

Völler schätzt die Arbeit von Wallraffen-Dreisow und lernt, dass gute Pflege möglich ist.

Völler ist vorbereitet. Er hat studiert, war in Finnland, hat sich die besten Heime in Deutschland angesehen. Die Ernüchterung folgt schnell. Nach der Ausbildung tritt er eine Stelle in einem Krankenhaus in Hannover an. Dort merkt er, dass ihm seine Ausbildung nicht nur helfen, sondern ihm auch hinderlich werden wird. Völler soll die Abläufe im Krankenhaus effizienter gestalten – also die Kosten senken.

Pfleger seien Idealisten und Managern gegenüber eher negativ eingestellt, sagt Völler. Und er wiederum hat ein Problem mit Konflikten. Ihm wird schnell klar, dass er die Umbauprozesse nicht durchsetzen kann. Nach drei Monaten schmeißt er hin und sucht sein Heil in der Pflege.

Sieben Jahre später weiß er, dass es dort kein bisschen einfacher ist. Völler wird in der Pflege zerdrückt.

Als Heimleiter steht er wieder zwischen der Geschäftsführung und den Mitarbeitern. Klassisches mittleres Management. Nach unten muss er die schlechten Arbeitsbedingungen rechtfertigen, die niedrigen Löhne, die Überstunden. Nach oben muss er Profite melden. Wie diese Profite zustande kommen, und dass er diese nur auf dem Rücken von Mitarbeitern und Bewohnern zusammensparen kann, scheint die Geschäftsführung nicht zu interessieren.

Völler begreift, dass die Qualität eines Heimes nicht davon abhängt, ob es profitorientiert ist oder gemeinnützig. Ob es von einem Privatunternehmer betrieben wird oder von einem kirchlichen Träger. Wer gute Qualität in der Pflege will, darf nicht nur auf die Zahlen schielen. So einfach ist das. Und so schwierig.

Völler beginnt seine Karriere als stellvertretender Leiter in einem AWO-Haus in Osnabrück, dem Altenheim am Schölerberg. In einer Einrichtung, die viele Probleme bereitet. Völler merkt schnell, dass dieses Haus bald vor die Hunde gehen wird. Mitarbeiter und Bewohner stehlen, unter anderem Medikamente, erinnert sich Völler. Weil sein Vorgesetzter in anderen Heimen zu tun hat, ist Völler das Gesicht der Geschäftsführung. Er ist derjenige, der die Leute kontrollieren muss, der wieder Ordnung ins Heim bringen soll. Die Stimmung ist schlecht.

Als hätte er nicht schon genug Probleme, muss Völler auch noch neue Vorschriften umsetzen. 2009 werden erstmals Pflegenoten vom Medizinischen Dienst der Krankenkassen vergeben, der sogenannte Pflege-TÜV. Die Noten werden heute von allen Seiten kritisiert, inzwischen ist beschlossen, sie wieder abzuschaffen, durch ein besseres System zu ersetzen.

Für Völler sind die Pflegenoten damals eine Qual. Die Umstellung ist das reinste Chaos. Viele Akten werden noch auf Papier geführt, Völler hat kaum Einblick in die Arbeit seiner Mitarbeiter. Verzweifelt versucht er, die Kollegen von den neuen Dokumentationspflichten zu überzeugen. Doch viele Kollegen wollen oder können nicht, erinnert sich Völler.

Völler hat kein Problem damit, übergreifende Pläne zu entwickeln oder ein Qualitätsmanagement aufzubauen, aber sobald seine Ideen im Wohnbereich, in den Zimmern umgesetzt werden sollen, gibt es Ärger. Vielen Mitarbeitern habe es an der professionellen Einstellung gefehlt, sagt Völler. „Die haben so gut es geht gepflegt, da will ich gar nichts sagen. Aber es kam dann trotzdem zu Missständen."

Völler ist damals 35 Jahre alt und gut ausgebildet. Doch seine Ideen bleiben Theorie. „Die Frage war halt immer: Wie willst Du das umsetzen, mit diesen Leuten?" Nach zwei Jahren reicht es ihm. Er schmeißt die Brocken hin.

Vier Jahre später gibt auch die AWO auf. Ende 2015 schließt das Heim. „Angesichts des hohen Investitionsbedarfs von neun Millionen Euro hat das Haus keine Zukunftsperspektive", berichtet die Neue Osnabrücker Zeitung.

Völler wechselt in eine private Einrichtung, die erwähnte SWW Senioren Wohnpark Weser GmbH, in das Haus Glandorf. Der Start ist vielversprechend. Seine Pflegedienstleitung hält ihm die Alltagsarbeit vom Leib. Völler muss sich nicht mit den Alltagskonflikten und den Beschwerden der Pfleger, Bewohner und Angehörigen herumschlagen. Er kann sich auf die Dinge konzentrieren, die ihm Spaß machen. Konzepte entwerfen, nachdenken, organisieren.

Doch die Idylle währt nicht lang. Die nicht sanierten Doppelzimmer der oberen Etage. Der niedrige Personalschlüssel in Niedersachsen. Der fehlende Tarifvertrag. Immer wieder kündigen Mitarbeiter, wegen der schlechten Stimmung und der niedrigen Löhne. Völler hat große Probleme, neue Leute zu finden. Was den unfreiwilligen Vorteil hat, dass die Kosten sinken.

Wie bekommen wir die Heime voll? Diese Frage gibt die Geschäftsführung an die Heimleiter weiter. Eine Heimleitung müsse bei den Multiplikatoren, bei Presse und Politik persönlich bekannt sein. Zur Not solle man halt auch mit Geschenken nachhelfen, erinnert sich Völler an die Ansagen seiner Geschäftsführung. Völler versteht das als indirekte Aufforderung zur Korruption.

Die Residenz-Gruppe schreibt, sie bewerbe ihre Heime mit „ganz normalen Mitteln wie zum Beispiel Veranstaltungen mit lokalen Vereinen, Festen oder Tagen der offenen Tür. Geschenke gehören nicht dazu."

Völler geht auf Tour, verzichtet aber auf Geschenke. Nur Kugelschreiber, Baumwolltaschen und Flyer bringt er den Stationsleitungen der Krankenhäuser mit, den Patienten, den ambulanten Sozialdiensten. „Am Anfang war das ungewohnt, aber dann hat mir das auch Spaß gemacht, ein bisschen was vom Pferd zu erzählen, damit hier das Haus voll wird."

Gleich als er anfängt, gibt es einen Belegungseinbruch. Die Geschäftsleitung schreibt die „Neue Osnabrücker Zeitung" an. Völler wird mit kurzem Text und Foto als neuer Heimleiter vorgestellt. Der nächste Schritt ist die Gemeinde. Könnte Völler vor Ort nicht mal ein paar Kontakte knüpfen, erinnert er sich an eine Anfrage der Geschäftsleitung. Gern auch privat.

Völler singt gern. Warum nicht in einen Chor in Glandorf eintreten, in die Gruppe „Sine Nomine"? Die anderen Sänger arbeiten zum Teil im Umfeld der Pflege. Dazu die Auftritte. Völler könnte mit vielen Glandorfern ins Gespräch kommen. Jeden zweiten Freitagabend um 20 Uhr ist Chorprobe, dazu alle paar Wochen ein Auftritt. Das Singen in Glandorf macht Völler Spaß. Aber er fühlt sich schmutzig. Weil er sein Privatleben für den Konzernprofit instrumentalisiert.

Jede Woche schreibt Völler per E-Mail einen Bericht an die Zentrale in Bremen. Wie viele Betten stehen leer? Was macht er, damit die leeren Betten zu vollen Betten werden? „Das war das einzige, was interessiert hat", sagt Völler.

Aber es reicht nicht. Also beschließt er, von nun an auch Patienten aufzunehmen, für die seine Pfleger eigentlich gar nicht ausgebildet sind. Völler holt Bewohner ins Heim, die so viel Aufwand bereiten, dass sie mit dem Personal im Pflegeheim kaum zu versorgen sind. Andere Heime würden diese Menschen niemals annehmen. Deshalb kann Völler mit diesen Bewohnern seine Doppelzimmer füllen.

Zu den Problemfällen gehören Suchtkranke, die starke psychische Probleme haben oder körperlich extrem angegriffen sind. Viele Pfleger haben solche Patienten noch nie behandelt und sind mit den neuen Bewohnern überfordert.

Die Residenz-Gruppe schreibt, sie könne nicht bestätigen, dass Bewohner versorgt worden wären, für die ihre Pfleger nicht ausgebildet waren. Auch die Prüfungen des Medizinischen Dienstes der Krankenkassen seien dazu in keiner Weise auffällig.

Völler ist glücklich über jeden, der kommt. „Mein Motto war: Wir nehmen alles auf, um die Belegung zu steigern." Die Patienten werden schlecht versorgt, um die Profitansprüche seiner Vorgesetzten zu erfüllen. Besonders gerne nimmt Völler Menschen mit weiter Anreise. Teilweise kommen jetzt Bewohner aus dem 70 Kilometer entfernten Herford. Oder gleich ganz ohne Verwandtschaft. Das hat den Vorteil, dass sich niemand über die schlechte Pflege beschweren kann.

Die Quartalszahlen stimmen trotzdem nicht. Völler geht weiter in die Offensive. Er sorgt dafür, dass sein Heim regelmäßig in der „Neuen Osnabrücker Zeitung" erwähnt wird. Der Weihnachtsbasar mit selbstgemachter Marmelade, eine Ehrung fürs ehrenamtliche Engagement, der 100. Geburtstag einer Bewohnerin. Die Lokaljournalisten schreiben willig auf, was er ihnen in den Block diktiert.

Völler ist als Heimleiter in der Zwickmühle. Einerseits ist er dafür verantwortlich, dass die Zahlen stimmen. Wenn etwas schief geht, ist es seine Schuld. Gleichzeitig kann Völler kaum etwas alleine entscheiden. „Die ganze Budgetkompetenz lag bei der Geschäftsführung, so dass ich wegen jedem Popel anfragen musste. Deswegen wurden notwendige Reparaturen verspätet oder gar nicht durchgeführt."

Und der tägliche Kampf um Patienten macht ihn fertig. Völler wird müde. Nicht nur die Kraft geht nach zwei, drei Jahren immer mehr verloren, er fragt sich jetzt auch, ob er diesen Job wirklich machen will. Ob es das ist, auf das er jahrelang hinstudiert und hingearbeitet hat.

Immer wieder muss er sich mit anderen Einrichtungsleitern vergleichen lassen. Die Zahlen werden in großer Runde an die Wand geworfen. „Da kam es dann auch vor, dass der ein oder andere Einrichtungsleiter vor versammelter Mannschaft zur Sau gemacht wurde", erinnert sich Völler. Die Residenz-Gruppe wollte dies nicht kommentieren.

Der Druck aus Bremen, die schlechten Bedingungen vor Ort, die Beschwerden der Mitarbeiter: Völler ist immer stärker gestresst. Er ist ein Grübler, will immer alles richtig machen. Völler ist auf der Arbeit zum Teil völlig durcheinander, gehemmt, schreibt innerlich schon seine Kündigung. „Dann sind die Ansprüche, die Du mal hattest, natürlich irgendwann im Arsch."

Vielleicht, denkt Völler, bist du einfach nicht stumpf genug, nicht egoistisch genug, um ein Pflegeheim zu führen. Die Bewohner und Angehörigen zu beraten, das macht ihm Spaß. Die Konflikte mit seinen Mitarbeitern und der Geschäftsführung machen ihn fertig. So geht es vier Jahre lang.

Bis ihm eines Tagen der Kragen platzt. Wie so oft im Altenheim – am Ende ist es das Essen, an dem sich der finale Konflikt entzündet. Jahrelang hat sich Völler die Beschwerden über die Fertigsuppen des Kochs angehört. Über das versalzene Essen. Völler verlangt vom Caterer, einen neuen Koch zu schicken.

Schließlich gerät Völler auch noch mit dem Hausmeister aneinander. Der Streit eskaliert, Völler schreit auf dem Flur, der Betriebsrat beschwert sich in Bremen, verlangt seinen Rauswurf. Die

Geschäftsführung stellt sich hinter den Betriebsrat. Völler provoziert im Gespräch seinen Chef – und erhält noch am selben Tag seine fristlose Kündigung.

Ein anderer ehemaliger Heimleiter der Residenz-Gruppe bestätigt die hohen Anforderungen. Ein Problem sei vor allem, dass die Betreiber ihre Heime fast zu 100 Prozent füllen müssen, um die Vorgaben aus den Verträgen mit Pflegekasse und Sozialamt zu halten. Ohne gutes Personal oder bei Problemen mit den Mitarbeitern sei das aber nur schwer zu schaffen.

Der Heimleiter hat seine Zeit bei der Residenz-Gruppe jedoch positiv in Erinnerung. Die monatlichen Besprechungen mit den anderen Heimleitern hat er als wertvollen Austausch erlebt. Es sei doch logisch, dass die Geschäftsführung sich nicht um die Belegung jedes einzelnen Heimes kümmern könne und die Heimleiter diese Aufgabe selbst zu lösen hätten. „Das ist bei anderen Betreibern nicht anders: Kundenakquise ist Kernaufgabe eines Heimleiters." Er sei nie dazu aufgefordert worden, private Kontakte zu knüpfen oder Geschenke zu verteilen. Die Geschäftsführung habe aber nachgefragt, wie häufig er Krankenhäuser und ambulante Diensten besucht.

„Wer sich mit der Welt der Pflege von alten und pflegebedürftigen Menschen auseinandersetzt, der versteht schnell, dass es eine Welt ist, die unperfekt ist", schreibt die Residenz-Gruppe. „Wir wissen auch, dass nicht in jeder Situation immer alles absolut perfekt sein kann oder als perfekt empfunden wird." Der Staat habe den Pflegemarkt vor 25 Jahren für private Betreiber geöffnet, weil er pflegebedürftige Menschen nicht mehr alleine versorgen könne. „Ein privater Betreiber kann aber nur langfristig erfolgreich sein, wenn er marktwirtschaftlich arbeitet. Und dennoch wäre ein Unternehmer, der im Pflegemarkt nur seine Gewinne maximieren möchte, fehl am Platz."

Dirk Völler bekommt seine fristlose Kündigung im Dezember 2014. Er hat gerade geheiratet, ist Vater geworden, hat im Vorjahr das Zweifamilienhaus seiner Eltern saniert, in dem jetzt alle zusammen wohnen. Völler ist im Haushalt der Ernährer, muss dafür sorgen, dass der Kredit abbezahlt wird. Vier Monate lang ist Völler arbeitslos. Über das Internet-Portal Xing findet er schließlich eine neue Stelle. Wieder ist es kein Traumjob, sondern irgendein Job – im Seniorenzentrum St. Elisabeth des Diakonischen Werkes in Wolfsburg. 250 Kilometer entfernt.

Am 1. Mai 2015 tritt Völler an. Frühmorgens fährt er mit dem Auto zum Bahnhof, steigt in den Zug, zwei Stunden sind es bis Wolfsburg, er arbeitet, fährt um 18 Uhr zurück und sagt dem Nachwuchs kurz Gute Nacht. Völler will sich bald eine Wohnung in Wolfsburg nehmen. „Ich dachte, das versuchst Du jetzt einfach nochmal."

Doch in Wolfsburg wird es für Völler noch schlimmer als zuvor in Glandorf. Das Seniorenzentrum St. Elisabeth war 2013 insolvent, dann übernahm es die evangelischen Diakonie von der katholischen Caritas. Nach dem Wechsel stellen sich die Mitarbeiter quer, der Streit wird über die Lokalzeitung ausgetragen. Eine Schlammschlacht.

Dirk Völler übernimmt ein Heim mit riesigen Problemen. Die Mitarbeiter, sagt er, sind schlecht ausgebildet und fehlen ständig. Teilweise erreichen ihn fünf Krankmeldungen an einem Tag. Diejenigen, die überhaupt noch kommen, müssen ständig einspringen. „Die wenigen Leistungsträger waren dann auch irgendwann krank", sagt Völler. Zeitarbeiter übernehmen spontan, geben zum Teil falsche Medikamente oder machen Pflegefehler, die zu offenen Stellen am Rücken führen, erinnert sich Völler.

Nicht nur im Seniorenzentrum St. Elisabeth fehlen Pfleger. Völler schätzt, dass die Region 20 Prozent mehr Menschen in der Pflege bräuchte. Aber wie soll das gehen, wenn bei VW selbst ungelernte Arbeiter am Fließband mehr verdienen als eine ausgebildete Pflege-Fachkraft im Schichtdienst? Auch Leiharbeiter können die Not im unterbesetzten Heim der Diakonie nicht ausgleichen. „Das Heim war im Krisenmodus. Eine absolut sanierungsbedürftige Einrichtung", sagt Völler.

Die Diakonie Wolfsburg will sich zu konkreten Vorwürfen nicht äußern. Die Politik sorge aber dafür, dass Zeit gewollt knapp ist, zudem seien das Image der Altenpflege und die geringen Löhne ein Problem. „Durch den Pflegenotstand besteht die Notwendigkeit, vorhandenes Personal stark in die Pflicht zu nehmen. Das wiederum kann zu einem erhöhten Krankenstand führen. Auch Zeitarbeitsfirmen gelingt es kaum noch, Pflegekräfte auf dem Markt zu finden und kurzfristig zur Verfügung zu stellen", schreibt die Diakonie. Seit November 2014 wirbt die Diakonie deshalb aktiv Azubis aus dem Ausland an.

Während Völler das Heim leitet, plant die Diakonie parallel bereits die komplette Sanierung seines St. Elisabeth-Heimes für 2017. Zwei, drei Monate lang verbreitet Völler gute Laune und ein bisschen Hoffnung, dann dringt auch er nicht mehr durch. Mit der Pflegedienstleitung kommt er nicht klar und sie auch nicht mit ihm. Als nächstes gerät Völler mit der Personalchefin aneinander. Völler hat keinen Bock mehr.

Am 31. August 2015, nach exakt vier Monaten und noch in der Probezeit, provoziert Völler seinen Rauswurf. Er sucht den Konflikt mit der Personalchefin, weil sie sich aus seiner Sicht in jede Kleinigkeit einmischt. Völler wehrt sich gegen eine Anweisung, schreibt eine E-Mail und setzt die Geschäftsführung in Kopie. Das reicht. Völler ist kein Heimleiter mehr.

Mehr als ein halbes Jahr später sucht die Diakonie noch immer nach einem Nachfolger.

Völler selbst versucht die Pflege zu verlassen. Er arbeitet freiwillig im Arbeitskreis Asyl in Bad Iburg und bewirbt sich beim Bundesamt für Migration und Flüchtlinge als Koordinator für Osnabrück. Vergeblich. Anfang 2016, nach einem halben Jahr ohne Job, fängt Völler wieder in der Pflege an.

Er bewirbt sich in der häuslichen Intensivpflege. 3000 Euro brutto soll er verdienen, um einen Patienten zu betreuen. Der unterschriebene Arbeitsvertrag kommt nach dem ersten Telefonat, ohne Vorstellungsgespräch. An seinem ersten Arbeitstag wird Völler von einer Pflegekraft eingearbeitet, die weder richtig deutsch spricht, noch weiß, wie sie die Geräte zu bedienen hat. Er schlägt das Angebot aus und fängt bei einem lokalen Pflegedienst an. Mit qualifizierten Kollegen, aber für nur 13,50 Euro in der Stunde. Bis heute sucht Dirk Völler nach einem Job, der mit der Pflege nichts zu tun hat.

Bis auf das letzte Hemd

Jeder pflegt allein – Wie es in deutschen Heimen wirklich zugeht.

Bis auf das letzte Hemd

Die Eröffnungsrede für das Seniorenhaus Renchen hält Marcus Jogerst nicht selbst. Zu nah geht ihm der Tod seines Vaters. Manuela Vallendor-Wedermann liest den Gästen die Ansprache vor, die Jogerst vorbereitet hat. Alle klatschen.

Am Abend ist Fußball, WM-Viertelfinale. Deutschland schlägt Argentinien mit 4:2 im Elfmeterschießen. Jens Lehmann pariert zwei Mal. Die Gäste schauen das Spiel gemeinsam im Seniorenhaus an. Renchens Bürgermeister vergleicht das Heim mit den Fußballern und betont, wie wichtig ein gutes Team sei. Er wendet sich an Marcus Jogerst: „Dieses Haus lebt mit Ihnen."

Am nächsten Tag druckt die Lokalzeitung ein Foto. Händeschütteln mit dem Bürgermeister. Jogerst lächelt zurückhaltend.

In den Wochen darauf schiebt Jogerst seine Trauer beiseite, indem er sich in die Arbeit stürzt. Zehn, zwölf Stunden, jeden Tag. Es gibt ja so viel zu tun.

Er hat Erfolg, von Anfang an. Schon fünf Monate nach dem Start ist sein Haus so gut wie ausgebucht.

Heiligabend feiert Jogerst mit den Bewohnern und Angehörigen im Heim. Andere Heime verlegen die Feier vor. Die Bewohner müssen am 20. Dezember feiern, damit der Heimleiter an Weihnachten nach Hause fahren kann. Jogerst feiert mit den Heimbewohnern gemeinsam am 24. Dezember und lädt auch Familien und Freunde ein.

Bereits im Januar muss er eine Warteliste führen. Ende März reisen Experten zum ersten Renchener Pflegetag an, den Jogerst organisiert hat. Er stellt das Wohnküchenkonzept des Heimes vor: Alle Mahlzeiten werden auf den Etagen zubereitet, die Bewohner helfen dabei. Das ist eine kleine Revolution in der Szene.

Mitbewerber sind so neugierig, dass sie vorgeben, Angehörige zu sein, um die Grundrisse der Stationen zu sehen. Am Wochenende schleichen Konkurrenten im Heim herum und quetschen Jogersts Mitarbeiter aus.

Zum ersten Jahrestag gibt Jogerst der lokalen „Acher-Rench-Zeitung" ein Interview. „Habe Entscheidung keinen Tag bereut", titelt diese. So hat er es den Lokaljournalisten in den Block diktiert. Tatsächlich ist er mit seinen Kräften am Ende. Hilfe bekommt Jogerst in dieser Zeit von Manuela Vallendor-Wedermann. Jede zweite Woche ist sie in Renchen und unterstützt Jogerst, dann fährt sie zurück nach Oldenburg.

Jogerst schlägt so viel Geld wie möglich für die Bewohner frei. Sich selbst zahlt er jahrelang nur 5000 Euro brutto im Monat aus. Lieber stellt er noch eine Pflegerin zusätzlich ein. Das ändert sich auch nicht, als er später einen ambulanten Dienst übernimmt und ein Haus für Demenzkranke. 5000 Euro, brutto, als Chef von 150 Mitarbeitern und Verantwortung für Hunderte Patienten. Erst als sein Steuerberater sich beschwert, zehn Jahre später, erhöht Jogerst sein Gehalt auf 6900 Euro brutto.

Jogerst plant, bis 2026 die ersten drei Millionen Euro seines Kredites abbezahlt zu haben. Dann ist er 51 Jahre alt, hat 35 Jahre lang in der Pflege gearbeitet – und noch immer 1,5 Millionen Euro Schulden. Schneller abzahlen kann er nicht, dafür ist am Ende des Jahres nicht genug Geld übrig. Rund zwei Drittel des Budgets geht für Personal drauf, vom Rest zahlt er Mieten und Lebensmittel. In manchen Monaten rutscht die Bilanz ins Minus. Jedes Jahr muss er neu kämpfen, damit am Ende eine schwarze Null herauskommt.

Die Kalkulation, die Jogerst 2004 bei der Bank eingereicht hat, stellt sich im Nachhinein als Witz heraus. „In der Realität steht einem fortwährend das Wasser bis zur Hüfte." Wenn Jogerst hört, dass Pflege-Konzerne ihren Investoren acht Prozent Rendite versprechen, dann kann er nur grimmig lachen. Er kann sich nicht vorstellen, wie dort die Patienten vernünftig versorgt werden sollen. Er sieht es ja im eigenen Heim.

Große Pflegeheimbetreiber schauen bei der Versorgung der Bewohner auf jeden Cent. Für Frühstück, Mittagessen, Abendbrot, für Plätzchen, Kaffee, Milch, Tee, Wasser oder Limo – für die gesamte Ernährung eines alten Menschen an einem Tag – geben diese Konzerne manchmal nur knapp über 2 Euro aus. Und da sind Weihnachten und Ostern schon eingerechnet.

Jogerst sagt, er sei niemals unter 4,62 Euro pro Tag und Bewohner gekommen. Das war im Oktober 2009. Seitdem rechnet er nicht mehr nach.

Geld in der Pflege ist ein kompliziertes Thema. In jedem Bundesland werden unterschiedliche Rahmenverträge ausgehandelt. Bei den Verhandlungen sitzen immer zusammen: die Heimbetreiber, die Pflegekassen und die Vertreter von Sozialämtern. Gemeinsam verhandeln sie, wie viel Geld für die Pflege ausgegeben werden darf. Von den Verhandlungen ausgeschlossen sind dagegen diejenigen, die einen Großteil der Kosten übernehmen – die Bewohner und Angehörigen.

Bei den Verhandlungen müssen sich stets alle Beteiligten einig sein. Wenn nur einer der Verhandler sein Veto einlegt, kommt kein Vertrag zustande. Viele werfen den Wohlfahrtsverbänden vor – also Caritas, Diakonie oder AWO, sie betreiben viele Heime –, dass sie sich nicht stark genug für bessere Bedingungen einsetzen. Dass sie häufiger ihr Veto einlegen sollten. Dass sie verantwortlich sind für die schlechten Bedingungen in der Pflege, solange sie die Rahmenverträge unterschreiben.

Die Wohlfahrtsverbände könnten eine Unterschrift verweigern und dann vor das zuständige Schiedsgericht ziehen. Doch solche Verfahren dauern lange. Teilweise dauere es ein ganzes Jahr, bis überhaupt ein Termin für eine Verhandlung feststeht, schreibt die Bundesarbeitsgemeinschaft der Freien Wohlfahrtspflege. Und bis eine Entscheidung der Schiedsstelle fällt, gilt der alte Vertrag weiter. Deshalb sitzen Caritas, Diakonie oder AWO stets am kürzeren Hebel, schreibt der Verband. Wenn sie sich mit Pflegekassen, Städten und Landkreisen nicht einigen, müssen die Betreiber gestiegene Kosten im Zweifel über Monate oder Jahre selbst tragen. Deshalb gebe es bei den Heimbetreibern eine „systembedingte hohe Einigungsbereitschaft".

Auf Basis dieser Rahmenverträge kann dann Marcus Jogerst in einem zweiten Schritt für sein Heim individuelle Pflegesätze verhandeln. Für ihn ist das Geschacher mit der Pflegekasse eine Zumutung. Er engagiert dafür eigens einen externen Berater, der ihn bei den Verhandlungen unterstützt. Allein traut sich Jogerst die nicht zu. „Da musst Du aufpassen wie ein Luchs, dass Du da nirgendwo ein Loch drin hast." 5000 Euro Honorar kriegt der Berater dafür.

In der Verhandlungsrunde sitzen dann zusammen: ein Vertreter der Pflegekasse IKK, ein Abgesandter des Landkreises, jemand vom Kommunalverband für Jugend und Soziales Baden-Württemberg. Zusätzlich schickt die AOK einen Verhandler. Die Krankenkasse vertritt etwa die Hälfte aller Versicherten in Deutschland und darf damit bei jeder Pflegesatzverhandlung am Tisch sitzen – auch bei Jogerst, obwohl bei ihm die IKK zuständig ist. Hinzu kommen Jogerst und sein Berater.

Dann beginnt das Pokern.

Vertreter von Kasse und Sozialamt klappen ihre Laptops auf, geben einige Zahlen ein und machen Jogerst eine Ansage, wieviel er künftig pro Tag und Bewohner in den verschiedenen Pflegestufen verlangen darf.

33,80 Euro in Pflegestufe 0.
49,40 Euro in Pflegestufe 1.
63,95 Euro in Pflegestufe 2.
81,95 Euro in Pflegestufe 3.

Dazu in allen Pflegestufen gleich: 12,37 Euro für die Unterkunft.

10,15 Euro für die Verpflegung.

16 Euro für die Investitionskosten ins Heim.

1,08 Euro Ausbildungsumlage.

Macht für einen schwer pflegebedürftigen Menschen in Pflegestufe 3 maximal 121,55 Euro am Tag.

Jogerst muss die Zahlen der Kasse blitzartig umrechnen. Die Inflation, die Gehaltserhöhungen, das zusätzliche Personal – geht die Rechnung auf? Meist beantragen Jogerst und sein Berater dann eine kurze Unterbrechung, gehen mit dem Taschenrechner für einige Minuten vor die Tür und besprechen sich.

Dann kommen sie wieder rein und sagen, nein, auf keinen Fall, das reicht nicht. Jogerst muss sich dann Argumente ausdenken, warum es nicht reicht, das wird von ihm erwartet. Dabei ist es ganz einfach: Es reicht nicht. Punkt. Mit dem Geld, dass ihm die Pflegekasse anbietet, kann er einfach nicht genug Mitarbeiter einstellen.

Jedes Mal, wenn Jogerst mehr Geld für Personal fordert, vergleichen ihn Pflegekasse und Sozialamt mit den anderen privaten Pflegeheimen in der Region, die viel günstiger seien. Die Qualität spielt dabei keine Rolle. Darüber redet keiner. Es geht nur um die Zahlen. Wer bietet weniger?

„Und mit diesem externen Vergleich nageln sie mich dann fest. Tadeln mich. Herr Jogerst, von den privaten Einrichtungen sind Sie aber derjenige, der am meisten kriegt." Wenn dieser Satz kommt, weiß Jogerst: Jetzt ist nicht mehr viel Luft nach oben.

Jogerst und sein Berater laufen dann meist noch ein weiteres Mal raus und rein, tippen auf ihren Taschenrechnern herum. Dann folgt das letzte Wort der Kostenträger. Sollte Jogerst das Angebot ablehnen, müsste er die Schiedsstelle anrufen, die letzte Instanz. Jogerst überlegt, was ihn das kosten würde. Er müsste den Berater ein weiteres Mal beschäftigen. Der müsste wieder alles neu vorbereiten. Lohnt sich das?

Bislang hat er sich immer dagegen entschieden, die Schiedsstelle anzurufen.

Es gab Zeiten, da hat Jogerst die Verhandlungen am Telefon geführt, ohne Vorbereitung. „Damals hatte ich überhaupt keinen Bock auf das Verfahren. Ich habe beim Landratsamt in Offenburg angerufen und gesagt: Leute, muss ich jetzt diese 5000 Euro für den Berater ausgeben, oder gebt Ihr mir einfach zwei Prozent mehr?" Die Pflegekasse gibt ihm die zwei Prozent, Jogerst hat ein Jahr Ruhe. Die einzelnen Posten interessieren die Gegenseite überhaupt nicht, sagt Jogerst.

Und das Schlimmste ist: Ob er Geld ausgibt für gute Pflege, oder ob er seinen eigenen Profit in die Höhe schraubt – das wird nicht geprüft.

Jogerst vergleicht die Pflegesatzverhandlung gern mit einem arabischen Markt. Wer am Besten pokert, nimmt den größten Haufen mit nach Hause.

Siegfried Räbiger hat jahrelang für die Heime der Diakonie verhandelt. Er bestätigt, dass kleine, unabhängige Heimbetreiber bei den Verhandlungen schnell unter die Räder kommen. Die großen Wohlfahrtsverbände hätten damals immer vorab einen Deal mit den Pflegekassen geschlossen. Darin hätten sie festgelegt, wie viel Prozent es in dem entsprechenden Jahr insgesamt mehr geben soll. Jeder Wohlfahrtsverband verhandelte danach für seine eigenen Heime. Räbiger stand den Pflegekassen als Verhandlungsführer der Diakonie gegenüber. „Ich habe immer als Erster verhandelt, damit noch Geld im Topf ist", sagt Räbiger. „Das Recht ist für die Cleveren. Das ist reiner Kapitalismus, kein Wohlfühlstaat."

Die Kosten für ein Pflegeheim setzen sich aus zwei Teilen zusammen: dem Anteil der Pflegekasse und dem Eigenanteil der Bewohner. Die Kassen zahlen seit Jahren fast gleich viel. Aber die Preise steigen. Also steigen die Kosten für die Bewohner und ihre Angehörigen. Zuletzt mussten sie in der Pflegestufe 1 im Schnitt fast 60 Prozent der Kosten selber zahlen. 1999 waren es noch 50 Prozent. Der Eigenanteil ist in dieser Zeit um 400 Euro gestiegen – pro Monat.

Als dritter Partner sind in diesen Pflegesatzverhandlungen die Sozialhilfeträger dabei, also die Sozialämter der Städte und Gemeinden. Sie übernehmen den Eigenanteil für all jene, die sich ein Heim selbst nicht leisten können. Das ist derzeit etwa jeder dritte Heimbewohner. Hinzu kommen jene, die keine Pflegeversicherung besitzen. Da die meisten deutschen Städte pleite sind, drücken die Sozialämter die Kosten noch härter als die Pflegekassen.

Und dann gibt es am Markt diesen unerbittlichen Preisdruck.

In den Verhandlungen nehmen die Kassen und Ämter stets die billigeren Heime als Vorbild. Warum kann jenes Heim seine Bewohner zu 20 Prozent geringeren Kosten versorgen? Was machst Du, Jogerst, falsch?

Und auch viele Angehörige schauen zuerst aufs Geld. Ein Jahr im Pflegeheim kostet die Angehörigen rasch 20.000 Euro Zuzahlung. Wenn ein anderes Heim jeden Monat 800 Euro weniger kostet, muss das teure Heim schon einen extrem guten Ruf haben, um nicht auf der Strecke zu bleiben.

Der niedrige Preis diktiert die niedrige Qualität. Der Kostendruck freut die Kassen, die Sozialämter, die Politik, manche Angehörige. Für die Bewohner kann er tödlich enden.

In allen Branchen gibt es diesen Preisdruck. Aber es gibt einen entscheidenden Unterschied.

Ein billiges Auto, das Mängel hat, erhält schlechte Kritiken – und verkauft sich nicht. Ein günstiges Hotel, dessen Personal unfreundlich ist, wird schlecht bewertet – und kann am Markt nicht bestehen. Es gibt Produkttests und Bewertungsportale.

Bei der Pflege ist der Preis transparent, die Qualität ist es nicht. Ein pflegebedürftiger Mensch hat nur selten die Möglichkeit, mehrere Heime auszuprobieren. Die Angehörigen bekommen oft nicht den Einblick, der nötig wäre, um die Qualität einschätzen zu können. Es gibt keine unabhängige Prüfstelle, die diesem Namen gerecht wird. Inspektionsberichte bleiben fast immer unter Verschluss.

Es gibt keine Transparenz, keine unabhängigen Tester. Die Anbieter können nicht objektiv miteinander verglichen werden. Das führt zu einem Wettbewerb, der fast ausschließlich über den Preis ausgetragen wird. Mit fatalen Folgen.

Ehe ein Heimbetreiber in die Pflegesatzverhandlungen mit den Kassen einsteigt, muss er seine Kalkulation dem Heimbeirat vorlegen, der offiziellen Vertretung der Bewohner. Oder der Bewohnerfürsprecherin, falls es den Heimbeirat nicht gibt. Im Fall von Marcus Jogerst ist das die Frau des stellvertretenden Bürgermeisters von Renchen.

Als Jogerst noch eine Bewohnervertreterin aus dem Kreis der Bewohner hatte, war dieses Gespräch oft ein Eiertanz: Er musste einer 86-jährigen Frau seine Bilanz erklären. Einer Frau, die jahrzehntelang als Küchenhilfe gearbeitet und in ihrem Leben noch nie eine Bilanz gesehen hatte.

Und: Wenn Jogerst die Unterlagen für die Verhandlung vorbereitet, fordert er regelmäßig mehr, als er am Ende bekommen will. Er geht mit einer hohen Forderung in die Verhandlungen, um am Ende irgendwo in der Mitte zu landen. So, wie es in Verhandlungen üblich ist. Das Problem: Er muss sich die höhere Zahl von der Bewohnerin genehmigen lassen. Die vielleicht denkt: Um Gottes Willen, ich zahle nächstes Jahr zehn Prozent mehr? Muss das denn wirklich sein? Dabei weiß Jogerst schon vorher, dass er am Ende bei zwei oder drei Prozent höheren Kosten landen wird.

„Und dann fragt die Bewohnervertreterin vielleicht hinterher eine Putzfrau: Hast Du jetzt mehr Geld bekommen? Und die Putzfrau erzählt ihr vielleicht nicht die Wahrheit und sagt: Nö, habe ich nicht. Obwohl sie doch mehr Geld bekommen hat. Und dann geht ein Riesen-Zerbus durch dieses Haus. Es ist absurd, was da passiert. Einfach absurd."

Die Kosten. Dieser ewige, elende Preisdruck. Das ist ein Thema, über das sich Marcus Jogerst stundenlang aufregen kann.

„Nehmen wir die Pflegestufe 3, ein Vollpflegefall, der nicht mal essen kann, der eine Dreiviertelstunde fürs Essen braucht, der nicht selber aufs Klo gehen kann. Für den bekomme ich pro Tag 120 Euro. Vergleichen Sie das mal mit einem 3-Sterne-Hotel im Schwarzwald. Da liegen Sie bei 70 Euro pro Nacht. Aber es kocht niemand für Sie. Es wäscht niemand ihre Wäsche. Und es kommt keine Pflegekraft beim ersten Klingeln aufs Zimmer. Sie haben keine Gymnastikgruppe und keine Walkinggruppe. Das ist das, was schief läuft."

Eigentlich, sagt Jogerst, müsste die Pflege in Deutschland ein Drittel teurer sein. Mindestens.

Heimbetreiber wie er brauchen ein kleines Polster. Es kann immer sein, dass ein paar Bewohner in kurzer Folge sterben – und schon stehen einige Zimmer leer. Weil die Betreiber den Rahmenverträgen zufolge damit kalkulieren müssen, dass ihr Pflegeheim stets so gut wie voll ist, zu 96 oder 97 Prozent ausgelastet, stehen sie schon bei zwei, drei leeren Zimmern mit dem Rücken zur Wand.

Diese enge Kalkulation ist in der Pflege besonders gefährlich, weil die Heimbetreiber von den Entscheidungen der Landesregierungen abhängig sind. Zwar kann jeder ein Heim bauen, die Genehmigung dafür wird so gut wie immer erteilt. Aber er muss Hunderte Regeln befolgen, die sich ständig ändern können. Wie viel Personal muss ich einsetzen? Und wie viel bekomme ich bezahlt? Wie breit müssen die Türen sein? Und wie hoch hängen Waschbecken und Spiegel? An Vorschriften mangelt es nicht. Und wenn die sich ändern, kann es teuer werden.

Jogerst hat das selbst erlebt. Als er 2006 das Seniorenhaus Renchen baut, sind Doppelzimmer noch gewünscht. Auch sein Heim hat welche. 2009 verabschiedet die Landesregierung dann ein Gesetz, das Doppelzimmer verbietet. Zehn Jahre hat Jogerst Zeit, sein Heim umzubauen. Ab 2019 dürfen Heime in Baden-Württemberg nur noch Einzelzimmer anbieten.

Jogerst baut im Winter 2015 um. Zum Glück hat er nur wenige Doppelzimmer, die Kosten sind überschaubar. Aber es gebe Kollegen, die hätten nun ein Problem. „Das ist haarsträubend, was das in manchen Landkreisen auslöst." Zuletzt boten die Heimbetreiber noch mehr als ein Drittel aller gut 100.000 Pflegeplätze in Baden-Württemberg in Doppelzimmern an. Andere Länder haben ähnliche Regeln eingeführt. Für die nächsten Jahre heißt das für die Betreiber: ins Risiko gehen, investieren, umbauen.

Jogerst sagt, wenn zu wenig Geld im System ist und die Rendite zu niedrig, dann zieht manch ein Geschäftsführer das Geld aus der Pflege – und gefährdet damit die Versorgung der Bewohner.

Einzelkämpfer

Jeder pflegt allein – Wie es in deutschen Heimen wirklich zugeht.

Einzelkämpfer

Nichts hat sich Marcus Jogerst sehnlicher gewünscht, als endlich sein eigener Herr zu sein. Endlich die Pflege anbieten, die er seit Jahren im Kopf hat. Endlich die Konzepte umsetzen, die er den anderen immer nur vorgetragen hat, die aber nie Wirklichkeit wurden. Endlich gute Pflege. Doch als Jogerst sein eigenes Heim eröffnet, fängt sein Kampf erst an.

Menschen wie Jogerst sehen das große Ganze nicht als etwas, das den Rahmen setzt, in dem sie sich bewegen müssen. Sie sehen das große Ganze als Herausforderung. Als etwas, gegen das sie sich zur Wehr setzen müssen, wenn es ihren Vorstellungen im Wege steht. Wer sicher ist, dass er die Lösung kennt, gibt sich nicht mit Kompromissen zufrieden. So ist es nur logisch, dass Jogerst mit seinen Vorstellungen von guter Pflege immer wieder mit dem System kollidiert. Das ändert sich auch nicht, als er sein eigenes Heim baut.

Vielleicht liegt es am Sternzeichen Widder. Vielleicht an der frühen Trennung der Eltern. Was auch immer es ist, das Jogerst zu einem Dickkopf geformt hat, es war nachhaltig. Verwandte, Bekannte, Kollegen – alle beschreiben Jogerst als Kämpfer.
„Wenn er sich etwas in den Kopf gesetzt hat, zieht er das auch durch", sagt seine Stiefschwester Tatjana Huck.

Stiefmutter Iris zitiert Goethe. „Was immer Du tun kannst oder wovon Du träumst – fang damit an. Mut hat Genie, Kraft und Zauber in sich." Jogersts Lieblingszitat.
„Ich renne gegen die Wand, auch zehnmal. Weil ich will, dass da ein Durchbruch entsteht", sagt Jogerst über sich selbst. „Wenn ich mich festgebissen habe, lasse ich nicht locker." Auch wenn ihm alle anderen sagen, dass er in die falsche Richtung läuft. Das ist immer anstrengend und oft einsam. Bei sich daheim, zentral im Flur, hängt ein Bild von Pippi Langstrumpf. Weil sie Trotz und Eigensinn symbolisiert. *Ich mach mir die Welt, widewide wie sie mir gefällt.*

Viele Jahre ist Jogerst Pflegedienstleiter, Heimleiter und Geschäftsführer in einer Person. Nachts liegt er oft wach, hat Alpträume, nimmt Schlaftabletten. Aber nach und nach gibt er seine Funktionen im Pflegeheim ab. Bis er nur noch Geschäftsführer ist. Jogerst sortiert sein Leben. Das hat auch damit zu tun, dass er sich im Sommer 2010 frisch verliebt.

Thomas Ratzka heißt der neue Mann in Jogersts Leben, ein Bauingenieur aus Karlsruhe. Bekannte bringen die beiden bei einer Geburtstagsparty zusammen. Vier Wochen später fährt Jogerst in den Urlaub, und Ratzka fährt hinterher. Bei der Weihnachtsfeier ist der neue Mann das erste Mal im Seniorenhaus Renchen zu Gast.

Jogerst ist damals Mitte 30, Ratzka Mitte 40. Beide wünschen sich schon lange, ein Kind zu adoptieren, hatten dafür aber nie den richtigen Partner. Einige Jahre später ist es soweit. Die kleine Marianne zeigt Jogerst, dass sich das Leben nicht nur um Pflege dreht. Wenn Jogerst abends um

19 Uhr nach Hause fährt, versucht er seine 150 Mitarbeiter und die finanziellen Sorgen hinter sich zu lassen, um sich auf Marianne zu konzentrieren.

„Meine Tochter ist für mich das Wichtigste auf der Welt. Das hätte ich mir vorher nicht vorstellen können, was das für ein Gefühl ist", sagt er.

Von der Arbeit bis nach Hause braucht Jogerst eine knappe halbe Stunde. Er fährt nicht über die Autobahn, sondern über die Dörfer, in den Nordschwarzwald hinein, bis nach Fessenbach, 1350 Einwohner, wo die Straßen In den Feldreben und Winzerstraße heißen. Dort wohnt er, im alten Fachwerk-Bauernhaus der Großeltern. Am Ortseingang der Bacchusbrunnen, im Bürgerpark eine Bronzestatue des Weingottes Dionysos. Jogerst gehören fünf kleine Stücke von einem Weinberg in der Nähe. Grau- und Spätburgunder, für den Eigenbedarf. Hinter seinem Haus liegt eine große Weide, die zum Riesbächle hin abfällt, mit krummen Bäumen, einem Hühnerstall und vier Schafen. Unter einem modernen Holzdach steht ein alter Traktor.

Im Flur und in der Küche hängen Dutzende Familienfotos. Ein schwarz-weißes Foto zeigt die Urgroßmutter, zwei Großtanten, den Opa und den Großonkel. Sie stehen unter den Bäumen im Garten. Die dunklen Wintermäntel zeichnen sich scharf ab gegen die schneeweiße Wiese. Jogerst hat es extra vergrößern lassen. Familie ist ihm wichtig.

Jogersts Mutter Christa und ihr neuer Mann Josef leben im selben Haus. Der Stiefvater ist Ende 70, die Mutter fast 15 Jahre jünger. Beide sind gesund, helfen in Haus und Garten mit. Trotzdem weiß Jogerst nicht, ob er es schaffen würde, seine eigene Mutter eines Tages selbst zu pflegen. Und dabei wäre er perfekt geeignet, als ausgebildeter Pfleger. „Aber wie soll ich mir die Zeit aus den Rippen schneiden?" Zumal die Beziehung zur Mutter nicht immer einfach ist.

Er sieht es an sich selbst: Sogar bei idealen Voraussetzungen stößt die Pflege daheim an Grenzen. Wie sieht es dann erst für all jene aus, bei denen die Mutter nicht im selben Haus wohnt? Bei denen, die selbst gar keine Ahnung von Pflege haben? Die überfordert sind? Oder sich mit den Eltern zerstritten haben?

Derweil brummt sein Altenheim. Seine Konzepte gehen auf. Am Stadtrand von Renchen, in einem alten Offizierskasino der französischen Alliierten, feierten die Renchener jahrzehntelang ihre Fastnacht. Das Haus ist im Städtchen ein Begriff. Nach dem Abzug der Franzosen kauft ein Investor das Grundstück. Im Gegenzug zum günstigen Preis muss er innerhalb von 20 Jahren eine dauerhafte Nutzung nachweisen. Schon vor Jahren hatte er deshalb Jogerst angefragt, ob der darin ein zweites Heim gründen will. Jogerst sagt Nein. Jetzt ist der Investor unter Druck, die 20 Jahre laufen ab.

Jogerst erinnert sich an den Anruf des Investors: Er wolle dort jetzt ein Heim bauen, mit oder ohne Jogerst. Er bespricht sich mit seinem Mann Thomas, der nicht nur Bauingenieur und Gutachter, sondern auch ausgebildeter Bankfachwirt ist. Auch er findet: Es wäre nicht gut, im glei-

Jeder pflegt allein – Wie es in deutschen Heimen wirklich zugeht.

Markus Jogerst
Daheim in Fessenbach. Auf der großen Wiese am Riesbächle weiden die Schafe. Und Jogerst kommt zur Ruhe.

chen Ort einen Konkurrenten zu haben. Jogerst greift zu und unterschreibt einen langfristigen Pachtvertrag.

So entsteht die Villa Auguste, ein Heim für Demenzkranke, mit 36 Betten. Nach neun Monaten ist das Haus ausgebucht.

Die Villa Auguste hat auf drei Etagen jeweils zwölf Plätze und einen Gemeinschaftsraum mit Küche. Ein helles Haus. Den Garten schmückt ein rund drei Meter hohes Kunstwerk aus rostendem Eisen, das wohl die Vergänglichkeit des Lebens darstellen soll. Vor Blicken ist das Grundstück durch große Koniferen geschützt. Bald will Jogerst in den oberen Etagen Balkone anbauen. Damit auch jene Bewohner an die Luft können, die kaum noch die Treppe oder den Aufzug herunter kommen.

Jogerst geht über jede Station, begrüßt die Bewohner mit Namen, wischt ihnen Speichel aus dem Mundwinkel, redet mit ihnen über Familie oder Krankheiten. Er packt gleich mit an. Einige Bewohner sind Verwandte von Bekannten, sogar die Mutter von Jogersts Ex-Freund wohnt im Heim.

In Deutschland gibt es noch relativ wenige Einrichtungen wie die Villa Auguste, die speziell für Demenzkranke gebaut werden. Die neuen Bewohner kommen zum Teil von der Ostalb, zwei Autostunden entfernt.

Oben, im hohen Dachgiebel, richtet Jogerst zusätzlich eine Tagespflege ein. Für Menschen, die fit genug sind, am Abend wieder nach Hause gebracht zu werden. 15 Frauen und Männer kommen hier jeden Morgen an, werden den Tag über verpflegt und beschäftigt. Der Raum ist weit und offen. Zwei Frauen helfen den Pflegerinnen beim Abtrocknen, andere ruhen sich auf Liegesesseln aus oder sitzen um den großen Tisch in der Mitte. In der Ecke wartet ein Stapel Gesellschaftsspiele. Oft machen alle gemeinsam Ausflüge. Gerade hat Jogerst die Bewohnerinnen zum russischen Staatsballett nach Offenburg eingeladen. Der Förderverein hat an vielen Sonntagen Kuchen verkauft, für 1,20 Euro das Stück, nun bekommen die Bewohner Fahrt, Karten und ein Glas Sekt spendiert.

Jogerst sagt, das seien die Höhepunkte seiner Arbeit als Pfleger: Wenn er die Bewohner in einer neuen Umgebung erlebt. Beim Ballett, dem Besuch einer Clownsfrau oder bei einer Märchenerzählerin. Dafür verkauft er mit den anderen Mitgliedern des Fördervereins in seiner Freizeit Kuchen oder backt auf dem Renchener Adventsmarkt an drei Tagen 400 Flammkuchen.

Es dauert nicht lange, bis Jogerst auch mit seinem neuen Haus bei den Behörden aneckt. In der Villa Auguste ist der Ausgang für die Bewohner mit Demenz ein magischer Anziehungspunkt. Vom ersten Tag an strömen sie darauf zu. Auf der anderen Straßenseite fließt die Rench. Das Stückchen Gras neben der Straße fällt steil hinunter zum Fluss ab, es gibt kein Geländer.

Jogerst baut eine Lichtschranke an die Tür, damit die Pfleger per Alarm über wandernde Bewohner informiert werden. Jetzt schrillt es alle zwei Minuten durchs halbe Haus. Eine vernünftige Pflege ist unmöglich. Auch die Angehörigen sind genervt.

Jogerst will keine geschlossene Abteilung. Sein Heim soll sich nicht anfühlen wie ein Gefängnis oder eine Psychiatrie. Die Lösung ist eine Eingangstür mit Codeschloss. Gleich daneben klebt Jogerst einen Zettel, der den Code verrät. Die Demenzbewohner vergessen die Zahlen vom Zettel, bevor sie diese ins Schloss eingeben können. Alle anderen kommen ohne Probleme raus. Die Bewohner bekommen zusätzlich einen großen roten Knopf, gleich daneben, falls sie wirklich unbedingt rauswollen. Nur dann schrillt jetzt noch der Alarm.

Dazu gibt es einen kleineren Nebenausgang, der – etwas versteckt – weniger anziehend auf die Bewohner wirkt. Den lässt Jogerst ohne Schloss. Der zuständige Amtsrichter segnet die Konstruktion ab. Das Heim gilt weiter als nicht geschlossene Abteilung. Genial einfach.

Dann wird der Richter krank.

„Sein Vertreter kommt vorbei und sagt bei der ersten Begutachtung zu meinen Mitarbeitern: Sie wissen, dass sie hier jeden Tag mit einem Bein im Gefängnis stehen?" Es gebe keine Beschlüsse für eine geschlossene Unterbringung der Bewohner, das sei widerrechtlich. Jogerst wehrt sich. Monatelang argumentiert er für seine Lösung. Er schaltet Renchens Bürgermeister Bernd Siefermann ein, dazu den Rechtsbeistand der Stadt. Doch der vertretende Richter lässt nicht locker.

Selbst die Angehörigen schreibt der Richter an und droht ihnen mit einer Anzeige. Dabei sind alle 36 Angehörigen und rechtlichen Betreuer mit dem Codeschloss einverstanden. „36 Mal widerrechtlicher Freiheitsentzug. Sowas bereitet einem schlaflose Nächte", sagt Jogerst. „Und das alles wegen eines Codeschlosses, das die Leute schützt."

Anderthalb Jahre dauert der Streit. Dann wird der alte Richter wieder gesund. Sofort sind die Probleme vergessen. Alles läuft wie vorher.

Ärger hat Jogerst auch mit dem Brandschutz. Als das Seniorenhaus Renchen im Sommer 2006 öffnet, mäkeln die Prüfer: zu viele Möbel im Flur, zu gefährlich. Jogerst boxt den etwas zu vollen, aber wohnlichen Flur durch, alles wird genehmigt. Acht Jahre später steht die Behörde aus dem Nichts wieder bei ihm vor der Tür und will, dass er die Möbel aus den Fluren entfernt. Jogerst droht: „Wenn ich das machen muss, leg ich Euch den Schlüssel auf den Tisch." Wieder kommt er durch.

Ein weiteres Problem sind die Bauvorschriften, die sich regelmäßig ändern. Den neuen Regeln zufolge sind die Zimmer in der Villa Auguste jetzt zu eng. Aber welchen Unterschied macht es für eine Seniorin mit Demenz, wenn ein Zimmer einige Zentimeter zu schmal ist? Soll Jogerst deshalb umbauen?

Bei den schwer dementen Bewohnern im dritten Stock hat Jogerst ein Bett im Essbereich stehen. Damit auch die schwächsten Menschen mal aus ihrem Zimmer kommen. Ein Bett im Essbereich, das ist eigentlich nicht erlaubt. Na und? Es zählt doch, dass die Senioren so lange wie möglich fit bleiben. Wenn er, um das zu erreichen, Regeln brechen muss, dann ist das eben so. Sollen sie doch kommen.

Jogerst blickt über seinen Essbereich. Sieben Alte sitzen an den Tischen. „Von diesen sieben hier würden vier in vielen anderen Heimen nicht mehr aus dem Bett kommen", sagt er. In seinem Heim gibt es derzeit niemanden, der bettlägerig ist. Das funktioniert nur, wenn er die Vorschriften dehnt, auch mal überschreitet. Und sich Monat für Monat, Jahr für Jahr mit den Behörden und der Pflegekasse anlegt.

Renchen hat 7000 Einwohner, Jogerst besitzt das einzige Pflegeheim am Ort. Noch hat sich kein anderer Investor nach Renchen verirrt. Sollte Jogerst sein Monopol verlieren, könnte das zum Problem werden. Das Seniorenhaus hat eine Auslastung von 99 Prozent. Weil er so viel Wert auf gute Pflege legt, könnte Jogerst mit leeren Betten kaum überleben.

Eigentlich, denkt Marcus Jogerst immer wieder, hätte ich besser eine Frittenbude aufmachen können. Weniger Stress, mehr Geld. Der jahrelange Kampf hat an ihm gezehrt. „Ich wache morgens mit vier Millionen Euro Schulden auf und gehe abends mit denen ins Bett."

Unterschwellig ist da immer die Angst, dass einmal etwas schief geht. Ein einziger Skandal könnte sein Lebenswerk zerstören, ein böser Bericht in der Zeitung, der sein Heim in Verruf bringt. „Auf mein Leitungsteam kann ich mich verlassen, aber ich kann nicht ständig hinter jeder Pflegekraft stehen." Wenn sich Bewohner unglücklich verletzen, ist das bei den falschen Angehörigen schnell in der Lokalzeitung. Mit etwas Pech packt der Redakteur eine harte Überschrift darüber und der Ruf ist erstmal ruiniert.

50 Stunden Arbeit die Woche sind für Jogerst normal, oft sind es mehr. Und das Handy ist immer an. Nachts liegt es laut gestellt neben ihm auf dem Nachttisch. Auch im Urlaub. In den USA am Grand Canyon, in Thailand am Strand. Zuletzt kam die Heimaufsicht immer dann zur Prüfung, wenn Jogerst mit seinem Mann Thomas unterwegs war. „Als hätten die meinen Urlaubsplan kopiert."

Natürlich liest Jogerst von Pflegeskandalen in den Medien, hört, wie die Kriminalpolizei oder unangemeldete Prüfer bei befreundeten Kollegen einmarschieren. „Ich denke immer: Schaffe ich das noch bis zur Rente, ohne dass mir so etwas passiert?" Seine Rente bekommt Jogerst im Jahr 2042.

Erst kürzlich ist er knapp an einem Skandal vorbeigeschrammt. Eine Bewohnerin hat sich angewöhnt, mit dem Stuhl hin und her zu kippeln. Wie ein Schulkind in der letzten Reihe. Jogerst und seine Pflegerinnen können ihr das nicht ausreden. Die Stühle werden von der Haustechnik zwei Mal im Jahr auf ihre Standfestigkeit geprüft. Eines Tages kracht der Stuhl trotzdem zusammen. Die Frau ist über 90 Jahre alt, bricht sich den Oberschenkel, kommt ins Krankenhaus, wird operiert. Ihr geht es schnell wieder gut. Die Angehörigen haben Verständnis. Kein Bericht in der Lokalzeitung.

Trotzdem stellt die Krankenkasse jetzt 13.000 Euro in Rechnung. Jogerst weigert sich, zu zahlen. Bislang hat er noch jeden dieser Fälle gegen die Krankenkasse gewonnen, sagt er. „Aber das kostet mich jede Menge Ärger und einen Haufen Zeit."

Jogerst hat ein Dokument zugespielt bekommen, in dem auf 17 Seiten detailliert erklärt wird, wie Pflegeheimbetreiber für solche Schäden haftbar gemacht werden können. Das Papier wirkt, als hätte ein Mitarbeiter einer Pflegekasse eine Vorlage für seine Kollegen geschrieben. „Erfolgreiche Durchsetzung von Regressansprüchen bei Sturzfällen im Pflegeheim" ist das Papier überschrieben. „Wie lassen sich die Verletzung eines Pflegefehlers und der Ursachenzusammenhang zwischen der Verletzung dieses Pflegefehlers und dem eingetretenen Körperschaden beweisen?"

Das Papier listet zahlreiche Vorschriften an Pflegeheimbetreiber auf. Das Ziel: mögliche Dokumentationslücken finden – und darüber Betreiber wie Jogerst zur Zahlung zwingen. Lücken in der extrem bürokratischen Pflegedokumentation, die viele Pflegekräfte nur pro forma ausfüllen, nimmt die Pflegekasse so zum Anlass, um sich Geld zurück zu holen. Zudem weist die Kasse ihre Mitarbeiter an, das chronisch fehlende Personal in der Pflege als Grund für Schadensersatzforderungen zu nutzen. „Es sollte immer auch der Vorwurf eines Organisationsverschuldens aufgrund personeller Unterbesetzung vorgetragen werden."

Kleinste Fehler können heute in der Pflege große Probleme nach sich ziehen. Pfleger stehen unter Generalverdacht.

Überhaupt, das Personal. Ein Thema, das Jogerst viel Kopfzerbrechen bereitet. In den ersten Jahren hat er große Probleme, geeignete Mitarbeiter zu finden. Viele seiner Pfleger kommen aus traditionellen Heimen und verstehen die neuen Regeln nicht, die in Renchen gelten. Etwa, dass hier die Bewohner nicht um 18.30 Uhr ins Bett gezwungen werden, sondern so lange aufbleiben dürfen, wie sie wollen. Wie das eben bei Erwachsenen üblich ist. Abends schauen die Bewohner oft Filme, die Spätschicht startet dementsprechend später und zieht sich in den Abend. Samstags und sonntags möchte Jogerst die gleiche Zahl Pfleger vor Ort haben wie unter der Woche. Um seinen Mitarbeitern trotzdem freie Tage zu geben, sind die einzelnen Dienste am Wochenende länger als in klassischen Heimen. Der Anspruch ist hoch.

Der größte Unterschied zum traditionellen Heim aber ist Jogersts Einstellung zur Pflege. Viele neue Pfleger wollen ihre Bewohner einfach den Vorschriften entsprechend versorgen. Satt und sauber und Ende. „Viele sind stolz, wenn sie an einem Vormittag zehn Leute gewaschen haben. Das interessiert mich aber überhaupt nicht. Die sollen die Zeit lieber für andere Sachen nutzen."

Viel wichtiger sei es doch, sich zu fragen: Was kann ich eigentlich für jeden einzelnen Bewohner tun, damit seine Situation möglichst erträglich wird? „Da gehört dann auch dazu, dass man manchmal etwas einfach bleiben lässt."

Für viele Pfleger ist das ungewohnt. Genau wie die Sache mit dem Essen. Wer in Jogersts Heimen pflegt, kann kostenlos mitessen. Dafür verlangt Jogerst aber auch, dass die Pflegekräfte gemeinsam mit den Bewohnern an einem Tisch sitzen.

Das Seniorenhaus Renchen startet im Sommer 2006 mit 25 Mitarbeitern. Wenige Wochen vor der Eröffnung setzen sich alle ein Wochenende lang in einem Haus im Schwarzwald zusammen. Jogerst hat den Eindruck: Das passt. Heute sind von diesen 25 noch zwei bei ihm beschäftigt. In einigen Pflegern hat er sich geirrt, er hätte sie vermutlich niemals einstellen sollen. Andere hat er ungern verloren, bis heute bedauert er ihren Weggang.

Aber mit der Zeit verlassen immer weniger Mitarbeiter das Heim. Jogersts Philosophie setzt sich durch. Viel Verantwortung für jeden einzelnen Pfleger, viel Arbeit im Team, nah am Bewohner. Motivierte Pfleger sind unerlässlich für ein gutes Heim. Sie zu finden ist eine Sisyphos-Aufgabe. „Ich hätte gedacht, dass mehr gute Leute auf dem Markt sind. Und dass es einfacher ist, diese Leute von unserem Geist zu überzeugen."

Die besten Mitarbeiter sind für Jogerst diejenigen, die er in seiner Einrichtung selbst ausbildet. Vom Praktikum über die Ausbildung bis zur Führungskraft. Aber das dauert. Und kostet. Zeit und Geld.

Jene, die dabei bleiben, sind ihm loyal verbunden. Agnes Dobrasiewicz zum Beispiel, die Pflegedienstleiterin. Früher hat Dobrasiewicz in einem Caritas-Heim gearbeitet. Um 17 Uhr gab es Abendessen, um 18.30 Uhr waren die Bewohner im Bett. „Wenn ich im Sommer um 20 Uhr nach Hause gegangen bin, hat draußen noch das Leben getobt. Und die liegen schon im Bett", sagt Dobrasiewicz. „Das konnte ich irgendwann nicht mehr mit mir vereinbaren." Sie kündigt, will nur noch im ambulanten Pflegedienst arbeiten. Dann bietet Jogerst ihr einen unbefristeten Vertrag an.

Vom ersten Tag an ist Dobrasiewicz vom Leitbild des Heimes beeindruckt. Jogerst, sagt sie, ist oft einen Schritt voraus. „Er lässt sich nichts gefallen, er kämpft und er steht für sein Recht ein. Wenn er sich bei einer Sache sicher ist, dann geht er bis zur letzten Instanz."

Ein paar Wochen nach ihrem ersten Tag wird Agnes Dobrasiewicz krank. Donnerstag und Freitag bleibt sie zu Hause. Am Freitagabend fragt eine Freundin, ob sie mit ihr auf das Offenburger Weinfest geht. Sie lässt sich überreden, trinkt erst ein Glas Wein, später ein zweites und ein drittes. Gut angetrunken geht Dobrasiewicz mit der Freundin auf die Toilette im Schoellmanns, einer angesagten Cocktail-Bar am Offenburger Marktplatz.

Die Toilette hat eine Durchreiche, die Waschbecken von Männern und Frauen liegen direkt vor-
einander. Als sich Dobrasiewicz und ihre Freundin die Hände waschen, steht Marcus Jogerst
auf der anderen Seite. Jogerst weiß, dass seine Agnes den Tag über krank gemeldet war und am
nächsten Morgen um 7 Uhr Dienst hat.
Ach, da haben Sie aber eine kurze Nacht, sagt Jogerst.

Dobrasiewicz ist der Moment unglaublich peinlich. Das ist mein Chef, stellt sie Jogerst noch ihrer
Freundin vor. Am nächsten Morgen steht sie pünktlich zum Dienst im Seniorenheim.

Seitdem haben die beiden ein besonderes Verhältnis. Und Agnes Dobrasiewicz startet durch. Sie
macht eine 18 Monate lange Weiterbildung zur Pflegedienstleitung. Die Abschlussprüfung ist ein
mündlicher Vortrag vor einem ganzen Saal von Heimleitern. Dobrasiewicz spricht über Arbeits-
zeitmodelle. Es ist mit Abstand der beste Vortrag des Abends. Die Kollegen schreiben mit. Jogerst
schießen Tränen in die Augen.

Wenn Marcus Jogerst am Wochenende die „Acher-Rench-Zeitung" aufschlägt, werden allein in
der näheren Umgebung zwei Pflegedienstleitungen gesucht. „Es ist verdammt schwer, Menschen
zu finden, mit denen man in der Pflege etwas bewegen kann." Früher, sagt Jogerst, hatte die Pflege
einen Stand. „Jetzt sind wir nur noch diejenigen, die schlechte Arbeit machen, die die Leute quä-
len. Ich bin ja gottfroh, wenn die Menschen der deutschen Sprache mächtig sind."

Jogerst erinnert sich an einen Artikel im „Spiegel", in dem die deutschen Wirtschaftsverbände
über das Arbeitspotential der Flüchtlinge diskutierten. „Da stand irgendwo: Einzig der Pflegebe-
reich hat so haarsträubende Arbeitsbedingungen, dass es selbst den Flüchtlingen nicht zuzumu-
ten ist." Jogerst fragt sich, wen dieser Satz mehr diskriminiert: die Flüchtlinge oder die Pfleger?

„Eigentlich sagt dieser Satz alles aus. Stellen sie sich mal vor, was das eigentlich heißt. Eine gesellschaftliche Bankrotterklärung."

Die schlechten Arbeitsbedingungen sorgen dafür, dass kaum noch jemand den Job machen will.
Gute Pfleger verdienen nicht das, was ihre Arbeit wert ist. Aber das Geld ist nicht da. Also müssen
die Heime schlechtere Pfleger und Pflegehelfer einstellen, für weniger Geld.

„Früher hast Du halt mal mit einem Mann weniger geschafft und trotzdem alles gut hinbekom-
men", sagt Jogerst. Weil die Arbeit weniger anspruchsvoll und das Personal großzügiger berechnet war. Vielleicht auch, weil das Niveau der Mitarbeiter insgesamt höher war. „Das würde heute
nicht mehr gehen." Heute fühlt sich sein Personalplan an wie ein perfekt durchlöcherter Turm
Jenga-Steine. Jeder nicht unbedingt benötigte Stein ist schon entfernt. Zieht man einen weiteren
Stein heraus, bricht alles zusammen.

Immer mehr Pflegeheime sind so verzweifelt auf der Suche nach neuen Mitarbeitern, dass Pfleger
mittlerweile Handgeld bekommen, wenn sie einen Vertrag unterschreiben. Bis zu 3000 Euro,

erzählen Pfleger, erhalten neue Pflegefachkräfte in manchen Heimen bar auf die Hand. Und der Vermittler erhält ebenfalls eine Provision.

Angeblich sind solche Handgelder zum Abwerben von Pflegerinnen vor allem in Norddeutschland verbreitet, wo der Pflegenotstand besonders ausgeprägt ist. Aber auch Marcus Jogerst spürt den Kampf um gute Pflegekräfte im eigenen Betrieb. Vor kurzem hat ein anderer Heimbetreiber aus der Region versucht, Jogersts „Diamanten" abzuwerben. Seine Stellvertreterin Christine Walter.

Walter ist seit ihrer Jugend mit Jogerst befreundet. Sie ist gelernte Industriekauffrau. 2010 kommt sie zu Jogerst und arbeitet am Empfang, steigt dann in die Buchhaltung ein. „Irgendwann haben die Kollegen dann quasi für sich entschieden, dass ich jetzt die stellvertretende Hausleitung bin", sagt Walter. Jogerst schickt sie auf eine berufsbegleitende Weiterbildung mit Heimleitern aus dem ganzen Bundesgebiet. Es dauert nur wenige Monate, bis sie die ersten Jobangebote erhält.

Immer mehr Leute versuchen, Walter abzuwerben. Schließlich ist auch ein lokaler Konkurrent dabei. Walter informiert Jogerst darüber. Der ist stinksauer. Denn eigentlich arbeiten die Betreiber in den Ausläufern des Schwarzwaldes kollegial zusammen. „Wenn ich hier jemanden abwerbe, dann schade ich doch der Kollegin nebenan." Je mehr sich die Betreiber untereinander bekämpfen, desto weniger Zeit, Energie und Geld bleibt für die Bewohner.

Viele Heime bilden nicht aus. Jogerst hat fast 20 Azubis im Betrieb, verteilt über drei Ausbildungsjahre. Für Jogerst sind sie der einzige Weg gegen den Fachkräftemangel. Im Seniorenhaus Renchen sind einige Pfleger halbtags freigestellt, um den Azubis in Ruhe die Grundsätze guter Pflege zu erklären. Jogerst investiert. Umso schlimmer ist es für ihn, wenn seine Pfleger nach der Ausbildung das Haus verlassen.

Der Kampf um gute Kräfte ist hart. „Ich habe gehört, dass Leute mittlerweile auf der Station angerufen werden, um sie abzuwerben", sagt Christine Walter. „Teilweise gehen Heimleiter sogar persönlich in konkurrierende Altenheime, um die Pflegerinnen anzusprechen."

Der Mangel in der Pflege hat sich in den vergangenen Jahren verschärft. Laut einer Studie der Hochschule Fulda betreut jede Fachkraft heute mehr Pflegebedürftige als noch vor zehn Jahren. Und dabei ist nicht einmal berücksichtigt, dass die Arbeit heute intensiver ist als früher. Es gibt mehr Patienten mit Demenz, mehr Härtefälle, mehr bürokratische Pflichten. Gleichzeitig arbeiten immer mehr kürzer ausgebildete Pflegehelfer und Betreuungskräfte in den Heimen.

Das alles führt dazu, dass Pfleger in Deutschland zu den zehn Berufsgruppen mit den meisten Krankheitstagen gehören. Und jeder sechste Fehltag geht auf eine psychische Erkrankung zurück. Für die Autoren der Studie, Stefan Greß und Klaus Stegmüller, ist das „ein unübersehbarer Hinweis auf die seit Jahrzehnten gut dokumentierte außerordentlich hohe Arbeitslast in der Altenpflege". Kaum eine Pflegekraft bleibt bis zur Rente im Beruf, im Schnitt verlassen Altenpfleger die Branche bereits nach etwas mehr als acht Jahren. Damit ist die sogenannte Berufsflucht der deutschen Pfleger im internationalen Vergleich überdurchschnittlich hoch.

Aus der Not greifen seit einigen Jahren deshalb immer mehr Pflegeheime auf Leiharbeiter zurück. Für die fest angestellten Fachkräfte ist das oft anstrengend. Die neuen Mitarbeiter sind nur für wenige Wochen da, kennen die Bewohner und die Abläufe nicht.

Marcel Bleisteiner hat Anfang 2015 die Firma B&R Vermittlung gegründet, ein Leiharbeitsunternehmen für die Pflegebranche. Er vermittelt selbstständige Pfleger an Altenheime. Nach einem Jahr hat er 60 Pflegekräfte unter Vertrag, die er in ganz Deutschland unterbringt, in Saarburg, Mannheim, Freiburg, Trieberg oder Hannover. Häufig schlafen seine Pfleger im Heim selbst, in einem leerstehenden Zimmer, und essen gemeinsam mit den Bewohnern.

„Es gibt Heime, da arbeiten fast nur Leiharbeiter", sagt Bleisteiner. „Vor allem, wenn die Heime einen schlechten Ruf haben. Dann will da sonst keiner arbeiten." Bleisteiner kennt ein Heim, in dem nur drei fest angestellte Pfleger arbeiten, der Rest sind Leiharbeitskräfte.

2013, spätestens 2014 sei die Leiharbeit richtig explodiert. Mittlerweile, schätzt Bleisteiner, betrage der Anteil der Leiharbeiter in den Heimen bis zu 20 Prozent. Verlässliche Zahlen gibt es kaum. Weder die Bundesländer noch das Arbeitsamt oder die Pflegekassen wissen auf Anfrage Näheres.

Ein Pflegehelfer verdient bei Bleisteiner 28 Euro die Stunde, eine Pflegedienstleitung mindestens 50 Euro. Das ist mehr als doppelt so viel wie ein fest angestellter Pfleger. Mit Organisationsgebühr zahlen Heime so für die Acht-Stunden-Schicht einer Leiharbeitskraft bis zu 500 Euro. „Die Heime, die das bezahlen, haben richtig Not", sagt Bleisteiner. „Wenn es die Freiberufler nicht gäbe, würden zum Beispiel in Berlin viele Heime einfach wegbrechen."

Bleisteiner selbst ist nur Pflegehelfer, arbeitet aber oft 14 Stunden am Stück, von morgens um 7 Uhr bis abends um 21 Uhr. Als freier Unternehmer gelten für ihn andere Arbeitszeitgesetze.

Jogerst hat bisher nur ein einziges Mal einen Leiharbeiter über eine Agentur gemietet. „Die Qualität war vernichtend. Was sind das denn auch für Arbeitsbedingungen? Das sind doch Wanderarbeiter. Ohne Bezug zum Haus, ohne feste Verträge." Jogerst kann es sich nicht leisten, Leiharbeiter anzustellen. Um das Geld für Leiharbeit frei zu bekommen, müsste er feste Mitarbeiter entlassen.

Immer häufiger bekommt Marcus Jogerst mittlerweile dubiose Angebote. Valebunt zum Beispiel, eine Agentur aus Mainz, bietet Jogerst auf einem vorgedruckten Formular einen 87-jährigen Mann und eine 83-jährige Frau an, die ein gemeinsames Doppelzimmer oder ein Familienzimmer wünschen. Nimmt er die beiden Bewohner, will Valebunt 15 Tagessätze der Pflegestufe 1 als Provision, in Jogersts Fall also 1325 Euro pro Bewohner. Jogerst antwortet nicht.

Fast 40 Jahre alt ist Jogerst inzwischen. Seit sieben Jahren leitet er das Seniorenhaus Renchen. So lange hat er sich gegen das System gestellt. So lange ist er genervt von den Vorschriften, die seine Pflege schlechter machen. Von den Funktionären, die es sich in ihren gut bezahlten Jobs gemütlich machen und dabei in Kauf nehmen, dass es in der Pflege vor Ort, im Heim, am Bett immer ungemütlicher, immer hektischer, immer unsinniger wird.

Über die Jahre staut sich in ihm der Ärger an. Bis er explodiert. Bis er endgültig zum Rebellen wird. Der Anlass ist eine Prüfung des MDK, des Medizinischen Dienstes der Krankenkassen. Der prüft einmal jährlich jedes Pflegeheim in Deutschland und vergibt im Anschluss eine Note.

Die Grundidee ist ja richtig. Pflegeheime sollen miteinander vergleichbar sein. Die Hoffnung: Dass mehr Transparenz gute Heime belohnt und schlechte Heime anspornt. Die Umsetzung aber ist schlecht. Weil Heimbetreiber, Pflegekassen und Sozialhilfeträger selbst die Regeln für die Bewertung festgelegt haben, gibt es offiziell so gut wie keine schlechten Heime mehr. Alle Pflegeheime in Deutschland werden im Schnitt mit einer Eins-Minus bewertet. Mit einer Note von 1,4. Es gibt Landkreise, in denen gibt es nur Musterschüler, mit einem Notenschnitt von 1,0.

Wer einen wund gelegenen Rücken bei seinen Bewohnern korrekt dokumentiert, bekommt ein „sehr gut" – unabhängig davon, ob er den wunden Rücken vorher durch falsches Lagern vielleicht selbst verursacht hat. Beim Essen zählt, ob der Speiseplan in der richtigen Schriftgröße und auf Augenhöhe sichtbar aufgehängt ist. Ob das Essen schmeckt, wird nicht geprüft.

Dass die Pflegenoten des MDK eine falsche Qualität suggerieren, ist gefährlich. Immer wieder berufen sich Betreiber, Funktionäre und Politiker auf die Noten und behaupten, der Pflege könne es so schlecht ja nicht gehen, wenn die Noten so herausragend seien. Außerdem sorgt das Feigenblatt, dass diese Noten den schlechten Betreibern geben, für eine Verzerrung des Wettbewerbs. Wenn jedes Pflegeheim mit „sehr gut" abschneidet, egal wie schlecht die Qualität ist, dann können die Kunden am Ende nur noch den Preis vergleichen. Die Qualität ist unbekannt, der Preis bekannt. Davon profitieren die billigsten Anbieter. Und das sind ganz sicher nicht die mit der besten Pflege.

Mittlerweile ist allen klar, dass die Prüfungen durch einen neuen Pflege-TÜV ersetzt werden müssen. Zu vernichtend ist die Kritik, zu offensichtlich sind die Probleme. Die Bundesregierung will bald ein neues Konzept vorstellen.

Unabhängig von den Prüfungen des MDK wird jedes Heim auch von der Heimaufsicht kontrolliert. Die Heimaufsichten kontrollieren detaillierter und sollen ebenfalls ein Mal im Jahr vorbeikommen, schaffen es aber oft nur seltener. Die Heimaufsicht kann Heime bei Problemen auch schließen.

Es liegt nahe, sich statt der Pflegenoten einfach die Berichte der Heimaufsichten anzugucken. Doch seit der Föderalismusreform 2008 gibt es keine für Deutschland einheitlichen Vorschriften mehr. Die Länder regeln die Heimaufsicht selbst, geben diese zum Teil an Bezirke oder sogar Kommunen ab. Ein Vergleich der Heime wird so unmöglich.

Die Berichte sind zudem nur in wenigen Bundesländern öffentlich. Obwohl viele Länder in ihren Heimgesetzen eine Veröffentlichung vorsehen, haben die meisten Regierungen diese Vorschriften nicht umgesetzt. In Bayern ist eine Veröffentlichung sogar wieder abgeschafft worden, nachdem mehrere Heimbetreiber dagegen geklagt hatten. Der bayerische Verfassungsgerichtshof entschied: Geschäftsgeheimnisse der Heime sind wichtiger als Transparenz für die Verbraucher.

Und die Berichte, die öffentlich sind, sagen nur zum Teil etwas über die Qualität der Heime aus. Vergleichsweise transparent arbeiten zum Beispiel die Heimaufsichten in Düsseldorf oder Rheinland-Pfalz, deren seitenlange Berichte einen guten Einblick in die Arbeit der Heime geben. Weniger aussagekräftig sind dagegen die Berichte der Bremischen Wohn- und Betreuungsaufsicht, die nicht viel mehr als eine Checkliste mit ein paar Notizen herausgibt.

Viele Heimaufsichten sind unterbesetzt. Neben den Heimprüfungen müssen die Mitarbeiter Heime vor der Neugründung und bei Problemen beraten, zudem sind sie Ansprechpartner für Angehörige, die Fragen oder Beschwerden haben. Das Landesamt für Gesundheit und Soziales in Berlin schaut sich bei seinen Heimprüfungen oft nur wenige Kriterien an, weil das Personal fehlt.

In Berlin ist ein Mitarbeiter der Heimaufsicht neben seiner täglichen Arbeit jedes Jahr für die Prüfung von mehr als 20 Heimen zuständig. In vielen anderen Ländern ist die Belastung ähnlich hoch, in Brandenburg muss jeder Mitarbeiter sogar mehr als 40 Heime pro Jahr prüfen.

Die Zahlen zeigen, wie wenig vergleichbar die Arbeit der Heimaufsichten ist. Zudem werden immer noch zu viele Prüfungen von der Behörde angekündigt. In Berlin sind es etwa 90 Prozent. Wie soll so ein realistisches Bild von den Zuständen vor Ort entstehen?

Jogerst kennt die Besuche des MDK. Die Prüfung, die ihn so maßlos aufregt, findet Anfang 2013 statt. Sie beginnt entspannt. Jogerst ist offen. Sie werden sicherlich etwas finden, sagt Jogerst zur Prüferin. Die Villa Auguste gebe es erst seit zwei Jahren, da laufe noch nicht alles rund. Ich koche ja auch nur mit Wasser, sagt er zu ihr.

Die Frau vom MDK begutachtet neun Bewohner, per Zufall ausgewählt. Von jedem Begutachteten oder dessen Betreuer braucht die Prüferin eine schriftliche Einwilligung, morgens um 10 Uhr, von oft berufstätigen Angehörigen. Gar nicht so einfach, die auf Anhieb zu bekommen, aber es gelingt. Ganz zum Schluss kommt eine Frau an die Reihe, die seit 2008 bei Jogerst wohnt. Erst im Seniorenhaus, dann in der Villa Auguste.

Ihr Sohn brachte sie damals vorbei, weil sie sich zu Hause nichts mehr sagen ließ. „Der Sohn hatte sie angelogen, was man bei Demenzkranken nie machen sollte, und gesagt, ihr verstorbener Mann sei hier im Krankenhaus." Eine kleine Dame, gepflegt, Pelzkrägelchen und Brille, erinnert sich Jogerst. „Also wirklich ganz süß. Aber sie wusste, was sie will." Am nächsten Tag steht die Frau im Heim und sucht ihren Mann. Jogerst nimmt sie als Bewohnerin auf.

Bald verschlechtert sich der Zustand der alten Dame. Die Pfleger probieren es mit einem Gehwagen und mit weichen Säcken vor dem Bett gegen mögliche Stürze. Die Frau will aufstehen, aber sie kann kaum noch alleine laufen. Sie bricht sich mehrfach die Knochen, darunter auch die Schulter – besonders schmerzhaft und kompliziert. Wochenlang läuft die demente Frau mit einem Verband herum, von dem sie nicht weiß, warum sie ihn tragen muss.

Jogerst probiert es mit einer Art Gehkäfig, mit dem die Frau laufen können soll, aber nicht stürzen. Sie stößt überall an, regt sich auf. Sie merkt, dass sie nicht frei ist in ihren Bewegungen. Der Gehkäfig ist keine Option. Gemeinsam mit dem Sohn sowie einem Neurologen und einem Richter beschließt Jogerst schließlich, einen Bauchgurt anzulegen. So kann die Dame nicht mehr unbeobachtet aufstehen und sich weitere Knochen brechen.

Jogerst versucht, freiheitsentziehende Maßnahmen wie einen Bauchgurt bei möglichst wenigen Bewohnern zu nutzen. Im Seniorenhaus Renchen sind es aktuell zwei Menschen, von den 36 dementen Menschen in der Villa Auguste sind es drei. „Heute sagt man ja, der Freiheitsdrang stehe über allem. Aber 2008 habe ich das anders gesehen."

Bettgitter, Bauchgurte und ähnliche Maßnahmen sind in deutschen Heimen noch immer verbreitet. Auch wenn die Zahlen zurückgehen: Zuletzt wendeten Pfleger bei jedem achten Bewohner freiheitsentziehende Maßnahmen an. Das sind deutschlandweit fast 100.000 Menschen. Und obwohl eigentlich für jede dieser Maßnahmen eine richterliche Genehmigung vorliegen muss, war dies bei acht Prozent zuletzt nicht der Fall. Das sind knapp 8000 Menschen, die in deutschen Heimen noch immer ohne Genehmigung ans Bett gefesselt sind.

Im speziellen Fall der alten Dame bestätigte eine Prüfung des MDK Jogersts Entscheidung für den Bauchgurt zunächst. Doch als dieselbe Prüferin Anfang 2013 erneut prüft, soll Jogerst den Bauchgurt plötzlich wieder abnehmen. Jogerst ist empört. „Ich kann die Frau nicht auf einmal wieder loslassen und sagen: Okay, jetzt flieg halt. Es wäre noch mal was anderes gewesen, wenn sie sich an dem Bauchgurt gestört hätte. Aber das hat sie nicht. Der war für sie völlig in Ordnung." Ein Richter hatte den Bauchgurt noch drei Wochen vor der Prüfung als angemessen bestätigt.

Als die Prüfung durch ist, kommt die MDK-Frau zu Jogerst ins Büro. Das, was sie mit dieser Frau machen, ist gefährliche Pflege, sagt die Prüferin. Der schlimmstmögliche Vorwurf für einen Pfleger. Sie müssen mit der Frau ausgedehnte Spaziergänge machen, erinnert sich Jogerst an das Gespräch. „Ich bin fast über den Tisch gesprungen. Was soll ich mit der Frau machen? Sind sie mit der Frau mal aufgestanden?"

Die Prüferin ist nicht beeindruckt. Jogerst solle außerdem die Muskeln der Frau stärken. „Mit einer Dame im Endstadium einer Demenz. Muskelaufbau. Das muss man sich mal reinziehen", regt sich Jogerst auch Jahre später noch auf. Jogerst legt Widerspruch gegen die schlechte Bewertung ein und packt ein Schreiben des Sohnes der Bewohnerin dazu. „Der wollte auf keinen Fall, dass seine Mutter nochmal stürzt." Der MDK schreibt, der Vorwurf der gefährlichen Pflege bleibe bestehen.

Nach der Prüfung fühlt sich Jogerst richtig schlecht. Einfach extrem ungerecht behandelt. Das ganze Team ist verstört. Wie kann uns eine offizielle Stelle nur so respektlos behandeln, so unverschämt? „Ich wusste, ich habe mir fachlich und menschlich nichts vorzuwerfen." Er fühlt sich persönlich angegriffen. Umso heftiger ist seine Reaktion.

Jogerst hat immer wieder mit Behörden und Pflegekassen gekämpft. „Ich habe hier schon die komplette AOK-Abteilung für ambulante Abrechnung sitzen gehabt. Ich bin mit denen Fall für Fall durchgegangen, einen ganzen Ordner. Am Ende hat sich der Leiter von seinen Kollegen distanziert", sagt Jogerst. „Aber bei dieser MDK-Prüfung ist es übergelaufen. Weil ich mich auch gefragt habe: Was hat denn diese Frau für eine Ausbildung, dass die mich beurteilt? Ich kenne die Bewohnerin seit Jahren, die kennt sie seit zehn Minuten."

Jogerst grübelt damals. „Ich habe festgestellt, dass das alles nicht mehr meins ist." Er merkt, es geht ihm schlecht. Nur eine Winterdepression? Jogerst überlegt, ein Coaching zu machen. Viele seiner Kollegen haben sich coachen lassen, aber ihm gefällt nicht, wie die sich verändert haben. Denen war danach alles egal, sagt Jogerst. Er will keine harte Schale aufbauen, will sich nicht emotional zurückziehen. „Bei solchen Coachings wird nur darauf geguckt, wie es einem selbst gut geht. Aber das ändert ja am System nichts."

Im Fitnessstudio spricht ihn eine Freundin an. Ich kenne Dich so fröhlich, immer lachend, sagt sie. Du bist überhaupt nicht mehr so. Du machst nur noch ein ernstes Gesicht. Jogerst erzählt von seinem Ohnmachtsgefühl, vom Kampf mit der Bürokratie, von den schlechten Bedingungen in der Pflege. Sagt ihr: Ich bin an einem Punkt, an dem ich mich selber verrate. Ich habe das Gefühl, ich müsste den ganzen Tag in einem Büßergewand herumlaufen, weil ich überhaupt noch Geld mit meinem Unternehmen verdiene.

Die Freundin ist Realschullehrerin und kennt viele Kollegen, die ähnlich fühlen. Macht- und kraftlos im Kampf mit den Schulbehörden. Marcus, sagt sie, Du brauchst Verbündete. Du wirst nicht der einzige sein, dem es so geht. Tausch Dich aus. Das hat bei meinen Kollegen auch funktioniert.

Jogerst geht nach Hause, schaltet den Computer ein und googelt ziellos nach Pflegethemen. Schließlich stößt er, durch einen Zufall, auf die Internetseite der Organisation „Pflege am Boden". Und auf dessen Gründer Guy Hofmann. Es ist eine Begegnung mit Folgen. Sie markiert einen weiteren Wendepunkt im Leben von Marcus Jogerst.

Etwa eine Million Pflegerinnen und Pfleger arbeiten in deutschen Altenheimen und ambulanten Pflegediensten. Dazu kommen hunderttausende Pfleger in Krankenhäusern, Psychiatrien und anderen Pflegeeinrichtungen. Sie alle stehen vor den gleichen Problemen. Jahr für Jahr. Trotzdem ändert sich nichts. Warum?

Pfleger haben sich schon immer schlecht organisiert. Sie sind vergleichsweise selten Mitglied in der Gewerkschaft. Sie beschweren sich in Gesprächen und im Internet über ihre Arbeitsbedingungen, aber ziehen daraus nur selten politische Konsequenzen. So fällt es leicht, sie klein zu halten.

Wenn Probleme und Lösungen in der Pflege diskutiert werden, wird meist über Pfleger geredet, selten mit ihnen. Im Krankenhaus sind es oft die Ärzte, die den Ton angeben. In der Pflege sind es die Heimbetreiber, die Funktionäre der Krankenkassen, die Politiker.

In Zeitungen und im Fernsehen werden entweder die schlechten Bedingungen beschrieben – oder die Pfleger als helfende Hand porträtiert, als Mutter Teresa, die sich gerne opfert für den Dienst am Patienten. Wie häufig sitzt ein Altenpfleger in einer politischen Talkshow und diskutiert die Zustände in einem der wichtigsten Berufe des Landes? So gut wie nie. Dass in der Pflege vor allem Frauen arbeiten, die in Diskussionen um Geld und bessere Arbeitsbedingungen viel zu oft noch immer nicht Ernst genommen werden, macht die Situation nicht besser.

Jeder pflegt allein. Das ist ein Problem. Und daraus wird ein noch größeres Problem, wenn ausgerechnet diejenigen aus Frust die Pflege verlassen, die am härtesten kämpfen.

Menschen wie Monika Ott.

Als kleines Kind kommt sie mit ihren Eltern aus Polen ins Ruhrgebiet. Mit 15 Jahren geht sie fürs Schülerpraktikum ins Krankenhaus. Bei den städtischen Kliniken in Dortmund macht sie ihre Ausbildung, zum Examen ist sie schon hochschwanger, bald ist sie Mutter eines Sohnes. Eine Tochter kommt zwei Jahre später. Als der Vater sie und die beiden Kinder kurz darauf verlässt, schlägt sich Monika Ott allein durch. Im Internet lernt sie Michael aus Oberbreisig kennen, zwischen Koblenz und Bonn. Bald zieht sie mit den Kindern zu ihm. In Oberbreisig kümmert sich Ott erst um ihre Schwiegermutter, bald darauf findet sie darüber einen Job in der ambulanten Altenpflege.

Wenig später bricht sie sich den Fuß. Das funktioniert im ambulanten Dienst schlecht, Auto fahren, von Haus zu Haus humpeln, Treppen hoch und wieder runter. „Aber meinen Kollegen Arbeit überlassen, das kann ich ganz schlecht." Also wird Ott jeden Morgen mit dem Dienstwagen abgeholt, damit sie Formulare und Abrechnungen im Büro erledigen kann. In dieser Zeit vertritt sie hin und wieder auch die Pflegedienstleitung, übernimmt die Rolle der Stellvertreterin. Und als die Geschäftsführung ihren Vorgesetzten rausschmeißt, leitet Monika Ott auf einmal einen ambulanten Pflegedienst in Oberbreisig. In wenig mehr als zwei Jahren von der Krankenenschwester mit dem Aushilfsjob zur Chefin.

Es ist bezeichnend, dass Monika Otts Karriere startet, als sie an den Schreibtisch gefesselt ist. Dass sie ihre Karriere dem Papierkram verdankt. Dem Papierkram, über den sie sich später so sehr ärgern wird. Monika Ott hat eine Hass-Liebe zur Bürokratie. Damit passt sie gut ins deutsche Pflegesystem.

Für Ott kommt jetzt alles auf einmal. Sie leitet eine Dienststelle mit Pflege, Hausnotruf und Essen auf Rädern. Zu den 40 Stunden Vollzeit in der Woche notiert Ott jede Woche 10 bis 15 Überstunden. Ihr Sohn ist gerade eingeschult, die Tochter im letzten Kindergartenjahr. Zu Hause pflegt sie noch die Schwiegermutter. Und zwei Mal in der Woche ist Abendkurs, Weiterbildung zur Pflegedienstleitung. Ott nimmt das hohe Arbeitspensum viel zu locker. Irgendwann wird ihr klar: So geht es nicht.

Sie wechselt als stellvertretende Pflegedienstleitung in ein Heim der Johanniter, tritt einen Schritt zurück. Es ist das Jahr 2009. Das erste Jahr der MDK-Pflegenoten. Früher, sagt Ott, hat eine Pflegedienstleitung die Dienstpläne geschrieben, die Arbeit und die Weiterbildungen der Mitarbeiter organisiert und mit Angehörigen und Bewohnern gesprochen. „Auf einmal soll sie das alles nicht mehr machen, sondern nur noch Papiere wälzen." Für manche der älteren Kollegen ist die Bürokratie, die für die Pflegenoten verlangt wird, nicht nur ungewohnt, sondern sogar ein Grund, das Handtuch zu schmeißen. Ott wird gebraucht.

Im Johanniter-Pflegeheim ist zu diesem Zeitpunkt nichts vorbereitet. Wenn die Prüfer jetzt kommen, fällt das Heim durch. Selbst die benötigten Formulare hat keiner besorgt. Ott lernt bei einer Weiterbildung jemanden kennen, der früher für den MDK Heime geprüft hat und jetzt Heime auf solche Prüfungen vorbereitet. „Bitte, bitte, bitte lasst uns diese Frau ins Haus holen", sagt Ott zu ihrer Chefin. Die Expertin kommt. Bei der Verabschiedung wünscht sie Ott, dass ihr Haus wenigstens mit einer drei vor dem Komma durchkommen möge. Ein knappes Jahr später kommt der MDK, das Johanniter-Heim bekommt eine 1,8.

Das war viel Arbeit für jeden im Johanniter-Heim. Die Pflege allerdings dürfte sich durch die Zusatzarbeit kaum verbessert haben. „Bei einer Prüfung schaut sich der MDK 45 Minuten lang die Papiere an und zehn Minuten lang den Bewohner", sagt Monika Ott. Es geht um die Dokumentation von Pflege und das Einhalten von Regeln. Die Mitarbeiter des MDK sind nicht Schuld an dieser Bürokratie, sagt Ott, sondern führen nur die verkorksten Gesetze und Regeln aus.

„Ich schildere ihnen mal eine typische Szene: Der Prüfer fragt, ob wir im Handbuch auch ein Konzept zum Ernährungsmanagement haben. Dann suche ich im Inhaltsverzeichnis, öffne die entsprechende Seite. Worauf der Prüfer sagt: Zeigen Sie mir den Satz, dass der Bewohner sich seine Portionsgröße individuell aussuchen darf. Ah ja, da ist ja der Satz. In Ordnung, steht drin. Haken dran. Die anderen sechs Seiten will er gar nicht sehen." Solange die Dokumente stimmen, stimmt auch die Note. Ob der Bewohner sich die Portion beim Essen dann wirklich aussuchen darf oder ob das Essen schmeckt, wird nicht geprüft.

Jeder pflegt allein – Wie es in deutschen Heimen wirklich zugeht.

Monika Ott

Gearbeitet hat Ott schon immer gern und viel. Aber wenn die Familie zu kurz kommt, dann ist irgendwann auch bei ihr Schluss.

Mit der Bürokratie kommt Ott klar. Die meistert sie mit Fleiß und Ordnung. Was ihr nicht gefällt, ist das Hamsterrad, der fehlende Kontakt zu den Menschen. 112 Bewohner hat das Johanniter-Heim. „Wenn da jemand auf Sie zukommt und sagt: Meiner Mama geht's nicht gut, und Sie dann erstmal fragen müssen: Wie heißt denn Ihre Mama und in welchem Wohnbereich wohnt sie – dann kann ich das, was Pflege ausmacht, gar nicht mehr erfüllen."

Wenn Pflege nicht Pflege am Menschen ist, denkt Ott, dann will ich etwas anderes. Sie bewirbt sich in der Fliedner-Residenz in Bad Neuenahr. Ein ruhiges Haus, sehr persönlich, nur 56 Bewohner. Ott kennt jeden, fühlt sich wohl. Wenn nur die Formulare nicht wären, die Bürokratie. Alles ist so kompliziert, und viele Mitarbeiter haben keine Lust, sich durch den Papierwust zu kämpfen.

Von Dienstleistern lässt sie sich Probe-Formulare kommen, von der „Dan Produkte Pflegedokumentations GmbH" etwa oder von „Standard Systeme – Intelligente Pflegeprodukte". Firmen, die zum Teil nichts anderes machen, als Formulare für die Pflege herzustellen. Doch Monika Ott sind die Vorlagen zu wissenschaftlich. Deshalb gestaltet sie abends am Wohnzimmertisch eigene Tabellen und Anleitungen. Dann sitzt sie da, um 21 Uhr, am Laptop, während die Kinder mit ihrem Mann Michael fernsehen.

Sie investiert die zusätzliche Arbeit, weil die Pfleger überfordert sind vom bürokratischen Wust. „Wenn die Wissenschaftler hätten werden wollen, wären die studieren gegangen", sagt Ott.

Monika Ott hat schon immer den Traum gehabt, etwas zu verändern in der Pflege. Plötzlich ist sie Chefin, „ich habe wirklich gedacht: Jetzt fängt Klein-Moni an, die Welt zu bewegen." Ott gibt alles, aber sie erkennt, dass das nicht reicht. Dass sie dabei vor die Hunde geht.

Der Fachkräftemangel, der Pflegenotstand trifft auch sie. Als sie, noch im ambulanten Dienst in Oberbreisig, einmal eine Stelle ausgeschrieben hat, bekam sie 15 Bewerbungen auf den Tisch. Jetzt, gut fünf Jahre später, in der Fliedner-Residenz in Bad Neuenahr, schreibt sie drei Stellen aus und bekommt vier Bewerbungen.

Abends kommt Ott um halb sechs nach Hause, kümmert sich bis 20 Uhr um die Kinder und setzt sich dann an den Laptop, um Formulare zu entwerfen oder Dienstpläne zu schreiben. „Und irgendwann sagt mein Mann dann: Guck mal, wir sitzen jetzt schon drei Stunden nebeneinander. Kannst Du mir auch mal Guten Tag sagen?"

Immer mehr fühlt sich Ott wie der verlängerte Arm der Behörden. Hunderte Dokumente hat Ott auf ihrem Laptop, Expertenstandards, Qualitätsrichtlinien, Gesetze und Verordnungen. Stundenlang erzählt sie davon, welche Regeln ihr das Leben schwer machen, was man besser und was man besser gar nicht machen sollte. Und muss bei all dem immer ihre Mitarbeiter im Auge behalten. Sie schützen, damit sie überhaupt noch Zeit für die Bewohner haben. „Auf rohen Eiern das Gleichgewicht halten. Das ist die Arbeit als Pflegedienstleitung."

Wie schwer es ist, die verschiedenen Vorschriften unter einen Hut zu bringen, zeigt sich schon beim Schreiben eines Dienstplans. Der hängt normalerweise offen auf der Station, mit Namen, Sollstunden des Monats und Dienstzeiten. Ott schreibt auch die Überstunden der einzelnen Pfleger dazu, denn die wollen das gern so. Ein Verstoß gegen die EU-Datenschutzverordnung: Private Daten aus dem Arbeitsvertrag seien vertraulich.

Der MDK und die Heimaufsicht wiederum verlangen genau diese Daten auf dem Dienstplan. Den vollständigen Namen, die Qualifikation, Teilzeit- oder Vollzeitstelle, Sollstundenzahl. Ott darf auch nicht zwei Pläne schreiben, einen, der dem Datenschutz gerecht wird, einen zweiten, kompletten, der in der Schublade bleibt. Das ist verboten, um Betrug zu verhindern. Selbst die vielen handschriftlichen Änderungen im Laufe des Monats müssen genau so archiviert werden. Denn der Dienstplan dient den Behörden dazu, den Personalschlüssel und die Fachkraftquote zu kontrollieren. Was also tun?

Die Theodor-Fliedner-Stiftung holt sich schließlich von jedem Mitarbeiter einzeln eine Einverständniserklärung, dass der Plan trotz Datenschutzverordnung bleiben darf, wie er immer war. Nur eine Mitarbeiterin aus der Verwaltung sagt Nein. Jetzt wird der Dienstplan der Pflegerinnen weiter ausgehangen und der Dienstplan der Verwaltung bleibt in der Schublade.

Solche Verbiegungen sind für Ott Alltag. Oft ist das nicht nur nervig, sondern schadet auch den Bewohnern. Wer über 65 Jahre alt ist und einen Body-Mass-Index von weniger als 24 hat, gilt im Pflegeheim als unterernährt. Deshalb werden Seniorinnen, die ihr Leben lang schlank gewesen sind, gemeinsam mit ihren Angehörigen in Beratungsgesprächen davon überzeugt, plötzlich mehr zu essen, um aus dieser angeblichen Gefahrenzone heraus zu kommen.

„Den Omis, die oft nur 1,50 Meter groß sind, packen wir dann Kalorien in Pulverform ins Essen. Maltocal. Das können sie überall reinrühren, das hat keinen Geschmack." Ott muss bei den angeblich untergewichtigen Menschen täglich das Ernährungsprotokoll ausfüllen und bei jedem Besuch des MDK neu diskutieren.

Weniger wiegen dürfen die Alten nur nach einer ethischen Fallbesprechung, einem Gespräch mit dem Hausarzt und einer Abklärung mit dem Logopäden wegen eventueller Schluckbeschwerden. Wenn dann die Angehörigen zustimmen, kann Ott aufhören, Maltocan zu geben und Protokolle zu füllen. „Aber wenn sie dem Angehörigen erklären, was das für ein Aufwand ist, dann sind die meisten schon so eingeschüchtert, dass sie das lieber doch nicht machen."

Anderes Beispiel: Medikamente. In Pflegeheimen müssen angebrochene Packungen innerhalb von 24-Stunden entsorgt werden, sobald ein Bewohner die Medikamente nicht länger nimmt. Wenn in der 100er Packung noch 90 Tabletten übrig bleiben, dürfen die nicht für andere Bewohner mit gleichen Verordnungen verwendet werden. „Wir werfen dann alle Packungen weg", sagt Ott. „Dabei wird unser Lager genauso gut kontrolliert wie eine Apotheke."

Auch die Abhängigkeit von den Ärzten nervt Ott. Wenn Fiebermedikamente verschrieben werden, muss der Arzt dazu schreiben, ab welcher Temperatur die Medikamente eingesetzt werden dürfen. Vergisst er das, muss er neu kontaktiert werden. „Dabei ist das Basiswissen für jeden Pfleger", sagt Ott. Das Gleiche gilt für die Behandlung mit Bepanthen, einer einfachen Wundheilsalbe. „Wenn meine Pfleger Bepanthen ohne ärztliche Anordnung und ohne Dokumentation benutzen, gilt das als medizinisches Fehlverhalten. Wenn das der MDK sieht, gibt es ‚mangelhaft' in der Pflegenote." Wie gesagt: Den Pflegern wird nichts zugetraut. Sie stehen unter Generalverdacht.

An warmen Tagen müssen Ott und ihre Kollegen bei jedem Bewohner Fieber messen, auch wenn der Bewohner sich wohlfühlt. Aus Angst vor Klagen durch die Pflegekassen halten sich Ott und ihre Kolleginnen genau an die vorgeschriebenen Hitze-Regeln. „Fenster morgens auf, mittags zu, Vorhänge davor, Oberlicht aus wegen der Wärmeentwicklung, Ventilatoren an", sagt Ott. „Und alles muss dokumentiert werden. Sonst ist das Heim dran, wenn einer bei Hitze stirbt."

Bis ins kleinste Detail ist die Arbeit im Altenheim geregelt. Das Problem sind nicht zu wenige, sondern zu viele Regeln. Eine Studie im Auftrag der Bundesregierung stellte 2013 fest, dass allein die Pflegedokumentation jedes Jahr Arbeitszeit im Wert von 2,7 Milliarden Euro kostet. Monika Ott wundert das nicht. Allein das Inhaltsverzeichnis ihres Handbuches Qualitätsmanagement ist 37 Seiten lang und hat mehrere Hundert Unterpunkte.

Beispiel Pflegeplanung. Für jeden Bewohner schreiben die Pflegekräfte individuell auf, was er kann, was er können soll – und was sie dafür zu tun gedenken. „Teilweise sind diese Planungen bis zu 80 Seiten lang. Davon sind vielleicht zehn Seiten wirklich wichtig." Für jeden Bewohner müssen die Pfleger zum Beispiel detailliert aufschreiben, was sie mit ihm machen, wenn das Pflegeheim brennt. Als ob irgendjemand in die Pflegeplanung guckt, wenn das Sofa in Flammen steht.

„Die Pflegekräfte schauen in diese Planungen ohnehin nie rein", sagt Ott. Eigentlich gibt es das Prinzip der Bezugspflege. Jeder Bewohner hat einen Pfleger, der für ihn zuständig ist. Der sollte auch die Pflegeplanung schreiben. In der Realität beschäftigen Heime jemanden, der nichts anderes macht, als die Pflegeplanungen für alle Bewohner zu schreiben. Damit die Dokumentationspflicht erfüllt ist.

Irgendwann fängt Ott an, als „Oberschwester Hildegard" ein Blog zu schreiben. Um sich Luft zu machen. Aber das reicht nicht. Wie bei Marcus Jogerst, bringt auch bei Monika Ott eine externe Prüfung das Fass zum Überlaufen. Bei Ott ist es das Gesundheitsamt.

Eine ihrer Mitarbeiterinnen hat das Buch, in dem die Betäubungsmittel dokumentiert werden, mit an ihren Arbeitsplatz genommen, statt es im Betäubungsmittelschrank zu verstauen. Deshalb gibt es kleine Abzüge in der Pflegenote. Ott macht keinen Skandal daraus. Anders ihre direkte Chefin. Die beschimpft Monika Ott vor den Kollegen und wirft ihr Fehler vor, die eigentlich Otts Vorgänger zu verantworten hat. Ott hat genug.

„Ich habe so vielen Königen zu dienen, dem MDK, der Heimaufsicht, der Bauaufsicht, dem Gesundheitsamt, da brauche ich nicht auch noch diesen internen Kampf auf Leitungsebene." Ott setzt sich an ihren Dienst-PC und fragt sich: Was spricht eigentlich dafür, dass du dir das weiter antust?

Es ist der 23. Juni 2015. Monika Ott schreibt ihre Kündigung, druckt sie aus, legt sie ihrer Chefin auf den Tisch. Der Streit ist keine halbe Stunde her. Ott ruft ihren Mann an. „Ich habe gekündigt." Der sagt nur: „Endlich."

Ott lädt ihre Kollegen zum Grillen ein, um sich von ihnen zu verabschieden. Zwei Pfleger verschieben eigens ihren Adria-Urlaub, um dabei sein zu können. Der Abschied fällt ihr schwer, aber sie braucht eine Pause. Sie bewirbt sich bei einem Landarzt, soll dort Organisation und Abrechnung neu strukturieren. In der Pflege hat sie 3700 Euro brutto bekommen, mit Verantwortung für ein ganzes Pflegeheim, mit ständiger Erreichbarkeit und dauerndem Stress. Beim Landarzt verzichtet sie auf ein paar Hundert Euro, bekommt dafür geregelte Arbeitszeiten und ein ruhiges Leben.

Monika Ott ist viel Arbeit gewohnt, jetzt langweilt sie sich. Zum 1. Januar 2016, nach nur vier Monaten, kündigt sie wieder. Viele ihrer ehemaligen Kollegen erwarten, dass sie zurück in die Pflege kommt, vielleicht als Heimleiterin. Ott kommt tatsächlich zurück in die Pflege. Aber anders, als alle anderen es erwarten.

Anfang 2016 wechselt sie als Gutachterin zum MDK, ausgerechnet. Ott fühlte sich ausgebrannt, weiß nicht mehr, woher sie noch Kraft für ihre Familie nehmen soll. Beim MDK kann sie weiter in der Pflege arbeiten, hat aber einen klar definierten Aufgabenbereich, ohne Verantwortung für andere übernehmen zu müssen. „Ich habe einfach keine Kraft mehr, in diesem unsinnigen System als Leitungskraft zu arbeiten."

Die Mühlen der Politik

Jeder pflegt allein – Wie es in deutschen Heimen wirklich zugeht.

Die Mühlen der Politik

Im Herbst 2013 verwandelt sich Marcus Jogerst erneut. Er stößt auf die Bewegung „Pflege am Boden". Sie wirkt auf ihn wie ein Brandbeschleuniger. Der bedrückte Einzelkämpfer zieht sich die Rüstung des Rebellen an. „Pflege am Boden" macht ihm klar: Gemeinsam mit anderen kann er etwas verändern. Wieder eröffnet sich ihm eine neue Welt.

Es beginnt mit einem Facebook-Post am 7. Oktober 2013. Ein Vertreter der Katholischen Arbeiterbewegung Aalen ruft zu einem Flashmob auf, zu einer nicht angekündigten Versammlung. Pfleger, die eben noch als Passanten umher schlenderten, legen sich zur verabredeten Uhrzeit wie auf ein geheimes Kommando gleichzeitig auf den Boden und schockieren so die Umstehenden.

„Um 11 Uhr am Marktbrunnen; Hintergrund ist klar: die Arbeitsbedingungen in der Pflege lassen zu wünschen übrig, darauf werden wir aufmerksam machen." So steht es im Aufruf.

Auch Guy Hofmann klickt auf „gefällt mir". Hofmann ist nicht nur ausgebildeter Krankenpfleger – sondern auch ein sehr politischer Mensch. Immer gut informiert über das, was in der Welt vor sich geht, und bestens vernetzt. Auf Facebook redet er mit Gleichgesinnten in Gruppen. Unter anderem ist Hofmann Mitglied bei den Facebook-Gruppen „Pflegekräfte Europas vereinigt Euch" und „Professionell Pflegende, Empört Euch". Gemeinsam diskutieren sie über die Missstände in der Branche.

Im Herbst 2013 ärgert sich Hofmann, dass bei den Koalitionsverhandlungen das Thema Pflege unterzugehen droht. Im Koalitionsvertrag ist später vor allem von „mehr Pflege daheim" die Rede – und nicht von den chronisch unterbesetzten Heimen, von mehr Fachkräften, von besserer Bezahlung.

Der Flashmob in Aalen ist ein Erfolg. Rund 100 Pflegekräfte kommen und legen sich einige Minuten lang auf den Marktplatz. Die Schwäbische Zeitung berichtet. Hofmann ist begeistert. Nach so einer Idee hat er seit langem gesucht. „Pflege am Boden" ist eingängig, das zündet. Im Netz, auf der Straße. Endlich gibt es ein Mittel, mit dem Pflegekräfte ihre immer größer werdende Wut ausdrücken können.

Zwei Nächte später schreibt ihm der Pflege-Experte Michael Thomsen per Mail: Das ist es. Auch er glaubt an die Aktion. Schnell begeistern die beiden weitere Pfleger für die Idee, einen größeren, bundesweiten Flashmob auf die Beine zu stellen. Nur zehn Tage später, am 19. Oktober 2013, legen sich Pfleger in 40 deutschen Städten stumm auf den Boden. So etwas hatte es noch nie gegeben.

Sie fordern: einen verbindlichen Personalschlüssel, Zeit für Weiterbildung, mehr Mitbestimmung, eine bessere Bezahlung. So steht es später im Manifest von „Pflege am Boden", verfasst von Michael Thomsen.

Die Bewegung wächst. Beim Flashmob im November sind 60 Städte dabei, im Dezember schon 75. Im Netz verabreden sich immer mehr Pfleger zum Protest. Hofmann und seine Mitstreiter gestalten ein Logo, informieren die Presse. Sie stehen auf gegen das System, wollen gehört werden von der Politik. Jeden zweiten Samstag im Monat legen sich jetzt Menschen auf deutsche Marktplätze. Und es werden immer mehr. Im März 2014 protestieren 4200 Pfleger.

„Pflege am Boden" sagt: Du bist nicht allein. Bei Jogerst löst dieser Satz alle Verklemmungen. Endlich ist er nicht mehr allein in seinem Kampf. Endlich kehrt er seine Verzweiflung nicht mehr gegen sich, sondern gegen die wahnwitzigen Umstände. Aus Depression wird Wut.

Jahrelang hört Jogerst von allen Seiten nur, wie sonderbar er sei. Dass seine Einrichtung zu teuer sei. Dass alle anderen Betreiber mit ihrem Personal auskämen, nur er nicht. Dass sich doch sonst auch niemand beschwere. Jogerst wird seinen eigenen Ansprüchen nicht gerecht – und bekommt dann auch noch gesagt, er sei selbst Schuld daran.

Nun findet Jogerst Gleichgesinnte, mit denen er sich austauschen kann. Allen voran Guy Hofmann, die treibende Kraft hinter „Pflege am Boden".

„Da war auf einmal jemand, der erfasst, dass in der Pflege grundsätzlich etwas schief läuft." Jogerst versteht, dass nicht er es ist, mit dem etwas nicht stimmt – sondern dass das System Pflege diese schlechten Gefühle produziert. „Das hat mir so gut getan. Wenn ich den Kontakt nicht gefunden hätte, hätte ich es gesundheitlich wahrscheinlich nicht geschafft."

Seine Selbstzweifel gehen auf in der Erkenntnis, dass das System Pflege menschenverachtend ist. Dass nicht die Menschenwürde im Zentrum steht, sondern die möglichst billige Versorgung der Alten und Kranken. Und der Machterhalt der Politiker und Behörden. Derjenigen, die das knappe Geld verteilen. Jedes Mal, wenn die Gefahr besteht, dass zu viele Probleme an die Öffentlichkeit durchbrechen, kommt eine neue Behörde, eine neue Regel, die den Deckel noch fester draufpresst auf den brodelnden Pflegetopf.

Bei Guy Hofmann erfährt Jogerst Bestätigung. Sie reden über das fehlende Personal und die schlimmen Erfahrungen mit den Prüfungen des MDK. Darüber, dass die Pflegenoten nichts über die Qualität der Pflege aussagen, sondern ein Instrument des Machterhaltes sind. Da sind sich Jogerst und Hofmann einig.

Seit Jahrzehnten bekommen die Pfleger eine neue Qualitätsvorschrift nach der anderen – aber am Personalschlüssel hat sich in den meisten stationären Heimen so gut wie nichts geändert. Das gleiche Personal für immer mehr Arbeit.

„Und als man gemerkt hat, man kriegt nicht noch mehr aus der Zitrone rausgepresst, hat man diese Noten eingeführt", sagt Jogerst. Eigentlich hätten sich Pfleger und Heimleiter gegen die Noten stellen müssen. Weil von Anfang an klar war, dass sie keine Lösung sind und nicht die Realität widerspiegeln würden. „Aber alle haben brav mitgemacht."

Nur wenige Menschen haben sich in den vergangenen Jahren gewehrt. Einer davon ist Armin Rieger. Der ehemalige Polizist leitet in Augsburg das Haus Marie, ein Heim für alte Menschen mit besonderen geistigen oder körperlichen Problem. Sie sind verwirrt, leiden an Depressionen oder Parkinson.

Wie Jogerst regt er sich von Jahr zu Jahr mehr über das fehlende Personal und die sinnlose Bürokratie auf. Rieger nennt die Pflegenoten eine „Legalisierung des Betrugs". Schließlich bereitet er sich aus Protest ganz bewusst nicht auf eine MDK-Prüfungen vor. Als die Prüfer ins Heim kommen, weigert er sich, einen Ordner mit Personalunterlagen herauszugeben. Das wirkt. Obwohl Riegers Heim genau die gleiche Pflege anbietet wie im Jahr zuvor, fällt seine Note von 1,3 auf 3,7.

Rieger betreibt von einem auf den anderen Tag eines der schlechtesten Heime Deutschlands.

Damit ist alles gesagt. Die Absurdität tritt offen zutage. Armin Rieger macht weiter – und reicht Verfassungsbeschwerde ein wegen „Verletzung der Schutzpflicht des Deutschen Staates gegenüber pflegebedürftigen Menschen durch Untätigkeit und Billigung von Missständen in der stationären Pflege".

In seiner Beschwerde beschreibt Rieger, wie fehlendes Personal zu Pflegeskandalen führt: „Während in der Industrie nur mit guten Produkten und guter Arbeit Gewinne erzielt werden, ist es in der Pflege genau umgekehrt. Gute Pflege kostet Geld, während mit schlechter Pflege Geld verdient werden kann." Je schlechter es den Bewohnern gehe, desto höher die Pflegestufe, desto mehr Geld können die Heime verlangen.

Wie Betreiber trotz der knappen Personalvorgaben Gewinne machen, erklärt Rieger konkret am Beispiel der Mahlzeiten. Für die Küche in einem Pflegeheim gibt es keinen festen Personalschlüssel. Deshalb sorgen in manchen Heimen die Pfleger für das Essen gleich mit und haben so weniger Zeit für die eigentliche Pflege. „Das dadurch eingesparte Hauswirtschaftspersonal sichert den großen Trägern mit tausenden Bewohnern, verteilt auf mehrere große Heime in ganz Deutschland, satte Gewinne."

Rieger kritisiert, dass im Nachtdienst teilweise eine einzige Pflegekraft für 60 oder mehr Bewohner zuständig ist. „Sollte es bei Nacht zu einem Notfall kommen, so ist diese eine Kraft gebunden, und eine Versorgung der weiteren Bewohner ist nicht mehr möglich. Das kann bei einem weiteren Notfall schlimmstenfalls zum Tode führen. Es kann auch nicht angehen, dass eine Pflegekraft für mehrere Stationen, verteilt auf verschiedene Stockwerke und Gänge, zuständig ist."

Auch an den Pflegenoten des MDK lässt Rieger kein gutes Haar. „Dieser Pflege-TÜV ist Betrug am Verbraucher. Kein Wunder, wenn man bedenkt, dass die Fragen von den Trägerorganisationen selbst erarbeitet wurden. Man stelle sich vor, dass Abiturienten die Abiturfragen selbst gestalten dürfen. Dann gäbe es auch nur noch Einser-Abiturienten."

Das Verfassungsgericht lehnt Riegers Beschwerde Ende 2015 ab, weil nur selbst betroffene Bewohner gegen die Bedingungen im Heim klagen könnten. Aber welcher Heimbewohner steht eine jahrelange Verfassungsbeschwerde durch?

Über „Pflege am Boden" erfährt Jogerst von Menschen wie Armin Rieger, von anderen wütenden Heimbetreibern und Pflegern. Er erkennt: Es gibt noch mehr Rebellen. Leute, die offen aufbegehren. Jetzt ist der Weg klar.

Seine erste Aktion ist ein Flashmob. Jogerst motiviert Pfleger, Bewohner und Angehörige, mit ihm gemeinsam auf die Straße zu gehen. 50 Leute bekommt er zusammen. Am 13. September 2014 legen sie sich vor das Rathaus in Renchen.
„Die haben uns hier alle für bekloppt gehalten. Der Badener an sich demonstriert ja nicht gern. Die haben 1848 einmal eine Revolution gehabt, das war's." Drei solcher Flashmobs organisiert Jogerst über den Sommer. Einmal fahren sie mit den Autos hupend über die Renchener Durchfahrtsstraße. Nicht genehmigt. Einfach, um für Aufmerksamkeit zu sorgen. Die Zeitung ist da. Und es fühlt sich gut an.

Im ländlichen Ortenaukreis sorgt das für Aufsehen. Jogerst ist Mitglied der AG Pflege Achern-Renchtal. Darin sitzen Wohlfahrtsverbände und private Heimbetreiber zusammen. Nicht alle freuen sich über den auf einmal so politischen Marcus Jogerst. Über „Pflege am Boden". Ob man das nicht lieber „Pflege steht auf" nennen könne, fragen einige. Es sei doch nicht alles schlecht. „Natürlich ist nicht alles schlecht. Aber alles läuft auf Kosten unserer Gesundheit", sagt Jogerst. Deshalb: am Boden. Weil die Mitarbeiter, die Pflegedienstleitungen, die Heimleiter kaputt sind. Fertig.

Pfleger arbeiten seit Jahrhunderten unter teils unmenschlichen Bedingungen. Gewehrt haben sie sich so gut wie nie. Jetzt steht erstmals eine breite Masse auf, eine Bewegung von unten, die sich so leicht nicht kleinkriegen lässt. Auf Twitter schimpfen die Pflegekräfte unter den Hashtags #Pflegestreik und #Pflexit über die Probleme, Dutzende Facebook-Gruppen diskutieren über die Missstände. Die Pfleger schließen sich zusammen, verabreden sich. Der Druck auf Politik und Behörden steigt.

Jogerst reicht das nicht. Er wünscht sich, dass die Pfleger nicht nur in ihrer Freizeit ins Internet schreiben oder auf die Straße gehen. Sie sollen endlich einmal streiken. Um klar zu machen, dass die Gesellschaft komplett abhängig ist von der Pflege. Wenn Piloten, Zugführer oder Kindergärtner streiken, berichtet die „Tagesschau". Würden Pfleger streiken, stünde das gesamte Land still.

Aber: Pflegekräfte neigen nicht zum öffentlichen Streit. Nur wenige sind in einer Gewerkschaft oder einem Berufsverband organisiert. Bevor ein Pfleger streikt, hackt er sich beide Hände ab, sagt Jogerst. „Um Gottes Willen, ich kann doch die Leute nicht alleine lassen." Jogerst würde gerne alle Angehörigen bundesweit anschreiben: So, meine Lieben, wir streiken jetzt. Heute Nachmittag ab 14 Uhr sind die Leute nicht versorgt. Kommt her und kümmert Euch selbst. Die Wirtschaft würde zusammenbrechen."

Würde das funktionieren? Bekämen ältere Menschen dieselbe Aufmerksamkeit wie Kinder sie bekommen, wenn Kitas wochenlang schließen? Oder würden wir unsere Alten im Heim liegen lassen? Weil einige von ihnen keine Familie oder Freunde haben, die Angehörigen zu weit weg wohnen oder sich nicht interessieren? Die Pfleger stecken in einer Zwickmühle. Sie haben es schwerer als Piloten, Zugführer oder Kindergärtner. Aber eigentlich wäre das der Hebel. Ein echter Pflegestreik, deutschlandweit.

Die Pflege ist nicht selbstbewusst genug, findet Jogerst. Sie müsste nicht nur ihre Bedeutung viel deutlicher machen, sondern auch die Not, in die sie in den vergangenen Jahren geraten ist.

Jeder, der einmal im Leben Pflege gebraucht hat, weiß deren Wert zu schätzen. Wie wichtig Menschen sind, die zuhören können, die verstehen und akzeptieren, die sich auch dann noch professionell um uns kümmern, wenn wir wehrlos und bedürftig daliegen. Wenn wir krank sind, verzweifelt sind, bald sterben.

Jogerst erzählt gern eine Geschichte, die für ihn den Niedergang der Pflege symbolisiert: Vor wenigen Jahren hatte seine Tante einen Schlaganfall. Jogerst besucht sie im Krankenhaus, ein Zweibettzimmer. Nebendran liegt eine Frau. Ein schüchternes Mädchen im weißen Kittel kommt herein und versucht, die Frau vom Bett in einen Rollstuhl zu hieven. Jogerst sieht schnell, dass das Mädchen keine Ahnung hat, was es da eigentlich macht. Er geht rüber, schließt die Bremsen des Rollstuhls und hilft dem Mädchen dabei, die Frau rüberzusetzen. Als die Pflegerin losschiebt, sieht Jogerst durch das offene Nachthemd bis auf den Intimbereich. Er holt eine Decke, legt sie der Frau über die Knie.

Das Mädchen schaut ihn an. Danke.

Seit wann bist Du hier?

Ich habe erst angefangen. Ich bin im Praktikum. Mein zweiter Tag.

Jogerst ist entsetzt. Seine Ausbilderin, sagt er, hätte ihn vor 20 Jahren niemals am zweiten Tag alleine zu einer Patientin geschickt. „Da war für mich klar, wie überfordert die Leute mittlerweile sind." Eine blutige Anfängerin mobilisiert jemanden aus dem Bett heraus, der alt ist, der Angst hat, der nicht mehr richtig stehen kann – und das Mädchen weiß nicht einmal, wo es hinfassen soll. „Ich mag mir gar nicht ausmalen, was passiert wäre, wenn ich nicht im Zimmer gewesen wäre", sagt Jogerst.

Mitten in die Proteste platzt die nächste Pflegereform der Bundesregierung. Drei Pflegestär-kungsgesetze will die Bundesregierung verabschieden. Sie hat einen Pflege-Bevollmächtigten eingesetzt, er heißt Karl-Josef Laumann und soll dafür sorgen, dass Patienten und Pflegebedürf-tige bei der Reform gehört werden.

Laumann ist beliebt. Pfleger und Experten respektieren ihn nicht nur für seine Fachkenntnis, sondern auch für seine direkte Art. Laumann ist kein typischer Politiker. Er wächst auf einem Bauernhof in Birgte auf, einer Ortschaft bei Hörstel, im Norden von Münster. Er macht eine Maschinenschlosser-Lehre, wird früh Mitglied der IG-Metall, später Betriebsrat. Ein großer, kräftiger Mann mit einem Händedruck, der an die Felder des Münsterlandes erinnert. Er hat nur einen Hauptschulabschluss, schafft es aber trotzdem zum Gesundheitsminister in NRW und wird später verbeamteter Staatssekretär im Gesundheitsministerium. Eine erstaunliche Karriere.

„Pflege am Boden" fragt Laumann für ein Gespräch in Berlin an. Laumann sagt zu. Das Gespräch ist am 17. März 2015. Neben Marcus Jogerst und Guy Hofmann sind ein Kollege aus Bayern da, ein Angehöriger, ein Auszubildender, eine Pflege-Dozentin und eine Intensivpflegerin.

Gut zwei Stunden vor dem Termin treffen sich die sieben Rebellen im Haus am Mierendorffplatz, einem Treff für pflegende Angehörige in Charlottenburg. Vor der Reise nach Berlin hatte Jogerst Angst, dass sich die Gruppe nicht gut präsentiert. „Ich bin ja nicht so ein Hippie, ich leite ein Unternehmen...", Jogerst denkt nach. „Vielleicht doch, vielleicht bin ich ein Demonstrant, ein Revoluzzer." Doch beim Gespräch mit den anderen wird Jogerst immer optimistischer.

Die Gruppe tauscht sich aus. Was ist den Azubis wichtig, was den Krankenpflegern, was braucht die Altenpflege stationär und was ambulant? Gemeinsam machen sich die Pfleger Mut. Gestärkt geht es mit der Bahn Richtung Mitte, ins Zentrum der Macht.

Mit einem orangefarbenen „Pflege am Boden"-Schirm sind die sieben Pfleger angereist, dazu tragen sie Anstecker. Eine bunte Gruppe, keiner ist mit Anzug da. Wir sehen aus wie Pfadfinder, scherzen sie. Schließlich werden sie in einen kleinen Besprechungsraum im Haus des Pflegebe-auftragten gebeten, im zweiten Stock. Politiker und Gäste sitzen dicht gedrängt um einen Tisch. Laumann beginnt das Gespräch, das für eine Stunde angesetzt ist, aber rund zwei Stunden dau-ern wird.

Laumann verspricht, die Sorgen der Gäste Ernst zu nehmen. Er betont, was die Regierung alles schon gemacht habe. Die Pfleger wiederum sprechen jeweils die sie betreffenden Probleme an. Ein Angehöriger weist auf die fehlende Unterstützung von Familienmitgliedern hin. Marcus Jogerst fordert einen besseren Stellenschlüssel, mehr Personal. Die Pflege-Dozentin spricht über die schlecht ausgebildeten Hilfs- und Betreuungskräfte. Wie sollen Menschen ohne Ausbildung vernünftig pflegen? Sie sieht es doch fast täglich in ihren Seminaren. Sie sind so unmotiviert, so unvorbereitet.

Überhaupt, diese ganze Verschiebung der Pflegebedürftigen ins eigene Zuhause. Zu den Angehörigen. Hatte denn Florence Nightingale damals im Krimkrieg Mitte des 19. Jahrhunderts nicht für eine professionelle Pflege gekämpft? Haben wir wieder das Jahr 1856?

Für Jogerst und seine Mitstreiter geht es im Gespräch mit Laumann um die ganz großen Fragen. Lange geht das so. Schließlich wird Marcus Jogerst ungeduldig. Er will nicht ohne eine konkrete Zusage wieder in den Zug nach Renchen steigen.

„Das heißt, wir können davon ausgehen, dass die Stellenschlüssel mit Einführung des nächsten Pflegestärkungsgesetzes erhöht werden?" Mit dem Zeigefinger drückt Jogerst auf den Tisch, aufgeregt, um zu unterstreichen, wie wichtig ihm die Frage ist. Laumann sagt, so erinnert sich Jogerst, dass er stark davon ausgehe, dass es mehr Personal geben werde.

In Jogersts Ohren klingt das wie ein Versprechen.

Zum Abschluss machen die sieben Pfleger noch ein Gruppenfoto mit Laumann. Und übergeben ihm ein Exemplar von „Thiemes Pflege – Das Lehrbuch für Pflegende in Ausbildung". Vorne haben alle sieben eine Widmung reingeschrieben. Jogerst schreibt: „Wir haben keinen Erkenntnismangel!"

Als das Gespräch vorbei ist, kommt die CSU-Bundestagsabgeordnete Emmy Zeulner auf Jogerst zu. Zeulner, erst 28 Jahre alt, hat selbst eine Ausbildung zur Krankenschwester gemacht und saß beim Laumann-Gespräch mit im Raum. „Die hat mir dann versichert, der Laumann sei ein Guter, der sei an unserer Sache interessiert."

Pustekuchen. Nichts ist.

Seit Jahren knirscht es in der Pflege. Die Einnahmen sinken, weil immer weniger Menschen sozialversicherungspflichtig beschäftigt sind und in die Pflegekasse einzahlen. Gleichzeitig steigen die Ausgaben. Wir werden immer älter. In den kommenden 40 Jahren wird sich die Zahl der Pflegebedürftigen in Deutschland auf 4,5 Millionen verdoppeln. Schon 2010 war für das Gesundheitsministerium deshalb ein „Jahr der Pflege". Heraus kam zwei Jahre später nur ein Reförmchen. Stückwerk.

2015 der nächste Versuch. Die aktuellen Reformen, die Pflegestärkungsgesetze I und II, werden von vielen Seiten gelobt. Die wohl wichtigste Neuheit: Früher gab es nur Unterstützung für Menschen, die über körperliche Gebrechen klagten. Jetzt bekommen endlich auch Demenzkranke ein Recht auf Pflege. Das war überfällig. Und die Bürokratie soll weniger werden – auch wenn viele Pfleger skeptisch sind, ob sich Aufsichtsbehörden wie der Medizinische Dienst der Krankenkassen ihre Aufgaben tatsächlich kampflos abnehmen lassen.

Dazu gibt es mehr Geld für Menschen, die nicht ins Heim müssen. Sie können jetzt zum Beispiel tagsüber eine Tagespflege-Einrichtung nutzen und trotzdem morgens und abends vom ambulanten Dienst versorgt werden.

Kaum neues Geld gibt es dagegen für Betreiber von Altenheimen wie Marcus Jogerst. Nur ein paar neue Betreuungskräfte, die mit den Menschen spielen oder einkaufen gehen. Fachkräfte? Fehlanzeige.

Die Bundesregierung setzt seit Jahren immer stärker auf die Pflege daheim. Die Heime scheinen nicht mehr als ein notwendiges Übel zu sein. Kann das funktionieren? Oder stiehlt sich die Politik aus der Verantwortung?

Die Arbeit für Pfleger in Altenheimen wird härter. Jetzt, wo auch Demenzkranke Leistungen von der Pflegeversicherung bekommen, werden wohl noch mehr schwere Fälle in die Heime einziehen. Dazu gleicht die Bundesregierung die private Zuzahlung an. Früher mussten Bewohner umso mehr selbst zahlen, je mehr Pflege sie benötigten, je höher sie bei der Begutachtung eingestuft wurden. Das führte zu Konflikten: Das Heim wollte die Bewohner in eine höhere Pflegestufe bringen, um mehr Geld zu kassieren. Die Bewohner wollten in einer niedrigen Stufe bleiben, um weniger zahlen zu müssen. Jetzt, wo in allen Stufen gleich viel gezahlt wird, ist es vor allem für schwer bedürftige Menschen attraktiv, ins Heim zu gehen. Leichte Fälle bleiben dagegen zu Hause. Auch das wird die Pfleger in Altenheimen weiter belasten.

Es ist unwahrscheinlich, dass Altenheime in Zukunft genug Personal für diese zusätzlichen Aufgaben bekommen. Das Personal bestimmen die Pflegekassen und Sozialämter. Die sind traditionell knauserig.

Auch deshalb hat die Bundesregierung beschlossen, dass endlich gemessen werden soll, wie viel Personal wir wirklich in der Pflege brauchen. Bis 2020 soll es ein wissenschaftliches System dafür geben. Ein System, so ähnlich wie Plaisir. Wie das System, das die deutsche Politik schon vor 15 Jahren von der kanadischen Firma Eros hätte bekommen können.

Jogerst findet: Laumann hat nicht Wort gehalten. Er habe geantwortet, wie Politiker nunmal antworten. Wenn Laumann „stark davon ausgehe", dass es mehr Personal für die Pflege gebe, heiße das offenbar noch lange nichts. Jogerst ist sich sicher, dass die neuen Gesetze den professionellen Pflegern nicht helfen werden. Statt mehr Personal hat die Bundesregierung in Jogersts Augen den Pflegern und der Öffentlichkeit nur eine Beruhigungspille verabreicht.

„Was für eine Berechtigung gibt es, das erst 2020 anzuschauen, wenn ich jetzt schon weiß, dass es katastrophal ist?", fragt Jogerst. „Da gibt es überhaupt keine Ausrede für. Das ist ein Skandal."

Die Politik hat mit ihrem Gesetz vier weitere Jahre gewonnen. Jogerst und seine Mitarbeiter leiden vier weitere Jahre unter zu viel Stress, zu wenig Personal, zu wenig Geld. Für sie hat sich nichts geändert.

Jeder pflegt allein – Wie es in deutschen Heimen wirklich zugeht.

Markus Jogerst

Von Renchen aus zieht Jogerst in die Welt. Erst Pflege am Boden, dann die Politik. Er ist glücklicher seitdem, sagen Mitarbeiter und Bekannte.

Das neue Gesetz beschafft vor allem Geld für Angehörige und für schlecht ausgebildete, günstige Betreuungskräfte. Kein Geld für professionelle Fachkräfte, obwohl die gebraucht werden – und deren Berufsstand am Boden liegt. Wenn es hoch kommt, gibt es eine Stelle mehr pro Krankenhaus oder Altenheim. „Es ist keine Erhöhung des Stellenschlüssels drin. Es ist nichts, null."

Jogerst fordert eine echte Reform, eine richtige Welle. Die Anzahl der Pfleger pro Bewohner, die Zuzahlung der Krankenkassen – all das hat sich für die Pflegeheime seit der Einführung der Pflegeversicherung im Jahr 1995 kaum verändert. „Und dabei haben wir 20 Jahre Inflation hinter uns. Gestiegene Lohnkosten. Einen Arbeitsmarkt, der leergefegt ist." Die Leistungen der Pflegekassen aber bleiben gleich. Also steigt die Zuzahlung der Bewohner – und sinkt die Qualität der Heime, weil viele Angehörige vor allem auf den Preis schauen. „Wir werden in eine total verschrägte Konkurrenzsituation reingedrängt", sagt Jogerst.

Er ist sich sicher, dass die zusätzlichen Millionen in seinem Heim niemals ankommen werden. Die Bundesregierung stärkt nicht die Fachkräfte, nicht die Qualität im Altenheim, sondern die Laienpflege.

Wo sich die Probleme verschärfen, muss sich auch der Protest verschärfen. Jogerst will lauter werden. Er überzeugt die anderen Heimbetreiber im Ortenau-Kreis, endlich einmal eine große, gemeinsame Aktion zum Leid der Pflege zu machen.

Monatelang gehen E-Mails hin und her, schließlich ist es soweit. Jogerst und einige Hundert Kollegen ziehen mit Plakaten und Trillerpfeifen durch die Acherner Innenstadt. „Weg mit dem MDK", „Wir pflegen Papiere" und „Come in and Burn out" steht auf die Spruchbänder gesprüht. Aus fast allen Einrichtungen im Kreis kommen die Demonstranten, die Organisatoren müssen kurzfristig noch zusätzliche Ordner besorgen, weil der Andrang so groß ist. Selbst Renchens Bürgermeister Bernd Siefermann ist mit auf der Straße. „Das war ein richtiger Bumms. Die haben Krach gemacht, die haben den Verkehr aufgehalten."

Jogerst lädt Landessozialministerin Katrin Altpeter zur Diskussion ein. Sie kommt nicht, ein anderer Termin ist ihr wichtiger. Auch der Vorsitzende der Pflege-Kommission in Baden-Württemberg sagt ab. Immerhin kommt dessen Stellvertreter Manfred Lucha. Jogerst fordert ihn auf der Bühne heraus: Wie das denn gehen solle, immer neue Vorschriften erlassen, aber kein Geld dafür zur Verfügung stellen? Lucha weicht aus. Man müsse die Probleme jetzt erstmal aufarbeiten. Aus dem Publikum kommen Pfiffe. Jemand ruft: „Wie lange wollen Sie noch aufarbeiten? Wir sind abgearbeitet" Applaus. „Und dann ist er so sauer geworden, dass er gesagt hat – ich verkürze das jetzt: ‚Wenn es Euch nicht passt, dann müsst Ihr das nächste Mal jemand anderes wählen.' Das ist eine Bankrotterklärung für einen Politiker", sagt Jogerst.

Manfred Lucha hat die Kundgebung als „herzhaft" in Erinnerung. Gegen die teilweise sehr lautstarken Unmutsäußerungen habe er deshalb als Redner mithalten wollen. Am Ende der Veranstaltung habe er aber auch gute Gespräche geführt.

Nach der Diskussion hat Jogerst noch eine Überraschung für Sozialministerin Altpeter. 30 Heime aus der Region haben im Vorfeld ihre Überstunden zusammengetragen. Ende 2014 sind das 60.000 Stück. Und das ist nicht einmal der gesamte Ortenaukreis. Jogerst verrechnet das mit einem durchschnittlichen Stundenlohn und schickt Altpeter einen Scheck über knapp zwei Millionen Euro.

„Wenn man das jetzt mal hochrechnet, dann wird einem die Situation der Pflege ganz deutlich", sagt Jogerst. In Deutschland gibt es etwa 13.000 Altenheime. Ende 2014 wären das mehr als 25 Millionen Überstunden.

Jogerst ist noch heute stolz auf diesen Tag. Die Pflegeheime der Region ziehen an einem Strang, gemeinsam setzen sich die Konkurrenten für bessere Bedingungen ein. Im Vorfeld hatte Jogerst Angst, dass es so wie immer wird, dass alle klagen, aber am Ende doch keiner kommt. „Aber offensichtlich war der Druck im Kessel diesmal so groß, dass sie doch gekommen sind."

Aus Jogersts verzweifeltem Anruf bei Guy Hofmann ist eine Bewegung entstanden. Der ruhige Südwesten wird auf einmal rebellisch. Die Branche wehrt sich.

Jogerst kämpft weiter gegen den Abbau von Stellen in Pflegeheimen. Und gegen den Trend, wieder auf Laienpflege daheim zu setzen. Vor allem regt er sich über Menschen auf, die für möglichst kleines Geld Pfleger bei sich wohnen lassen, im Zweifel aus Osteuropa, rund um die Uhr, unterbezahlt und unversichert. „Pflegesklavinnen" nennt Jogerst diese Menschen, die teilweise weniger als 800 Euro im Monat bekommen – für einen Job, für den es eigentlich drei Pflegekräfte bräuchte.

Wie viele Frauen derzeit bei uns in solchen Verhältnissen leben, weiß niemand genau. Experten schätzen, dass es zwischen 100.000 und 300.000 sind. Eine Studie für das polnische Arbeitsministerium geht davon aus, dass 94% dieser Frauen illegal in Deutschland arbeiten. Wie kommt es dazu, dass Zehntausende Frauen illegal in deutschen Haushalten pflegen?

Für viele pflegebedürftige Menschen symbolisiert das eigene Haus eine Selbstständigkeit, die mit dem Umzug ins Heim endet. Häufig ist das Heim noch immer eine Schreckensvision. Die Politik fördert das mit einer Pflegepolitik, die unter dem Motto „Daheim statt Heim" möglichst viele Menschen im eigenen zu Hause halten will. Doch in der ambulanten Pflege gibt es oft nur eine unzureichende Betreuung, abgerechnet in Minuten. Meist übernehmen Frauen oder Töchter den Rest der Pflege. Die Belastungen sind deshalb oft riesig.

Das Pflegegeld, das diese Angehörigen bekommen, liegt bis heute unter dem Existenzminimum. Und eine legale Alternative, eine ambulante Pflege, die daheim eine Vollversorgung wie im Heim garantieren würde, wäre für die meisten unbezahlbar. Oft scheinen 24-Stunden-Pfleger aus Osteuropa die einzige Alternative zu sein.

Nach der Wende kommen Anfang der 90er Jahre vor allem polnische Frauen jenseits der 50 nach Deutschland. Viele lassen Mann und Kinder zurück, um in Deutschland ihre finanziellen Probleme zu bekämpfen. Oft kommen die Polinnen in dieser Zeit mit einem Touristenvisum, haben keine Arbeitserlaubnis, arbeiten schwarz. Damit sind sie völlig abhängig von der Familie, für die sie arbeiten.

Zuletzt haben verschiedene Wissenschaftler und Journalisten über den Missbrauch solcher osteuropäischen Pflegekräfte berichtet. Rassistische Beleidigungen, sexuelle Übergriffe, Schläge, ein Leben im Keller ohne Fenster oder zu wenig zu essen. Und selbst wenn die Frauen anständig behandelt werden, ist der köperliche und mentale Druck enorm. Es gibt keine Freizeit, die Pflegerinnen sind immer auf Abruf. Gleichzeitig sind sie für ihre Arbeit oft nicht ausgebildet, haben entweder gar keine Erfahrungen in der Pflege oder nur sehr kurze Fortbildungen.

Heute können Polinnen, Rumäninnen oder Bulgarinnen theoretisch auch legal in Deutschland pflegen. Trotzdem schätzen Experten, dass immer noch etwa die Hälfte der 24-Stunden-Pflegerinnen schwarz arbeiten. Offenbar fühlen sich viele von den immer stärker verbreiteten Vermittlungsagenturen ausgenutzt. Andere wollen nicht offiziell arbeiten, weil sie dann in Polen ihre Rente verlieren würden. Aber selbst die Pflegerinnen, die offiziell über Vermittlungsagenturen engagiert werden, arbeiten in einem rechtlichen Graubereich. Es ist so gut wie unmöglich, eine osteuropäische 24-Stunden-Pflegerin legal in Deutschland zu beschäftigen.

Die Frauen kommen meist im Wechsel mit einer Kollegin für jeweils drei Monate nach Deutschland. Agenturen bezeichnen die Einsätze der Frauen als Dienstreisen oder entsenden diese von polnischen Unternehmen aus nach Deutschland. Die angeblichen Dienstreisen sind jedoch Steuerbetrug im Herkunftsland. Und die Entsendung würde nur funktionieren, wenn dabei deutsche Arbeitszeitgesetze und deutscher Mindestlohn eingehalten würden. Das ist bei der 24-Stunden-Pflege nicht möglich. Sehr beliebt ist deshalb auch die angebliche Selbstständigkeit solcher Helfer. Das Problem: Wer über Wochen oder Monate in einem Haushalt arbeitet, keine eigenen Arbeitsmittel einsetzt und sich die Arbeitszeit nicht selbst einteilen kann, der ist nicht selbstständig.

Oft versprechen Vermittler den deutschen Familien, dass sie nichts zu befürchten haben, solange die Pflegerin in ihrem Herkunftsland eine A1-Bescheinigung besorgt. Damit wird ihr bescheinigt, dass sie ihre Sozialabgaben entrichtet. Obwohl Pflegerin und Familie trotzdem zahlreiche andere Gesetze brechen, dürfen deutsche Behörden nicht ermitteln, wenn eine A1-Bescheinigung vorliegt.

Selbst wenn eine Familie zum offiziellen Arbeitgeber wird, die Pflegekraft offiziell anstellt, sich durch den Papierkram kämpft und Sozialabgaben zahlt, ist das nur in den seltensten Fällen legal. Die maximale Arbeitszeit wären 48 Stunden in der Woche, die Polin müsste jede Woche mindestens ein Mal 24 Stunden am Stück frei haben. Und sie dürfte nicht im Haushalt leben. Denn wenn sie am Arbeitsplatz ist, gilt das nach EU-Recht als Arbeitszeit.

Vermittler machen also so gut wie immer falsche Versprechen, wenn sie von legalen 24-Stunden-Pflegerinnen sprechen. Kontrolliert wird die Branche trotzdem so gut wie gar nicht. „Ich will nicht bestreiten, dass Politik und Staat wissen, dass es das gibt und das nicht so stark kontrolliert wird, wie man vielleicht könnte", sagt der Pflegebeauftragte der Bundesregierung, Karl-Josef Laumann. Die Situation der osteuropäischen Pflegekräfte sei nunmal eine Realität und man wolle nicht gleich jeder Familie unterstellen, dass sie ihre Polin in Schwarzarbeit beschäftigt.

Vermittlungsagenturen würden dagegen eng kontrolliert, so Laumann. Er geht davon aus, dass die Agenturen ihren Kunden legale Pflegekräfte vermitteln. „Ich bin froh, dass es diese Agenturen gibt. Dass der normale Bürger weiß, wenn ich das so mache, habe ich rechtlich alles richtig gemacht." Das Problem: Das ist falsch.

„Die Politik verspricht den Angehörigen, sie könnten so lange zu Hause bleiben, wie sie wollen. Aber das geht nur zum Preis von Sklavenarbeit", sagt Jogerst. „Von Arbeit, die nicht nach deutschem Recht und Gesetz stattfindet. Die keine Pausenvorschriften kennt, keinen Mindestlohn. Und der Staat schaut da einfach zu."
Marcus Jogerst wendet sich wegen der Pflegesklavinnen mit einem wütenden Brief an Landessozialministerin Altpeter in Stuttgart.

> „Sehr geehrte Frau Ministerin Altpeter,
>
> seit mittlerweile 25 Jahren arbeite ich im Pflegeberuf, seit 10 Jahren in leitender Position. Die Entwicklungen der letzten Jahre machen mir klar, dass ich das nicht bis zum Eintritt ins Rentenalter tun möchte. Die Politik hat uns vergessen und verraten. Seit Jahren beobachten ich und meine Mitarbeiter am Markt die seltsamen Auswüchse so genannter Vermittlungsagenturen, die billige 24-Stunden-Pflegekräfte in die Haushalte deutscher Senioren vermitteln. Kurzfristige Anfragen nach Kurzzeitpflege- oder Tagespflegeplätzen enden damit, dass wir erfahren, dass die Polin abgehauen ist. Wenn wir dann dankend ablehnen, werden wir noch beschimpft. Schon mehr als einmal wurden wir aus Pflegearrangements heraus gekündigt, weil die Polin deutlich günstiger war. Pflege und Betreuung darf kein Bereich sein, in dem der Staat die Verantwortung dubiosen Vermitteln überlässt und in dem alle sonst gültigen Standards des Arbeitsbereichs nicht gelten. Das Argument, im Haushalt kann man nicht prüfen, verfängt nicht, man kann wunderbar bei den Vermittlungsagenturen ansetzen, die uns eine Kopfprämie pro vermitteltem Fall in Höhe von 500 Euro anbieten. Für diese Betreuungskräfte müssen deutsche Arbeitsrechtsstandards gelten, inklusive Pausen-, Ruhe-

zeit-, und Mindestlohnregelungen. Sie müssen sozialversichert sein und es muss eine Kontrolle geben. Dass die AOK und andere Kassen ein Interesse daran haben, dieses prekäre Modell auszuweiten, ist klar. Der kaputte Rücken der Polin wird meist nicht mehr in Deutschland behandelt. So allerdings wird Deutschland seine Pflegekräfte verlieren, denn welchen Wert hat ein Beruf, für den in Deutschland nicht mehr als 1200 Euro/Monat für 24 Stunden tägliche Arbeit aufgewendet werden sollen? Keinen mehr. Ich denke das dürfen und können Sie nicht zulassen."

Sechs Wochen wartet Jogerst auf eine Antwort. Als schließlich doch noch ein Brief der Ministerin kommt, ist er empört. Altpeter bricht eine Lanze für osteuropäische 24-Stunden-Pflegerinnen. Es gebe genug legale Möglichkeiten, solche Pflegerinnen zu beschäftigen, schreibt Altpeter. Über private und gemeinnützige Anbieter, die Arbeitsagentur oder die Zentrale Auslands- und Fachvermittlung. Alles zu fairen Bedingungen. „Von daher sehe ich für den Bereich der Sozialversicherung keinen Handlungsbedarf", schreibt Altpeter. „Für Ihre Arbeit in der Pflege wünsche ich Ihnen alles Gute."

Jogerst versteht die Welt nicht mehr. Für ihn ist das pure Ignoranz. Immer wieder sagen ihm Angehörige, wie teuer sein Heim doch sei – und wie billig eine Polin. Oder er bekommt Anrufe wie vor Kurzem an einem Freitagnachmittag, bei denen er denkt, er hört nicht richtig. Eine Frau ist in der Leitung, sie atmet schwer. Jogerst erkennt schon am Telefon, dass sie eine Lungenerkrankung hat.

Was gibt es denn?

Ich brauche jetzt einen Kurzzeit-Pflegeplatz.

Ich habe nichts frei.

Muss ich dann im Bett liegen und verhungern?

Wo sind wir denn jetzt? Erklären Sie mir mal, wie sind Sie denn in diese Situation gekommen?

Meine Betreuerin ist weg.

Wie? Ihre Betreuerin ist weg?

Die hat ein besseres Angebot aus Baden-Baden. Die ist heute Mittag gefahren.

Das ist Pflege in Deutschland im Jahr 2016, sagt Jogerst. „Die ersten Jahre, als solche Situationen auf mich zugekommen sind, da habe ich noch versucht zu helfen. Irgendwann habe ich dann gedacht, das ist mir jetzt zu blöd." Der Seniorin am Telefon sagt er, sie soll beim örtlichen Pflegestützpunkt anrufen, eine staatliche Pflegeberatung. „Die kriegt da zwar am Freitagnachmittag niemanden, aber das interessiert mich jetzt auch nicht mehr. Wir können nicht die Welt retten. Soll sie doch einen ambulanten Pflegedienst informieren."

Schon kurz nach der Eröffnung seines Heimes im Jahr 2006 rufen ihn die ersten Angehörigen an. Der pflegebedürftige Vater hat in die Hose gemacht, Mutter und Tochter wohnen 100 Kilometer weit weg – und die polnische Pflegerin liegt betrunken auf dem Sofa, erinnert sich Jogerst. „Da ist keine Qualitätssicherung hintendran. Da wird nichts geprüft."

Als im Sommer 2015 das zweite Pflegestärkungsgesetz verabschiedet wird, macht Jogerst seinem Ärger noch einmal Luft. Er kann nicht fassen, dass die Politik die Pflegeheime noch weiter unter Druck setzt. Erneut schreibt er an Baden-Württembergs Ministerin Altpeter. Das Schreiben ist fast doppelt so lang wie sein erster Brief. Diesmal lässt er Renchens Bürgermeister Bernd Siefermann mit unterschreiben.

Jogerst beschreibt die eigenen Erfolge. Den Aufbau seines Pflegeheims in 2006, den ambulanten Dienst in 2007, die Tagespflege in 2008, die drei Hausgemeinschaften für Menschen mit Demenz in 2011. Jogerst ist stolz auf das, was er geleistet hat. Über Jahre hat er sich den Buckel krumm gemacht für die Pflege. Jetzt will er von der Politik Anerkennung. Und Unterstützung.

„Eine Politik, die diese Leistungen sieht und würdigt, kann ich abgesehen von der Unterstützung der Stadt hier vor Ort nicht erkennen. Ich kann aber sehr wohl erkennen, dass wir seit 10 Jahren immer mehr in eine Mangelwirtschaft getrieben werden. Ich mache mir große Sorgen, ob und wie wir die Qualität unserer stationären und ambulanten Angebote aufrechterhalten können. Die zur Verfügung stehenden ambulanten Mittel aus der Pflegeversicherung werden häufig gar nicht abgerufen, weil sie nicht benötigt werden. In diesem Wissen werden nun also noch mehr Gelder in diesen Bereich gegeben. Frei nach dem Motto: Viel hilft viel! Mangel erleben wir vor allen in den stationären Einrichtungen."

Jogerst ärgert sich auch darüber, dass die Landesregierung den Heimen im Sommer 2015 erstmals vorgeschrieben hat, wie viel Personal sie zur Pflege bereithalten müssen. Pro 30 Bewohner muss nun eine Pflegefachkraft anwesend sein, nachts ist es eine Fachkraft pro 40 Bewohner. Baden-Württemberg ist nach Bayern erst das zweite Land, das eine solche Regel einführt. Grundsätzlich ist das richtig, vermutlich sogar noch viel zu schwach – aber was hilft es, wenn die Regierung den Heimen vorschreibt, dass mehr Personal vor Ort sein muss, es aber gleichzeitig nicht mehr Geld für dieses Personal geben wird?

Das Budget der Heime wird nicht von der Landesregierung bestimmt, sondern von der Selbstverwaltung, also von den Dreier-Verhandlungen zwischen Pflegekassen, dem Städtetag sowie den Heimbetreibern. Genau diese Verhandlungen um mehr Personal sind in Baden-Württemberg zuletzt gescheitert. Altpeter fordert also mehr Personal, das wird wiederum aber nicht bezahlt.

„Das hört sich ein bisschen so an, als würde man uns ein Auto mit Wasserstoffantrieb auf den Hof stellen und vergessen dafür zu sorgen, dass auch Kraftstoff zur Verfügung steht. Wir bekommen nicht mehr Personal, sollen aber neue Vorgaben erfüllen. Vor 2020 wird es keine Neuregelung der Personalschlüssel für die stationäre Pflege geben. Das sind für uns weitere vier Jahre, in denen wir einem extremen Druck standhalten müssen und in denen sich nichts verbessern wird. Im Gegenteil, wir müssen vermutlich in den nächsten Jahren noch schwerere Fälle in höherer Zahl versorgen. Sieht so Sozialpolitik für die nächste Generation bei einem bereits eklatant vorhandenen Pflegenotstand aus? Wir brauchen Lösungen. Nicht irgendwann, sondern jetzt!"

Jogerst erinnert Altpeter in seinem Brief auch an ihre eigene Zeit als Altenpflegerin in den 1980er und 1990er Jahren. Mittlerweile gebe es 30 Prozent weniger Personal als zu Altpeters Zeit, vor Einführung der Pflegeversicherung 1995. Dabei seien die Anforderungen extrem gestiegen. Mehr Vorschriften, mehr Bürokratie. Vieles davon sinnvoll, aber ohne mehr Personal einfach nicht zu stemmen.

Altpeter solle in die Selbstverwaltung eingreifen und höhere Personalschlüssel für die stationäre Pflege erzwingen. Jogerst will, dass es eine Garantie dafür gibt, dass neue Anforderungen automatisch mit neuem Personal ausgeglichen werden. Und er will, dass die Bürokratie durch den Medizinischen Dienst der Krankenkassen nicht noch weiter ausgebaut wird.

Gut zwei Monate später antwortet ein Mitarbeiter aus der Fachabteilung des Ministeriums auf Jogersts Brief. Der erkennt die wichtige Funktion von Altenheimen an. Bereits jetzt würden 30 Prozent der pflegebedürftigen Menschen in Baden-Württemberg in stationären Altenheimen versorgt. „Durch die von Ihnen geschilderten Umstände und Entwicklungen, Wegfall des familiären Umfeldes, persönliche Differenzen, Entfernungsproblematik bei der Versorgung durch Verwandte, wird die Bedeutung der stationären Einrichtungen der Altenpflege in Baden-Württemberg eher noch zunehmen."

Das klingt gut, das Ministerium weiß, dass eine professionelle Pflege im Altenheim für viele Menschen die letzte Möglichkeit ist. Dass eben doch nicht jeder daheim gepflegt werden kann. Doch das Ministerium will daraus nicht die Konsequenzen ziehen, die Jogerst für unvermeidlich hält. Stationäre Altenheime seien längst nicht die einzige Baustelle, um die sich das Ministerium kümmert. Und auch in Sachen Personal kann der Mitarbeiter Jogerst keine Hoffnungen machen. „Ihre Forderung, in das Verfahren um die Personalschlüssel der stationären Pflege so einzugreifen, dass die Selbstverwaltung gezwungen wäre, höhere Personalschlüssel zu vereinbaren, kann nicht gefolgt werden. Dies wäre ein unzulässiger Eingriff in die Rechte der Selbstverwaltung."

Altpeters Mitarbeiter verweist auf einen „Runden Tisch zur Pflege", an dem die Akteure „in der Diskussion miteinander selbstverpflichtende Handlungsempfehlungen" formulieren sollen. Dazu gibt es eine Kommission „Pflege in Baden-Württemberg zukunftssicher und generationengerecht gestalten", die sich um langfristige Maßnahmen kümmern soll.

Wenig später, Ende Januar 2016, schlägt die Kommission in ihrem Abschlussbericht unter anderem vor, die Personalschlüssel anzupassen. Vielleicht könnte das Land doch selbst eine Mindestbesetzung vorgeben? Und diese nicht mehr der Selbstverwaltung überlassen? Das Sozialministerium Baden-Württemberg will sich im Frühjahr 2016 auch auf mehrfache Nachfrage dazu nicht äußern. Wegen der laufenden Koalitionsverhandlungen habe niemand Zeit, sich um Anfragen der Presse zu kümmern.

„Die sitzen da Stunden und Tage und diskutieren. Und Konsequenzen? Null." Jogerst ist es leid, von allen Seiten nur zu hören, dass sie nichts machen können. Die Selbstverwaltung selbst erhöht das Personal nicht. Und die Landesregierung greift nicht in die Selbstverwaltung ein, um einen höheren Personalschlüssel zu erzwingen.

Die Pflegekassen sorgen nicht für mehr Personal. Selbst die gewählten Vertreter der Versicherten, die in den Pflegekassen bessere Pflege fordern könnten, sehen schweigend zu. Die Sozialhilfeträger – also der Städtetag, der Landkreistag und die Bundesarbeitsgemeinschaft der überörtlichen Träger der Sozialhilfe – sind froh über jeden gesparten Euro. Und die Heimbetreiber, Wohlfahrtsverbände wie private Unternehmer, beschweren sich über die harten Verhandlungen mit Pflegekassen und Kommunen, unterschreiben dann aber doch die Verträge, die zu niedrige Personalschlüssel enthalten. So gut wie nie nutzen sie die Möglichkeit, eine Schiedsstelle anzurufen oder die Unterschrift sogar ganz zu verweigern.

Als nächstes schreibt Jogerst an Bundesfinanzminister Wolfgang Schäuble. Jogerst kritisiert, dass im neuen Pflegestärkungsgesetz zwar mehr Geld für die ambulante Versorgung da ist, dass die Zahlungen für die Pflegeheime aber drastisch sinken. So zahlen die Kassen zum Beispiel für Menschen in der Pflegestufe 1, die nur vergleichsweise leichte Probleme haben, in Zukunft 30 Prozent weniger. Gleichzeitig begrenzt die Bundesregierung die private Zuzahlung, deckelt also den Betrag, den Bewohner selbst beisteuern. Die Zange drückt von beiden Seiten.

```
„Sehr geehrter Herr Dr. Schäuble,

die Bundesregierung verkauft das Pflegestärkungsgesetz
II als großen Wurf. Durch die Hintertüre benutzt man
dieses Gesetz aber nun dazu, um in Wahrheit Kürzungen
der Leistungen durchzusetzen. Die Zeche hierfür wer-
den die Angehörigen und Pflegebedürftigen zahlen. Sie
dürften mit höheren Zuzahlungen rechnen. Da der Gesetz-
geber das erkannt hat, will er zeitgleich die Zuzah-
lung begrenzen. Für uns alle bedeutet das eine weitere
Verschlechterung unserer Arbeitsbedingungen und damit
der Betreuungsqualität. Wenn die Politik hier nicht
gegensteuert, werden mittelfristig Pflege- und Betreu-
ungsplätze abgebaut werden, denn die Bedingungen, zu
denen diese Dienstleistung erbracht wird, werden immer
```

haarsträubender. Weiter gibt die Reform überhaupt keine
Antwort auf Fachkraft- und Arbeitskräftemangel. Fast
blind läuft die Politik in diese Falle. Auch die Ver-
schiebungen in illegale Pflege aus Osteuropa sind mora-
lisch verwerflich. 94% der Arbeitsverhältnisse sind
illegal. In Polen bleiben Kinder ohne Eltern zurück.
Die Länder in Osteuropa haben selbst einen Bedarf an
Pflegekräften. Deutschland bedient sich ungeniert, weil
es nicht bereit ist, den wahren Wert der Dienstleistung
Pflege zu bezahlen."

Jogerst hängt seinem Brief an Schäuble eine kleine Tabelle an, eine Übersicht der geplanten Kür-
zungen. Eine Antwort hat er nie bekommen.

Jogerst weiß nicht mehr weiter. An wen soll er sich noch wenden?

Er fährt zu einer großen Demo nach Stuttgart. „Qualität der Pflege sichern" ist das Motto. Diesmal sind es Tausende Menschen, die mehr Personal für die Pflege verlangen. Ministerin Altpeter
hat sich den Pflegern gestellt. Jogerst kann sich noch Wochen später über ihren Auftritt aufregen.
„Die steht da oben und sagt: Ich finde ja, man muss den Menschen mal ein bisschen mehr Wertschätzung entgegen bringen. Und ich stehe unten und habe gedacht, ich falle vom Glauben ab.
Das Wort Wertschätzung steht mir bis hier. Das ist das Letzte was ich will. Ich will keine Wertschätzung. Ich will Butter aufs Brot."

Für Jogerst symbolisiert die Politik von Landessozialministerin Altpeter all das, was er am System
Pflege kritisiert. Eine Kopf-in-den-Sand-Mentalität. Die Realität wird komplett verleugnet. „Das
ist ja auch einfach. Wir alle in der Pflege sitzen in fünf Jahren noch auf unseren Plätzen. Aber die
ist dann wasweißichwo." Im März 2016 wird die SPD in Baden-Württemberg aus der Regierung
gewählt. Altpeter verliert nicht nur ihren Posten als Ministerin, sondern auch ihr Landtagsman-
dat.

Undercover in Niedersachsen

Jeder pflegt allein – Wie es in deutschen Heimen wirklich zugeht.

Undercover in Niedersachsen

Ein Tagebuch von Michael Schomers.

Tag 1, „Seniorenresidenz am Park", Wesendorf bei Wolfsburg

„Seniorenresidenz am Park" heißt mein neues Heim. Ein pompöser Name, aber nun gut. Die Gegend ist ruhig und gepflegt, vor dem dreistöckigen Haus ein geräumiger Parkplatz, die Lobby luftig und hell, es gibt eine kleine Bibliothek mit künstlichem Kaminfeuer, hinter Glastüren der Speisesaal.

Wieder bin ich der kranke, alte Mann, der gemeinsam mit seinem Neffen auf der Suche nach einem geeigneten Pflegeheim ist. Am Tresen erwartet uns die Verwalterin, kurz darauf holt uns eine freundliche junge Frau ab, die Pflegedienstleiterin. Sie bringt uns auf die Station, wo sich eine junge Auszubildende mit osteuropäischem Akzent bei mir einhakt. Die beiden bringen uns in mein spartanisches, kaum möbliertes Zimmer im zweiten Geschoss, es liegt neben Küche und Essraum.

Dann folgt – ganz anders als in Bremen – ein langes Einführungsgespräch. Ausführlich fragen mich die beiden nach meinen Lebens- und Krankheitsumständen, nach meiner Biografie. Das Gespräch gibt mir ein gutes Gefühl: Es scheint, dass sich die beiden wirklich für mich interessieren, für mich als Menschen. Im Bremer Heim hat sich so niemand um mich gekümmert. Die Pflegerinnen dort hatten schlicht zu wenig Zeit, die Verwalterin war komplett desinteressiert.

Als ich gegen 18 Uhr nach unten in den großen allgemeinen Speisesaal geführt werde, machen wir kurz Halt am Stationszimmer, wo ich gewogen werde und mein Blutdruck gemessen wird. Es wird das erste und einzige Mal bleiben.

Der große Speisesaal ist netter und gemütlicher als in Sodenmattsee 1. Bilder an den Wänden, Blumen auf den Tischen. Jeder hat sein buntes Namensschild vor sich auf dem Tisch vor seinem Platz. Das Abendessen überrascht mich: Viel Auswahl, mehrere Brot- und Brötchensorten, Wurst, sogar Schinken, Käse, Tee, Saft, Wasser – je nach Wunsch. Und überall auf den Tischen und an jedem Platz stehen viele Getränke. Die Flaschen werden geöffnet und dann mit einem Filzstift mit dem aktuellen Datum versehen, „damit man sehen kann, ob die Getränke noch frisch sind", erklärt mir eine Küchenkraft.

Der tägliche Verpflegungssatz, den ich als Bewohner bezahlen muss, beträgt hier im Heim knapp fünf Euro. In Bremen lag er bei 7,85 Euro, also etwa 50 Prozent höher. Und trotzdem ist das Essen hier in Wesendorf deutlich reichhaltiger und vielfältiger. Ein kreativer Koch, der den angesetzten Verpflegungssatz ausnutzt, kann ein erheblich besseres Essen liefern als eine Großküche.

Das grundsätzliche Problem bei diesen Pauschalen: Niemand kontrolliert, ob die Heime das ausgehandelte Geld tatsächlich für Lebensmittel verwenden. Oder auf Teufel komm raus knapsen und sparen – und die Differenz als Gewinn verbuchen.

Um allen zu zeigen, wie schwach ich bin, fahre ich nach dem Essen mit dem Aufzug auf meine Etage, unterbreche den kurzen Weg zu meinem Zimmer zweimal und setze mich scheinbar völlig erschöpft in einen der Sessel auf dem Flur. Nach einer halben Stunde registriert jemand, dass wohl irgendetwas nicht in Ordnung ist und bringt mich zu meinem Zimmer.

Tag 2

Mir geht es schlecht, ich bin erschöpft und habe schlecht geschlafen. Das sage ich der Pflegerin, die mich am Morgen betreut, daher bekomme ich das Frühstück oben auf meiner Etage. Hier sitzen in der Wohnküche etwa zehn Bewohner an einer langen Tischreihe; die meisten im Rollstuhl. Manche haben ein Schlabberlätzchen um und kauen still vor sich hin. Eine alte Frau ist in ihrem Rollstuhl halb weggesackt, ich weiß nicht, ob sie eingeschlafen ist oder sich nur nicht alleine wiederaufrichten kann. Es ist ein heller Raum, denn ein großes Glasfenster geht hinaus auf einen Balkon.

Keiner der Bewohner spricht. Nur eine der alten Damen mir gegenüber ist offensichtlich noch geistig anwesend, denn sie meckert gerade mit einer anderen herum: „Alles kann sich ja hier nicht nach Dir richten." Aber die beiden Pflegerinnen kennen das wohl schon, sie machen munter ihre Arbeit, scherzen und verbreiten gute Laune. Auch sie wirken fürsorglich und nett, kümmern sich um die Bewohner, nehmen auch mal jemanden in den Arm.

Zum Mittagessen gibt es „offene Wurst", einen merkwürdigen Brei aus Wurst, dazu Rote Beete. Offenbar isst man das hier im Norden so. Meine anfängliche Begeisterung für das Essen hat sich ein wenig gelegt, aber immerhin wird man hier jeweils am Tag vorher gefragt, welches Menü man haben möchte. Anders als in Bremen, wo man gezwungen war, sich zwei Wochen vorher zu entscheiden, welches Menü man essen will.

Nachmittags laufe ich wieder scheinbar verwirrt auf dem Gang herum und suche meine verstorbene Frau: „Wo ist Charlotte?", und immer wieder: „Ich will nach Hause!" Dann setze ich mich wieder erschöpft in den Sessel. Nach einiger Zeit kommt eine der Pflegerinnen, Schwester Isa, und bringt mich zum Zimmer. Beim Gehen merkt sie, dass ich ziemlich unsicher auf den Beinen bin. Sie fragt, ob ich die Schwäche nur heute habe oder ob das öfter vorkommt. Und rät mir vorsichtig zu einem Rollstuhl. Sie sagt: „Wenn sie wollen, können sie heute schon einen Rollator kriegen, wir können einen ausleihen. Hauptsache, dass nichts passiert. Sie können das mal ausprobieren und wenn es wieder besser geht, dann kann er wieder weg."

Die Pflegerin kommt mit einem Rollator, erklärt mir die Bremsen, und dann stehe ich zum ersten Mal in meinem Leben an einem solchen Ding. Vorsichtig teste ich das Gerät, drehe mich herum, gehe ein Stück durch die Küche. Erst etwas wackelnd, dann aber mit zunehmender Sicherheit. „Das gibt mehr Sicherheit, oder?", fragt sie. Ja, das Ding hilft wirklich.

Ich gehe ins Zimmer, stelle den Rollator an die Seite und lege mich aufs Bett. Da steht er nun, mein neuer Lebensgefährte auf Zeit. Ich bin gespannt, wie wir uns vertragen.

Tag 3

Heute offenbart sich, dass auch dieses Heim ein Problem mit der medizinischen Pflege hat. Immerhin wurde ich hier beim Einzug gewogen und mein Blutdruck kontrolliert. Meine Tabletten bekomme ich regelmäßig, also vier Mal am Tag. Doch das war es bis jetzt. Keine der medizinischen Verordnungen meines Hausarztes werden befolgt: täglich den Blutdruck und meine Temperatur zu messen, mich zu wiegen. Zu kontrollieren, wieviel ich trinke.

Tag 4

Nach dem Frühstück und am Nachmittag laufe ich erneut verwirrt auf dem Gang herum und suche wieder meine Frau Charlotte. Mittlerweile kennen die Pflegerinnen das, sie bringen mich zurück in mein Zimmer und legen mich auf das Bett. Obwohl ich auch hier immer wieder angebe, dass ich schwach und bin und Schwindelanfälle habe, kontrolliert keiner die grundlegenden Vitalfunktionen, also vor allem den Blutdruck. Und niemand fragt, ob ich genügend trinke. Offenbar sind auch hier die Pflegerinnen – fast sämtlich Pflegehelferinnen, ohne fundierte Ausbildung – in medizinischer Hinsicht ziemlich unbedarft. Und greifen dann immer zur naheliegenden Allheil-Lösung: „Legen Sie sich mal hin."

Aber: Keine der Pflegerinnen beklagt sich über ihre Arbeit. Ganz im Gegensatz zum Sodenmattsee 1 in Bremen, wo das Thema Überlastung sofort vehement angesprochen wurde. Nein, hier sagen alle, dass sie mit dem Heim und ihrer Arbeit zufrieden und gerne hier sind.

Und die Belegschaft ist ehrlich. Nachmittags ruft Benny die Verwalterin an, eine Pflegerin erzählt ihm aufrichtig, dass ich depressiv sei und viel weine. Nach Charlotte rufe, schwach sei und immer wieder lange schlafe. Dass ich meine Medikamente nehme und genügend trinke. Das stimmt zwar nur zum Teil, aber es ist eine einigermaßen umfassende Lagebeschreibung. Wichtig für Angehörige.

Tag 5

In dieser Nacht werde ich von Hilferufen geweckt. Als ich aufstehe und rausgehe, sehe ich auf dem Gang, nur ein paar Meter von meinem Zimmer entfernt, einen alten dünnen Mann hilflos auf dem Boden liegen. Offenbar ist er aus seinem Rollator gestürzt. Vielleicht hatte er auch einen Anfall, ich weiß es nicht. Aber es sind schon zwei Pflegerinnen bei ihm und helfen. Für mich der Anstoß, genau so einen Sturz tagsüber selber zu inszenieren.

Am Nachmittag gehe ich auf dem Weg vom Speisesaal zu meinem Zimmer in die Bibliothek im Eingangsbereich. An zwei Seiten sind große Bücherregale, im Raum stehen einige Sessel und eine Couch. Hier kann man sich gemütlich hinsetzen und lesen. Ich lege mich genau zwischen einem Sessel und dem Rollator auf den Boden, so als ob ich gestürzt bin und nun nicht mehr hoch komme. Um es nicht zu übertreiben, rufe ich nicht laut um Hilfe, sondern warte, ob jemand auch so meine Notlage bemerkt.

Ungefähr zehn Minuten lang liege ich auf dem Boden bis Hilfe kommt. Zwischendurch kommt jemand in die Bibliothek, ein alter Bewohner mit einem Rollator. Er registriert mich überhaupt nicht, schiebt seinen Rollator in die Ecke, setzt sich auf den Sessel und starrt vor sich hin. Offensichtlich ist er so dement, dass auch ein auf dem Boden vor ihm Liegender keine besondere Aufmerksamkeit erweckt.

Als eine Pflegerin kommt, erzähle ich ihr, dass ich mich in den Sessel setzen wollte, dabei aber mein rechter Fuß irgendwie nachgegeben hat und ich gestürzt bin. Und dann lag ich auf dem Boden, hilflos, und kam weder in den Sessel noch irgendwie wieder auf die Füße. Zwei Pflegerinnen führen mich schließlich zu meinem Zimmer zurück. „Herr S. ist gestürzt", höre ich. Und ich bekomme den obligatorischen Rat: „Legen Sie sich mal hin." Und: „Dann ruhen Sie sich erstmal ein bisschen aus." Die Tür geht zu, ich liege allein auf meinem Bett. Niemand kommt, um Blutdruck zu messen, keiner fragt danach, wie es mir geht.

Nachmittags ist ein Event angekündigt: Bingo. Offenbar sehr beliebt. Das Glück hat mich verlassen, ich gewinne hier nicht. Das Spiel ist die einzige Aktivität, die ich in Wesendorf erlebe. Bei Bewohnern mit beginnender Demenz – zeitweiser Verwirrtheit, wie ich sie gespielt habe – sind aktivierende Angebote sehr wichtig, weil sie den Prozess der Demenz verzögern können. Daher sollten in Pflegeheimen solche Bewohner im Fokus stehen und sich verstärkt um sie gekümmert werden. Genau das aber ist hier nicht passiert.

Tag 6

Benny holt mich mittags ab. Die anwesende Pflegerin gibt sich verständnisvoll und rät ihm offen zum Auszug: „Ihr Onkel ist noch nicht so weit. Für sie gibt es bessere Lösungen."

Die Lindthorst-Gruppe nimmt für das Heim in Wesendorf wie folgt Stellung: „Wie Sie verstehen, können wir [ihre Fragen] aus Gründen des Datenschutzes und der Persönlichkeitsrechte nicht im Detail beantworten. Nach Prüfung des Sachverhaltes liegen der Einrichtungsleitung von Seiten Hrn. Somers, seiner Angehörigen oder des behandelnden Hausarztes keine Informationen über eine unangemessene Begleitung vor. Haus Wesendorf besitzt ein ausgearbeitetes Betreuungskonzept, das von der Heimaufsicht und dem MDK geprüft wurde. Umgesetzt wird es durch qualifizierte Ergotherapeuten, dem Mitarbeiterbetreuungsdienst und den Pflegefachfachkräften [sic]. Die Termine und Inhalte kommunizieren wir durch Aushänge an verschiedenen Stellen im Haus und im persönlichen Gespräch. Unsere Mitarbeiterinnen und Mitarbeiter kennen zudem ihre regelmäßigen Teilnehmer sehr genau und motivieren sie aktiv vor jedem Termin zur Teilnahme."

In den Tagen danach

Ich bin erstaunt, wie unterschiedlich die Atmosphäre in den beiden Heimen war.

Es beginnt beim Essen. Der Speisesaal in Sodenmattsee 1 hatte den Anti-Charme einer Kantine. In Wesendorf waren die Tische dagegen dekoriert, die Küchenhelferinnen viel freundlicher, hier habe ich gern gesessen. Und dann die Speisen selbst. In Sodenmattsee 1 waren sie meistens ungenießbar. Wenig Auswahl, kaum Frisches, angerührte Tütensuppen, lieblos auf den Teller geklatscht. Ganz anders in Wesendorf. Hier wurde im Haus gekocht, das Essen war frischer, die

Auswahl größer. Und das, obwohl ich in Wesendorf offiziell viel weniger Geld fürs Essen zahlen musste.

Die Pfleger waren in beiden Heimen sehr nett und haben sich sehr einfühlsam um uns Bewohner gekümmert. Aber es gab es einen eklatanten Unterschied: In Sodenmattsee 1 beklagten sich die Pfleger über die zu hohe Arbeitsbelastung. In Wesendorf habe ich das nicht gehört. Im Gegenteil, viele Pfleger sagten, sie seien mit ihrer Arbeit und dem Heim zufrieden.

Wer in Demenz zu versinken droht, muss aktiviert werden. Dann kann die Demenz verzögert werden. Ich habe beginnende Verwirrtheit gespielt und war darum ein idealer Kandidat für solche Aktivierungen. In Sodenmattsee 1 gab es zwar mehr Angebote. Aber ich wurde nicht dazu animiert, daran teilzunehmen. Hätte ich es nicht von mir aus getan, wäre ich alleine auf meinem Zimmer sitzen geblieben. Gleiches gilt für Wesendorf. Auch hier war die Aktivierung der Bewohner offenbar nicht wichtig.

Warum gibt es keine Zeit, in der sich die Betreuungskräfte individuell mit den Bewohnern beschäftigen können, mit ihnen über ihr Leben und ihre Biografie sprechen? Da gäbe es viele Anknüpfungspunkte für interessante Gespräche, die das Gedächtnis fit halten.

Nach dem Abendessen sind die Heime so gut wie tot. Die Pflegerinnen sind mit der Übergabe an die Nachtschicht beschäftigt – und wohl auch mit dem Schreiben der Dokumentation. Alle Bewohner ziehen sich in ihr Zimmer zurück, die meisten hocken vor dem Fernseher. Warum gibt es keine Gruppen, die zusammen fernsehen, warum keine Gruppen, die über bestimmte Themen diskutieren? Wenn es auch am Abend Aktivitäten gäbe, säßen die Bewohner nicht gelangweilt und einsam in ihren Zimmern, sondern hätten Geselligkeit und Anregung. Viele könnten danach sicher auch besser schlafen.

Mein Hausarzt erzählt mir, er erlebe immer wieder, dass in vielen Heimen die Schlaftabletten spätestens gegen 20 Uhr ausgegeben werden. Nach vielleicht sechs Stunden, jedenfalls mitten in der Nacht, sind die Bewohner dann wieder wach. Und sind mit sich und ihren Sorgen allein.

In Sodenmattsee 1 hängt zwar vor jedem Zimmer eine Vorrichtung mit Desinfektionsmittel, mit der man sich die Hände desinfizieren kann. Aber offenbar benutzt sie niemand. Die Flasche vor meinem Zimmer war von Mittwoch bis Montag leer. In Wesendorf habe ich nur ein Desinfektionsgerät entdeckt, am Eingang des Heims.

In beiden Heimen habe ich meine Tabletten regelmäßig bekommen, das heißt vier Mal am Tag. Aber die medizinischen Anweisungen meines Hausarztes – täglich Blutdruck, Fieber und Gewicht prüfen – wurden in beiden Heimen völlig ignoriert. Und in beiden Heimen hat niemand darauf geachtet, ob ich genügend trinke.

Als ich ein paar Tage später eine Kopie der Dokumentation aus meinem zweiten Heim in Wesendorf bekomme, staune ich. Die ganze Dokumentation hat nur anderthalb Seiten. Davon nimmt das ausführliche Einführungsgespräch mehr als eine halbe Seite in Anspruch. Die Pfleger haben in diesem Heim mehr Zeit für die Bewohner. Offenbar leidet darunter die Dokumentation. Ich finde das grundsätzlich in Ordnung. Lieber eine kurze Dokumentation und mehr Zeit für die Pflege. Aber dass wesentliche Punkte wie Schwindel, Stürze, Rollator nicht erwähnt werden, darf auf keinen Fall sein.

In Sodenmattsee 1 wurde das Einführungsgespräch frei erfunden, ebenso wie manche Einträge, zum Beispiel für das Trinkprotokoll. Die Belastung durch das Schreiben führt in Sodenmattsee 1 offenbar zu einer erheblichen qualitativen Einschränkung der Pflegetätigkeit. Die Pflegerinnen haben keine Zeit, sind unzufrieden mit ihrer Arbeit und beklagen sich darüber. Darunter leiden die Bewohner.

Sollte ich eines Tages wirklich in ein Pflegeheim müssen, dann würde ich sehr genau hinschauen. Um nicht in einer Einrichtung wie Sodenmattsee 1 zu landen. Sondern in einer „Seniorenresidenz am Park". Wo auch nicht alles perfekt ist. Aber wo ich das Gefühl habe, dass ich in Würde alt werden könnte.

Schlusswort

Schlusswort

Noch nie habe ich in einer Branche recherchiert, in der so viel Geld verteilt wird – und die gleichzeitig so intransparent ist.

In der so viele verschiedene Organisationen und Menschen mitreden – und sich die Entscheider gegenseitig so sehr blockieren.

In der die Leistungen der Beteiligten so schlecht zu vergleichen sind – und fast alle ein größeres Interesse an billig haben als an Qualität.

In der die Betroffenen so wenig Einfluss haben, so weit weg sind von dem, was am Ende entschieden wird – und darunter so stark leiden.

In der es derart gewaltige Probleme gibt – und in dem sich trotzdem kaum etwas bewegt.

Es gibt keine Vision für die Pflege in Deutschland. Wenn ich alt bin und gepflegt werden muss, in 40 oder 50 Jahren, wird es doppelt so viele pflegebedürftige Menschen geben wie heute. Wir werden Hunderttausende zusätzliche Pfleger brauchen. Das wissen wir, seit Jahren. Aber wir haben keinen Plan.

Eine Vision, das wäre eine große Reform der Pflegeversicherung. Eine Reform, gestützt auf die demographischen Entwicklungen der nächsten Jahrzehnte. Etwas, an dem Pflegekassen, Städte, Länder und Bundesregierung gemeinsam arbeiten. Kein Stückwerk, bei dem sich auf Landesebene alle gegenseitig blockieren und am Ende doch wieder niemand weiß, wo das Geld der letzten Reform eigentlich geblieben ist.

Die Politik hat sich in eine Sackgasse verrannt.

Seit Jahren gibt sie die Devise aus: Daheim statt Heim. Angehörige pflegen ihre Alten, unterstützt von ambulanten Diensten. Das mag in manchen ländlichen Regionen nicht anders möglich sein. Die verbliebenen Menschen dort müssen sich wohl oder übel irgendwie untereinander helfen. Aber ist das die Lösung für ganz Deutschland?

Für die ambulante Versorgung, für die Pflege daheim, gibt es immer mehr Geld. Stationäre Altenheime dagegen pflegen seit Jahren immer ältere, immer kränkere Bewohner und müssen immer mehr leisten – mit den gleichen Mitteln.

Diese Rechnung geht nicht auf. Aus drei Gründen.

Erstens: Menschen ambulant zu versorgen, kostet mehr Arbeitskraft, als in Altenheimen. Wie in der Schule. Wenn ich einen großen Schulhof habe, rechteckig, ohne Bäume – dann kann ich mit vier Lehrern auf 1000 Kinder aufpassen. Wenn ich für dieselbe Zahl Schüler fünf verwinkelte Gärten anlege – dann brauche ich bestimmt 15 Lehrer. Natürlich sind Gärten schöner. Aber woher die zusätzlichen Lehrer nehmen, wenn schon für den rechteckigen Hof nicht genügend Personal da ist?

Zweitens: Die klassische Familienpflege funktioniert immer seltener. Wo wohnen noch drei Generationen unter einem Dach, überhaupt noch an einem Ort? Und wenn Angehörige in der Nähe wohnen, heißt das noch lange nicht, dass diese ihre Eltern auch pflegen wollen. Selbst wenn Kinder und Eltern nicht zerstritten sind: Pflege ist unglaublich anstrengend. Nicht umsonst gibt es professionelle Pflegekräfte, die nicht nur wissen, wie man pflegt – sondern auch lernen, mit den Belastungen umzugehen.

Drittens: Deutschland schrumpft. Wir brauchen gut ausgebildete Menschen in fast allen Berufen. In der Kinderbetreuung versucht uns der Staat deshalb möglichst schnell wieder in unsere Jobs zu bringen. Dafür gibt es Ganztagskitas. Warum soll es bei den Senioren genau umgekehrt sein? Oft sind pflegende Töchter und Söhne zwischen 50 und 60 Jahre alt. Eine Phase im Berufsleben, in der wir mit Erfahrung glänzen, einige von uns in Führungspositionen, gut bezahlt, mit Verantwortung. Diese Menschen sollen ihre Jobs verlassen, um daheim Laienpflege zu machen? Eine Laienpflege, deren Zeitraum anders als bei der Kinderbetreuung nicht abzuschätzen ist, die drei Monate, aber auch acht Jahre dauern kann?

Was ich ganz sicher weiß: Wenn wir die Versorgung in den Altenheimen vernachlässigen, trotz zersplitternder Familien, trotz der Belastung, die ambulante Versorgung mit sich bringt, trotz doppelt so vieler Pflegebedürftiger – dann laufen wir in ein Problem.

Wer Vertreter der Bundesregierung fragt, warum sie so sehr auf ambulante Pflege setzen, bekommt die Antwort: Weil die Leute es so wollen. Aber das ist sehr kurz gedacht. Natürlich wollen wir zu Hause gepflegt werden. Meine Eltern wollen das. Meine Frau und ich werden das irgendwann einmal wollen. So wie drei Viertel aller Deutschen. Gleichzeitig will aber weniger als jeder Dritte selbst jemanden zu Hause pflegen.

Eine Regierung ist dazu da, sich für diese Differenz Lösungen zu überlegen.

Wir sollten pflegebedürftige Menschen und ihre Angehörigen nicht dazu drängen, ambulant zu pflegen und unsere Heime gleichzeitig finanziell austrocknen lassen.

Was wäre die Lösung? Ich glaube, eine Vollversicherung könnte ein Weg in die Zukunft sein. Wir alle zahlen mehr in die Pflegeversicherung ein, dafür muss am Ende niemand privat dazu zahlen. Der Preiskampf unter den Heimen wäre beendet, wir könnten uns endlich auf Qualität konzentrieren. Die Gewerkschaft verdi hat berechnet, dass eine Vollversicherung rund 7,4 Milliarden Euro pro Jahr zusätzlich kosten würde, das sind etwa 30 Prozent mehr als bisher. Dieses Geld bezahlen jetzt die Pflegebedürftigen aus eigener Tasche. Eine Vollversicherung wäre also nicht teurer, sie wäre einfach eine soziale Umlage.

Der Pflegebeauftragte der Bundesregierung Karl-Josef Laumann hält nichts von einer Vollversicherung. Für ihn ist die Vollversicherung ein Erbschaftsschutz. Durch die private Zuzahlung zur Pflege sind Reiche derzeit dazu gezwungen, im Pflegefall ihr Vermögen abzubauen. Arme bekommen das Pflegeheim dagegen vom Sozialamt bezahlt. Laumann findet das gut, weil so Geld von reich zu arm umverteilt wird.

Dagegen gibt es zwei Argumente. Zum einen werden so diejenigen bestraft, die ihr Leben lang fürs Alter oder die Erben sparen – und dann alles für ihre Pflege aufbrauchen. Der Nachbar, der sich Urlaub, Auto, Party gönnt, bekommt seine Pflege dagegen vom ersten Tag an zu 100 Prozent vom Staat bezahlt. Zum anderen braucht die Bundesregierung nicht die Teil-Versicherung in der Pflege, um Vermögen sozial gerecht zu verteilen. Sie könnte auch den Spitzensteuersatz oder die Erbschaftssteuer erhöhen.

Ich halte eine Vollversicherung für sinnvoll.

Mein Großvater hat die letzten Jahre seines Lebens mit Demenz in einem Altenheim verbracht. Dort ist er in einer Winternacht in den Gartenteich gefallen. Im ganzen Heim hatten in dieser Nacht nur zwei Pflegerinnen Dienst. Sie haben ihn nicht bemerkt. Mein Großvater wäre beinahe erfroren. Solche Geschichten erzählt fast jeder, mit dem ich spreche.

Der Fachkräftemangel ist neben der mangelnden Finanzierung das größte Problem. Und es wird nicht besser. „Wenn mir jemand vor zehn Jahren gesagt hätte, dass hier in der Gegend eine Einrichtung wegen Personalmangel schließt, hätte ich gesagt, Du hast einen Knall," sagt Marcus Jogerst. „Aber jetzt ist genau das passiert. Innerhalb eines Monats suchen 45 Leute einen neuen Heimplatz."

Welcher Pfleger will sich schon für 12 Euro die Stunde kaputt machen lassen, mit Nacht- und Feiertagsarbeit, Überstunden, ohne Zeit für Freunde. Ich bewundere Pfleger für ihre Ausdauer. Ich könnte diesen Job nicht machen. Und unter den jetzigen Verhältnissen wollte ich ihn auch nicht machen.

Die Lage der Pfleger ist so verheerend, dass die Krankenpfleger in der Berliner Großklinik Charité seit Jahren nicht für mehr Lohn kämpfen, sondern für mehr Kollegen. Ende April 2016 sind sie erfolgreich. Zum ersten Mal gibt es in Deutschland einen Tarifvertrag, der festschreibt, wie viel Personal es auf den Stationen geben muss. Gekämpft hatten Krankenpfleger. Den Altenpflegern geht es meist noch schlechter.

In den vergangenen Jahren scheint die Pflege aufzuwachen. Pflege am Boden, Streiks in verschiedenen Städten, Veranstaltungen wie der CareSlam in Berlin, bei dem Pfleger auf der Bühne lustige und nachdenkliche Texte über ihre Arbeit vortragen. Solche Veranstaltungen können nur helfen.

Die Betroffenen selbst können sich oft nicht mehr wehren. Deshalb müssen Pfleger und Angehörige lauter und politischer werden, wenn sie sich im demokratischen Wettstreit durchsetzen wollen.

Ich frage mich: Was könnten Millionen Pfleger, Angehörige und Betroffene erreichen, würden sie sich endlich organisieren?

Wir sollten den Pflegern zuhören. Und wir sollten häufiger auf sie hören. Denn trotz allem ist gute Pflege möglich. Marcus Jogerst macht es uns vor.

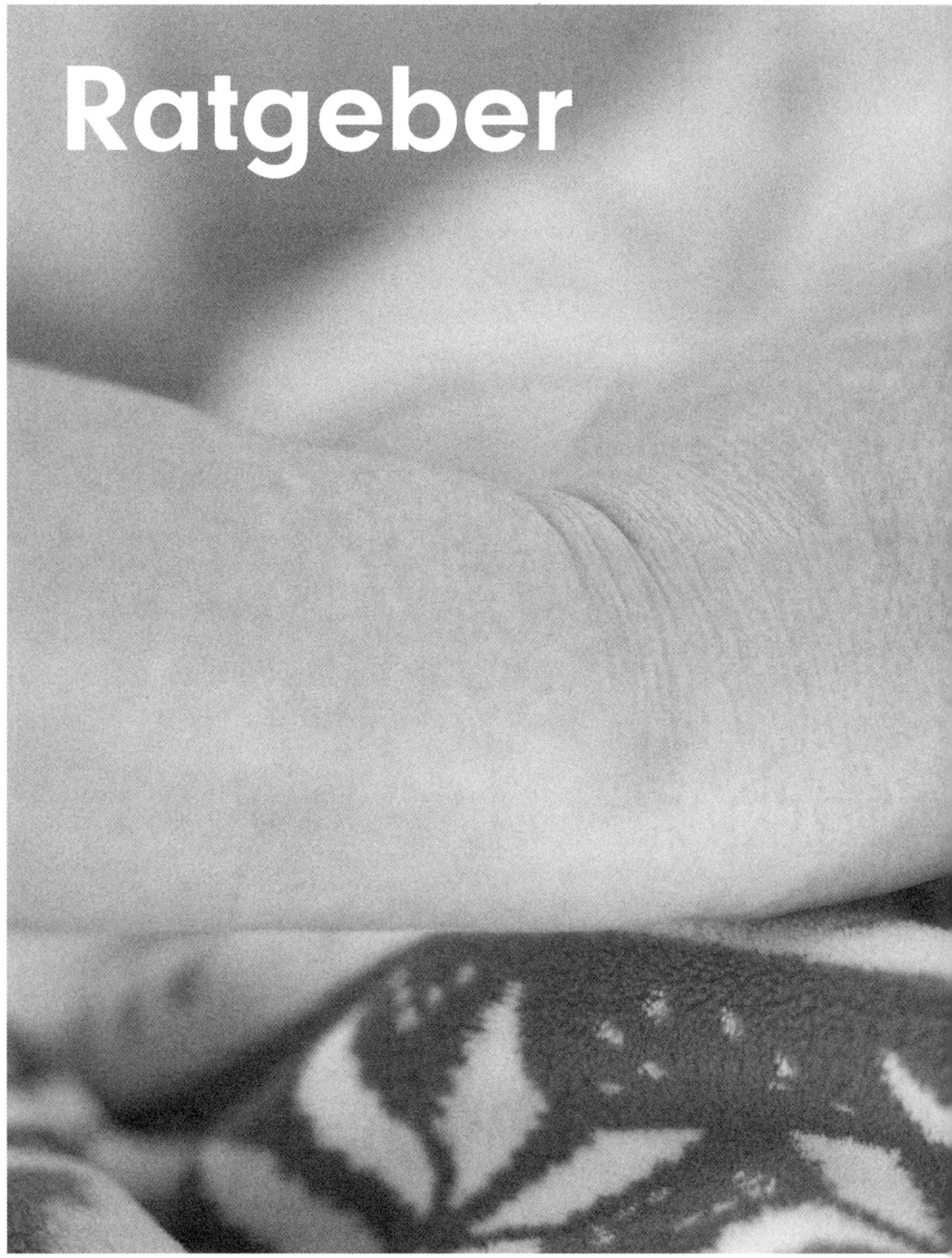

Ratgeber

Jeder pflegt allein – Wie es in deutschen Heimen wirklich zugeht.

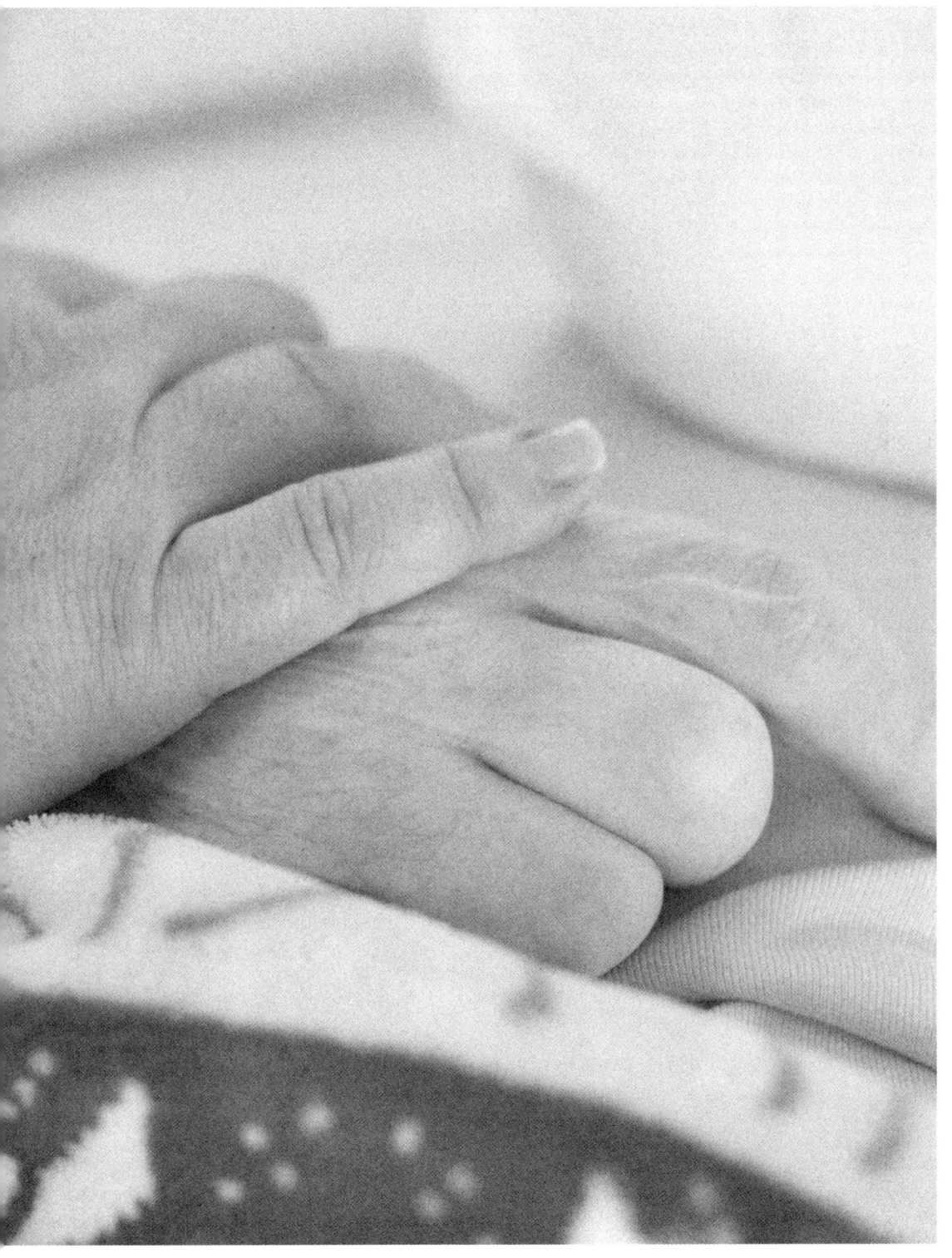

Jeder pflegt allein

Ratgeber

Wie Sie das richtige Pflegeheim finden.
Und wer Ihnen im Notfall hilft.

Von Benedict Wermter und Daniel Drepper

Inhalt

Wo informiere ich mich?/ Seite 164

Wie wähle ich ein Heim aus? / Seite 165

Checkliste: 10 Punkte, an denen Sie ein schlechtes Heim erkennen / Seite 168

Organisationen und Internetseiten / Seite 170

Wer vertritt meine Interessen? / Seite 173

Was ist eine Pflegeberatung? / Seite 176

Wo finde ich Hilfe bei Problemen in Heimen? / Seite 178

Was tun bei Demenz? / Seite 180

Wo finde ich als Pflegender Hilfe? / Seite 181

Wer engagiert sich? Und wo engagiere ich mich? / Seite 182

Was kann ich tun?

Die erste und oberste Regel lautet: Vorbereitung.

Darum gilt: Je eher Sie sich kümmern, desto besser fällt ihre Entscheidung aus.
Denn dann wissen Sie schon lange vorher, was das beste ist für Sie – oder für ihren Angehörigen.

Ein ambulanter Dienst. Ein Mehrgenerationenhaus. Ein Pflegeheim. Welches Pflegeheim?

Wo informiere ich mich?

A) Auf der CORRECTIV-Plattform

Auf unserer Webseite correctiv.org/pflege haben wir Daten zu allen deutschen Pflegeheimen in Deutschland gesammelt. Jedes Pflegeheim hat eine eigene Webseite. So können Sie herausfinden:

- Gibt es Probleme mit der Versorgung der Bewohner?
- Wie teuer ist das Pflegeheim im Vergleich zu anderen Heimen der Region?
- Wie alt ist ein Heim und wo habe ich die größten Chancen auf ein Einzelzimmer?
- In welcher Region gibt es wie viel Personal?

Etwas Zweites erklären wir dort:

Jedes Heim hat eine Pflegenote. Sie wird verliehen vom Medizinischen Dienst der Krankenkassen. Allein: Diese Note sagt wenig aus. Sie ist das Ergebnis eines bürokratischen Aktes. Keine unabhängige Qualitätskontrolle.

Aussagekräftiger sind die Berichte der Heimaufsicht. Die prüft alle ein, zwei Jahre die Heime und schreibt einen Qualitätsbericht. Doch diese Berichte sind in vielen Bundesländern nicht öffentlich. Wir erklären Ihnen auf unserer Webseite, wie Sie die Berichte über ihr Heim trotzdem anfordern können.

B) In einem Pflegestützpunkt

Seit 2009 sind in Deutschland mehr als 300 Pflegestützpunkte eingerichtet worden. Dort werden alle Fragen an einer Stelle beantwortet. Es gibt zahlreiche Kurse, auch für Angehörige. Auf Wunsch kommen die Pflegeberater auch nach Hause – und geben Tipps für den Umbau der eigenen Wohnung. Sie helfen dabei, ärztliche Diagnosen zu verstehen, eine Pflegestufe zu beantragen oder ehrenamtliche Helfer zu kontaktieren. All das ist kostenlos. Wo der nächste Pflegestützpunkt ist, weiß die eigene Krankenkasse.

Wieder ein Aber: Es gibt zu wenige Pflegestützpunkte. Im Kreis Gütersloh zum Beispiel deckt ein Stützpunkt 350.000 Bewohner ab.

Wie wähle ich ein Heim aus?

Der größte Fehler wäre, in das erstbeste Heim einzuziehen. Sie oder ihr Angehöriger werden dort vielleicht Jahre verbringen. Das beste Heim sollte da gerade gut genug sein.

Also: unbedingt mehrere Heime besichtigen.

Beim Betreten sollten Sie ihren Augen, ihrer Nase und ihrem Bauchgefühl vertrauen. Wie riecht es im Heim? Wie sieht es dort aus?

Riecht es nach Urin oder Kot, sollten Sie vorsichtig sein. Zwar kann es sein, dass einige Bewohner einen stark riechenden Katheter tragen müssen. Es kann aber auch sein, dass die Pfleger die gefüllten Windeln nicht schnell genug wechseln.

Gleichzeitig sollte ein Pflegeheim nicht streng nach Desinfektionsmitteln riechen, wie ein Krankenhaus. Es soll ein Zuhause sein, in dem Menschen jahrelang leben.

Achten Sie darauf, ob es genügend Desinfektionsspender gibt. Falls nicht, kann das auf mangelnde Hygiene deuten.

Welchen Eindruck machen die Heimbewohner auf Sie? Wenn diese über Stunden nur herumsitzen, warten, gar nichts machen, gibt es vielleicht kaum Aktivierungsangebote. Sitzen viele im Rollstuhl? Das könnte darauf hindeuten, dass es sich die Pfleger zu einfach machen. Die Bewohner lieber in einen Rollstuhl setzen, als sie zu mobilisieren, ihre Beweglichkeit erhalten.

Auch im Gespräch mit dem Heimleiter oder Betreiber sollten Sie auf Ihr Bauchgefühl vertrauen. Ersetzt ein Hochglanzprospekt ein ausführliches Gespräch mit persönlicher Führung, dann ist das kein gutes Zeichen.

Wirkt die Gemeinschaftsküche benutzt oder gibt es zwar Geräte, die Bewohner kochen aber überhaupt nicht zusammen? Sind die Möbel schick, sehen aber aus wie neu, werden also nicht benutzt? Wirken die Räume belebt und natürlich?

Ist die Tür zum Garten verschlossen oder spielen Bewohner auf der Terasse Karten?

Gibt es auch noch am Abend Programm? Oder müssen die Bewohner um 19 Uhr ins Bett?

Wie gut das Essen ist, erfahren Sie am ehesten, indem Sie mitessen. Fühlen Sie sich wie in einem Krankenhaus, in einem Hotel oder wie zu Hause? Helfen die Bewohner beim Kochen oder warten sie nur darauf, dass ihnen jemand etwas vor die Nase stellt? Ist das Essen selbst gekocht oder aufgewärmt? Riecht und schmeckt es lecker? Oder wie liebloses, billiges Großküchenessen?

Beobachten Sie die Pfleger dabei, wie diese die alten Menschen berühren. Wird den Bewohnern unter die Schultern gegriffen? Das ist für das Personal oft einfacher, lässt die Bewohner mit der Zeit aber passiv werden. Oder bieten die Pfleger den Arm an und warten darauf, dass sich die Bewohner selbst hochdrücken, oft wackelig den Gang herunter gehen – statt sie in einen Rollstuhl zu hieven und zum Zimmer zu schieben. Solche feinen Unterschiede sagen viel aus über die Qualität des Personals.

Überhaupt: Je mehr die Bewohner selbst machen dürfen, desto besser. Ein schief geknöpftes Hemd ist doppelt gut. Der Bewohner durfte sich selbst anziehen. Und die Pfleger haben ausgehalten, dass er es falsch gemacht hat. Sie haben ihn nicht korrigiert, haben ihn so leben lassen, wie er es wollte. Pflege ist für die Bewohner da, nicht für die Besucher.

Sehen Sie viele Gitter und Gurte an den Betten? Fixierungen müssen gerichtlich angeordnet werden. Heime sollten alles dafür tun, die Zahl der Gitter und Gurte so niedrig wie möglich zu halten.

Versuchen Sie, sich ein wenig frei im Heim zu bewegen. Sind die Zimmer und Gemeinschaftsräume liebevoll gestaltet? Heißen die Stationen „Himmelbeet" oder „Station 3"? Setzen Sie sich eine halbe Stunde hin und erleben Sie den Alltag. Das ist besser, als sich von der Heimleitung oder der Pflegedienstleitung an den kritischen Punkten im Heim vorbeiführen zu lassen.

Wenn Sie ein Heim in die nähere Auswahl nehmen, sollten Sie die Einrichtung noch ein zweites Mal besuchen, diesmal ohne sich anzumelden. Am Besten kommen Sie zu einer unbequemen Tageszeit, also morgens oder abends. Dann sehen Sie, wie es wirklich um das Personal bestellt ist und wie die pflegeintensiven Tageszeiten ablaufen.

Versuchen Sie, echte Gespräche aufzubauen. Je mehr Sie ins plaudern kommen, desto größer ist die Chance auf ehrliche Antworten. Viele Betreiber schulen ihre Heimleiter und Pfleger für die Gespräche mit potentiellen Kunden. Seien Sie also stets skeptisch. Grundsätzlich ist interessant: Wie viele Bewohner leben in einem Wohnbereich? Gibt es mehr Einzelzimmer oder Doppelzimmer? Kann man eigene Möbel mitbringen? Und: Wie lang ist die Wartezeit bis zum Einzug? Längere Wartelisten sind oft ein gutes Zeichen.

Fragen Sie die Verwaltung nach der Art und Anzahl des Personals in Früh-, Spät- und Nachtdienst. Wie viele Bewohner muss eine Pflegekraft betreuen? Setzt das Heim Leiharbeiter ein? Gibt es „87b-Kräfte", gesetzlich anerkannte Betreuungskräfte, die die Bewohner zusätzlich betreuen? Welche Tätigkeiten übernehmen sie?

Fragen Sie, ob alle Getränke inklusive sind. Werden Getränke gesondert abgerechnet, deutet dies auf eine schlechte Kosten-Nutzen-Rechnung hin.

Schauen Sie sich das Programm zur Aktivierung und Betreuung der Bewohner an. Stehen diese Angebote lange im Voraus fest und sind immer gleich, ja: eintönig, oder gibt es spontane Ausflüge bis hin zu Kurzurlauben? Wie gut sind die Bewohner in die Nachbarschaft und die Gemeinde integriert? Gibt es ein Café im Heim, das auch für Nichtbewohner attraktiv ist? Können die Bewohner in den Garten gehen, gibt es eine Bibliothek oder gar Computer-Angebote?

Gibt es einen Heimbeirat? Wie aktiv ist dieser? Sprechen Sie auch hier mit einem Vertreter.

Hat sich das Heim spezialisiert, auf Demente oder Depressive, Schmerzpatienten, Menschen mit Schlaganfall oder anderen Einschränkungen?

Fragen Sie schließlich die Pfleger nach der Stimmung im Team und dem Arbeitstempo. Das sind sensible Fragen, also kommen Sie langsam ins Gespräch und bekommen Sie ein Gefühl für die Stimmung, statt das Personal auszuhorchen. Einige Punkte könnten sein: Wirkt das Personal gestresst oder unzufrieden? Wie lange arbeiten die Pfleger schon in diesem Heim? Wie häufig wechselt das Personal? Wird nach Tarif bezahlt? Gibt es viele Leiharbeitskräfte und viele befristete Arbeitsverträge? Und wie häufig sind die Pfleger krank? Die Antworten können Sie mit dem abgleichen, was Ihnen die Heimleitung erzählt hat.

Das Personal und die Verwaltung können Sie auch danach fragen, welche Dienste angeboten werden. Gibt es Physiotherapie? Fußpflege? Regelmäßige Friseurbesuche? Wie wird die Facharztversorgung organisiert?

Interessant sind auch Auskünfte von Heimbewohnern oder anderen Angehörigen. Wie zufrieden sind die Kunden des Heims? Und falls Sie dem Hausmeister oder einer 87b-Kraft begegnen, einem Physiotherapeuten oder dem für die Bewohner zuständigen Hausarzt, dann können auch diese etwas zum Zustand des Heims, der Stimmung und der Qualität der Pflege sagen.

Wenn Sie mit der Heimleitung oder den Pflegern sprechen, achten Sie darauf, ob diese sich für Sie oder ihren Angehörigen interessieren, für den Menschen hinter dem Anmeldeformular. Werden Sie nach ihrer Biografie gefragt, nach ihrem Beruf, ihren Interessen? Dann ist das ein gutes Zeichen.

Und wenn Sie sich ein gutes Bild gemacht haben, und ein Heim Ihrer Wahl gefunden haben – dann ziehen Sie nicht einfach ein. Sondern vereinbaren Sie ein Probewohnen, mit Aussicht auf dauerhaften Aufenthalt.

Erst dann sollten Sie einen Vertrag unterschreiben.

Checkliste:
10 Punkte, an denen Sie ein schlechtes Heim erkennen

01 ☐ Das Gebäude ist in einem schlechten Zustand.

02 ☐ Die Einrichtung wirkt kalt, mehr Krankenhaus als Zuhause.

03 ☐ Das Heim sieht dreckig aus. Es riecht nach Urin oder Kot.

04 ☐ Die Betten oder Stühle sind ständig nass.

05 ☐ Das Essen schmeckt nicht und ist nicht ausgewogen. Es riecht trotz Essenszeit nicht nach Essen.

06 ☐ Das Essen steht kalt auf dem Tisch oder Nachttisch und wurde nicht angereicht.

07 ☐ Das Personal ist unfreundlich. Sie haben den Eindruck, dass die Pfleger unmotiviert oder gestresst sind. Und Sie haben keinen verbindlichen Ansprechpartner.

08 ☐ Bewohner müssen sehr lange warten, wenn sie Hilfe benötigen – zum Beispiel beim auf die Toilette gehen.

09 ☐ Es gibt kaum Beschäftigung für die Bewohner, die nicht aus ihren Zimmern kommen oder lustlos herumsitzen.

10 ☐ Es gibt keine oder nur wenige Betreuungskräfte oder ehrenamtliche Helfer.

Hier finden Sie weitere Informationen

Wir haben zahlreiche Organisationen zusammengetragen, an die Sie sich bei Fragen und Problemen wenden können. In den folgenden Beschreibungen der Organisationen haben wir uns zum Teil an der Selbstdarstellung auf der jeweiligen Internetseite orientiert.

Organisationen und Internetseiten

Wege zur Pflege

Das Familienministerium betreibt eine Internetseite für Pflegebedürftige und Angehörige. Der Schwerpunkt von „Wege zur Pflege" ist die Beratung zu Demenz, Geld, Wohnen, Recht und Familienpflegezeit. Das Ministerium betreibt auch einen Rechner, der das Einkommen von pflegenden Angehörigen berechnet.

Kontakt:
Das Pflegetelefon des Bundesfamilienministeriums ist von Montag bis Donnerstag zwischen 9 und 18 Uhr und per E-Mail unter info@wege-zur-pflege.de erreichbar.

Im Internet: wege-zur-pflege.de

Heimverzeichnis

Die Internetseite ist eine Datenbank zur Suche nach Altenheimen in Deutschland. Mehr als 100 ehrenamtliche Gutachter besuchen Einrichtungen und schauen nach den Dingen, die bei den Prüfungen des Medizinischen Dienstes der Krankenkassen und der Heimaufsicht weitgehend unberücksichtigt bleiben. Die Gutachter verleihen einen grünen Haken, wenn ihnen die Heime verbraucherfreundlich erscheinen. Von mehr als 10.000 gelisteten Einrichtungen sind knapp 4000 bewertet; mehr als 1000 haben einen grünen Haken.

Kontakt:
Heimverzeichnis gGmbH
Vorgebirgsstr. 1
53913 Swisttal
Telefon: (02254) 6000540
Fax: (02254) 7046
info@heimverzeichnis.de

Im Internet: heimverzeichnis.de und lebensqualitaet-alter.de

Kuratorium Deutsche Altershilfe (KDA)

Das KDA führt Forschungsprojekte durch. „Ziel der Projektarbeit des KDA ist die Entwicklung und Umsetzung von praxisorientierten Konzepten und Ansätzen zur Verbesserung der Lebenssituation alter Menschen und derjenigen, die sie unterstützen", schreibt das Kuratorium auf seiner Internetseite. Das KDA veröffentlicht seine Ergebnisse in Publikationen, veranstaltet Fortbildungen und Tagungen für Ehrenamtliche und berät Träger und Kommunen.

Kontakt:
Kuratorium Deutsche Altershilfe
Wilhelmine-Lübke-Stiftung e.V.
An der Pauluskirche 3
50677 Köln
Telefon: (0221) 9318470

Im Internet: kda.de

Deutsches Zentrum für Altersfragen (DZA)

Das DZA ist ein Forschungsinstitut. Es untersucht das Leben älter werdender Menschen im gesellschafts- und sozialpolitischen Kontext. Die Ergebnisse sollen in einer wissenschaftlich unabhängigen Politikberatung genutzt werden. Auf der Internetseite finden Sie Daten und Publikationen zum Thema.

Kontakt:
Deutsches Zentrum für Altersfragen (DZA)
Manfred-von-Richthofen-Straße 2
12101 Berlin
Telefon: (030) 2607400

Im Internet: dza.de

UKV Pflege-Portal

Sehr umfassend ist das Angebot der privaten Krankenversicherung „Union Krankenversicherung Aktiengesellschaft". Das Portal informiert rund um Pflege (Betreuungshilfe, Patientenrechte, Checkliste, Pflegegeld, Pflegezeit) und auch über verschiedene Krankheiten.

Kontakt:
Peter-Zimmer-Str. 2
66123 Saarbrücken
Telefon: (06 81) 8447000
Fax: (06 81) 8442509
E-Mail: service@ukv.de

Im Internet: pflege.ukv.de

Verbraucherzentralen

Der Bundesverband der Verbraucherzentralen schreibt über die Rechte und Bedürfnisse von Verbrauchern. Ein von der Bundesregierung gefördertes bundesübergreifendes Beratungsangebot ist 2015 eingestellt worden. Allerdings bieten die einzelnen Verbraucherzentralen der Länder noch immer Pflegerechtsberatung an und gehen Missständen nach. In einigen Fällen schreiten die Verbraucherzentralen rechtlich ein und mahnen Heimbetreiber ab oder machen Unterlassungsansprüche geltend. Leuchtturmprojekt ist die Verbraucherzentrale in Rheinland-Pfalz. Dort gibt es ein Beratungstelefon und auch schriftliche Beratung ist möglich.

Kontakt:
Bundesverband der Verbraucherzentralen und Verbraucherverbände (vzbv)
Markgrafenstraße 66
10969 Berlin
Telefon: (030) 258000
Fax: (030) 25800518
E-Mail: info@vzbv.de

Im Internet: vzbv.de und verbraucherzentrale-rlp.de

Wer vertritt meine Interessen?

Wir haben Organisationen zusammengetragen, die sich für bestimmte Bereiche in der Pflege einsetzen.

Bundesinteressenvertretung für alte und pflegebetroffene Menschen e.V. (BIVA)

Die BIVA setzt sich seit 1974 bundesweit für die Rechte und Interessen von Pflegebedürftigen und ihren Angehörigen ein. Schwerpunkt ist die rechtliche und finanzielle Einzelfallberatung. Dazu sammelt die BIVA alle Urteile und Gesetze, die sich auf das Heimrecht beziehen. Zudem bildet die Interessenvertretung in ihrer BIVA-Akademie Heimbeiräte aus und gibt Praxis-Tipps. Die BIVA ist unabhängig und lebt von der Zuwendung von Mitgliedern und Spendern.

Kontakt:
BIVA e.V.
Siebenmorgenweg 6-8
53229 Bonn
Telefon: (0228) 9090480
E-Mail: info@biva.de

Im Internet: biva.de

Pflege-Selbsthilfeverband e.V.

Der Pflege-Selbsthilfeverband vertritt die Rechte von Pflegebedürftigen, Angehörigen und Fachkräften. Seit 2005 berät und unterstützt der Pflege-Selbsthilfeverband in Krisen- und Notlagen – wo Beratung nicht reicht, konfrontiert der Verband vor Ort Verantwortliche mit Missständen und kontaktiert Betreuer und Gerichte, zum Beispiel bei Ruhigstellung, Gewalt und Personalmangel. Zudem unterstützt der Verband Heimleitungen bei der Qualitätsentwicklung.

Kontakt:
Pflege-Selbsthilfeverband e.V.
Am Ginsterhahn 16
53562 St. Katharinen
Telefon: (02644) 3686

Im Internet: pflege-shv.de

Bündnis für gute Pflege

Das Bündnis für gute Pflege ist eine Kampagne, der sich zahlreiche Partner wie die BIVA, die Deutsche Alzheimer Gesellschaft oder die AWO angeschlossen haben. Das Bündnis fordert eine maßgeschneiderte Pflege, die Unterstützung von Angehörigen, bessere Lohn- und Arbeitsbedingungen und eine gerechte Finanzierung. Dazu lädt das Bündnis zu Info-Veranstaltungen und Mitmach-Aktionen ein.

Im Internet: buendnis-fuer-gute-pflege.de

Die Bundesarbeitsgemeinschaft der Senioren-Organisationen (BAGSO)

Die BAGSO bezeichnet sich als „die Lobby der älteren Menschen in Deutschland". Unter ihrem Dach haben sich mehr als 100 Verbände mit etwa 13 Millionen älteren Menschen zusammengeschlossen. Die BAGSO koordiniert auch Ehrenämter und informiert allgemein über Gesundheit im Alter sowie Pflege- und Verbraucherthemen.

Kontakt:
Bundesarbeitsgemeinschaft der Senioren-Organisationen e.V. (BAGSO)
Bonngasse 10
53111 Bonn
Telefon: (0228) 24999311
E-Mail: kontakt@bagso.de

Im Internet: bagso.de

Bundesinitiative Daheim statt Heim e.V.

Die Bundesinitiative ist ein Lobbyverein für die ambulante Versorgung von älteren und behinderten Menschen. Der Verein fordert unter anderem einen Baustopp für neue Heime und den Abbau von Heimplätzen. Seine Forderungen vertritt der Verein auf Konferenzen und Tagungen; er informiert zudem über Beratungs-Möglichkeiten und ambulante Pflege.

Kontakt:
Förderverein der Bundesinitiative Daheim statt Heim e.V.
Klarenbachstraße 9
10553 Berlin
Telefon: (030) 20066972
E-Mail: info@bi-daheim.de

Im Internet: bi-daheim.de

---

wir pflegen

Die 2008 gegründete Organisation vertritt die Interessen von pflegenden Angehörigen und Menschen, die sich beruflich mit Beratung, Pflege, Lehre und Forschung befassen. „Wir pflegen" will lokalen und regionalen Initiativen mehr politisches Gewicht verleihen und Angehörigen zu mehr Wertschätzung und Mitspracherecht verhelfen. Wichtigste Projekte sind das Netzwerk pflegender Angehöriger und die „Initiative gegen Armut durch Pflege".

Kontakt:
wir pflegen
Postfach 350 349
10212 Berlin
Telefon: (02504) 6967725
E-Mail: info@wir-pflegen.net

Im Internet: wir-pflegen.net

Was ist eine Pflegeberatung?

Auf welche Beratung habe ich Anspruch und wo bekomme ich diese? Wir haben die wichtigsten Adressen für Sie zusammen getragen.

COMPASS private Pflegeberatung

Compass ist eine kostenlose Beratungsstelle für Privatversicherte. Das Unternehmen wurde im Jahr 2008 gegründet und ist eine Tochter des „Verband der Privaten Krankenversicherungen" (PKV). 280 Pflegeberater bieten telefonische Beratung und Hausbesuche an und informieren „im Vorfeld einer aufkommenden Pflegesituation".

Kontakt:
Telefon: (0800) 1018800
Montag bis Freitag von 8 bis 19 Uhr
Samstag von 10 bis 16 Uhr

Im Internet: compass-pflegeberatung.de und pflegeberatung.de

Zentrum für Qualität in der Pflege (zqp)

Das zqp ist eine Stiftung, die Forschungsprojekte betreibt und Praxisanleitungen gibt. Die Stiftung sammelt auf ihrer Webseite alle Pflegestützpunkte. Hier können Sie nach einer Pflegeberatung in ihrer Nähe suchen. Hinter der Stiftung stehen die privaten Pflegekassen.

Kontakt:
Zentrum für Qualität in der Pflege
Reinhardthöfe
Reinhardtstraße 45
10117 Berlin
Telefon: (030) 27593950

Im Internet: zqp.de

Pflegeberatung der Arbeiterwohlfahrt (AWO)

Die AWO bietet eine kostenfreie Pflegeberatung an. Welche Dienstleistungen gibt es? Und auf welche Leistungen haben ich Anspruch? Nach Anruf der gebührenfreien Nummer vermittelt die AWO nach eigenen Angaben spätestens am folgenden Werktag einen Rückruf durch Fachleute in der Nähe.

Telefon: (0800) 6070110

Im Internet: awo-pflegeberatung.de

Unabhängige Patientenberatung Deutschland (UPD)

Die UPD hat den gesetzlichen Auftrag, Verbraucher und Patienten aufzuklären und zu beraten. Das Angebot richtet sich an gesetzlich, privat oder gar nicht krankenversicherte Menschen. Geholfen wird mit einer Online-Beratung oder telefonisch unter (0800) 0117722.

Kontakt:
UPD Patientenberatung Deutschland gGmbH
Friedrichstraße 90
10117 Berlin
Telefon: (030) 20253177
E-Mail: info@upd-deutschland.de

Im Internet: patientenberatung.de

Wo finde ich Hilfe bei Problemen in Heimen?

Selbst wenn es wirklich hart auf hart kommt, gibt es in der Pflege Menschen, die helfen. Hier sind die wichtigsten Adressen und Kontakte.

Bundesarbeitsgemeinschaft der Krisentelefone

Die 1999 gegründete Arbeitsgemeinschaft besteht aus 17 Einrichtungen in zehn Bundesländern. Der Fokus der Arbeit liegt auf Missständen und Gewalt im häuslichen Umfeld und in Pflegeheimen. Betroffene, Angehörige und Personal können sich an die jeweiligen Krisentelefone wenden und werden dort von Sozialpädagogen, Psychologen und ehrenamtlichen Pflegeexperten betreut und beraten.

Weitere Informationen und eine Liste aller Krisentelefone: beschwerdestellen-pflege.de

Gewaltfreie Pflege

Das Projekt „Monitoring in Long Term Care – Pilot Project on Elder Abuse" (Milcea) möchte Gewalt gegen Ältere in der Langzeitpflege besser erfassen. Träger des Projektes „Gewaltfreie Pflege" ist in Deutschland der Medizinische Dienst des Spitzenverbandes der Krankenkassen. Gefördert wird das Projekt vom Gesundheitsministerium. Die Projektphase in vier Modellkommunen ist Ende 2015 abgelaufen, ein Plan wird erarbeitet.

Kontakt:
Projekt Gewaltfreie Pflege
Medizinischer Dienst des Spitzenverbandes Bund der Krankenkassen e. V.
Theodor-Althoff-Straße 47
45133 Essen
Telefon: (0201) 8327119

Im Internet: milcea.eu

Nationale Stelle zur Verhütung von Folter

Die Nationale Stelle zur Verhütung von Folter ist eine unabhängige nationale Einrichtung zur Prävention von Folter und Misshandlung in Deutschland. Die Stelle hat die Aufgabe, regelmäßig Orte der Freiheitsentziehung aufzusuchen, auf Missstände aufmerksam zu machen und Verbesserungen vorzuschlagen. Sie ist nicht nur für Gefängnisse, Psychatrien und Abschiebestellen zuständig, sondern auch für Altenheime. Sollten Bewohner unrechtmäßig fixiert oder eingesperrt worden sein, eignet sich die Initiative als Anlaufstelle.

Kontakt:
Viktoriastraße 35
65189 Wiesbaden
Telefon: (0611) 160222818
Fax: (0611) 160222829
E-Mail: info@nationale-stelle.de

Im Internet: nationale-stelle.de

Handeln statt Mißhandeln (HSM) Bonner Initiative gegen Gewalt im Alter e.V.

Die Initiative HSM ist eine unabhängige Notruf-, Beratungs- und Informationsstelle für alte Menschen und deren Angehörige, Pflegepersonal sowie Behörden und kommunale Einrichtungen. Die Initiative will „Ansprechpartner in schwierigen Lebenslagen sein, die oft in Gewalthandlungen münden" und dadurch Gewalt vorbeugen. In Einzelfällen wird an weitere Stellen vermittelt und in Zusammenarbeit mit Medien auf Missstände hingewiesen.

Kontakt:
Gotheallee 51
53225 Bonn
Telefon (0228) 636322 (Beratungsstelle)

Was tun bei Demenz?

Bei Problemen mit Alzheimer und Demenz gibt es Experten. Hier sind die wichtigsten Helfer für Sie.

Deutsche Alzheimer Gesellschaft e.V. (DAlzG), Selbsthilfe Demenz

Die DAlzG ist ein Informations- und Selbsthilfeportal für Menschen mit Demenz, Angehörige und professionelle Helfer. Der Verein informiert über Alzheimer und andere Demenzformen, vermittelt in Selbsthilfegruppen und klärt Angehörige über rechtliche, technische und finanzielle Hilfen auf. Der Verein betreibt auch Anlaufstellen vor Ort und von montags bis freitags ein Alzheimer-Telefon unter (030) 259379514.

Kontakt:
Friedrichstr. 236
10969 Berlin
Telefon: (030) 25937950
E-Mail: info@deutsche-alzheimer.de

Im Internet: deutsche-alzheimer.de

Deutsche Expertengruppe Dementenbetreuung e.V. (DED)

In der DED schließen sich seit 1995 Menschen aller Berufsgruppen zusammen, die Demente betreuen. Sie vertritt die Interessen von Menschen mit Demenz und denjenigen, die sich in der Dementenbetreuung beruflich engagieren. Die Organisation begleitet Pflegeeinrichtungen bei der Einführung des Integrierten Qualitätsmanagement Demenz (IQM-Demenz).

Kontakt:
Deutsche Expertengruppe Dementenbetreuung e. V.
Pastorenweg 1
27389 Fintel
Telefon: (03221) 1056979
E-Mail: info@demenz-ded.de

Im Internet: demenz-ded.de und iqm-demenz.de

Wo finde ich als Pflegender Hilfe?

Pflege ist oft eine extreme Belastung. Nicht nur die Pflegebedürftigen, auch die Pfleger selbst brauchen Hilfe. An diese Organisationen können Sie sich wenden.

Deutscher Pflegerat e.V. (DPR)

Der DPR ist seit 1998 Dachverband der bedeutendsten Berufsverbände der Pfleger und Hebammen. In ihm versammeln sich 16 Verbände. Viele Altenpfleger sind Mitglied im Deutschen Berufsverband für Pflegeberufe e.V. (DBfK). Die Aufgaben des DPR sind: Den Pflegeberuf darstellen, politische Ziele durchsetzen und höhere Löhne fordern. Der Pflegerat veranstaltet mit dem Deutschen Pflegetag jährlich das wichtigste Branchentreffen mit mehr als 8000 Teilnehmern aus Politik, Wirtschaft, Pflege und Gesellschaft.

Kontakt:
Deutscher Pflegerat e.V. - DPR
Alt-Moabit 91
10559 Berlin
Telefon: (030) 39877303
E-Mail: info@deutscher-pflegerat.de

Im Internet: deutscher-pflegerat.de und deutscher-pflegetag.de

---

Kritische Ereignisse

Das Internetforum „Aus kritischen Ereignissen lernen, Online-Berichts- und Lernsystem für die Altenpflege" ist ein Portal für Pfleger, die dort Erfahrungen austauschen und Hilfe bekommen können. Träger ist der Verein Kuratorium Deutsche Altershilfe (KDA). Hier können Pflegerinnen und Pfleger ihre Probleme in verschiedenen Arbeitsbereichen und Versorgungsformen beschreiben. Ende Februar 2016 waren mehr als 400 Berichte und mehr als 2000 Kommentare online.

Im Internet: kritische-ereignisse.de

Wer engagiert sich? Und wo engagiere ich mich?

Wenn Sie sich für eine bessere Pflege einsetzen wollen, sind Sie bei diesen Organisationen genau richtig.

Pflege am Boden

Pflege am Boden ist ein unabhängiger Zusammenschluss von Menschen, die in Pflegeberufen arbeiten oder Angehörige pflegen. Das Bündnis will Politik und Gesellschaft auf die Missstände in der Pflege aufmerksam machen. Dazu legen sich seine Mitglieder und Unterstützer jeden zweiten Samstag im Monat an zentralen Orten für zehn Minuten auf den Boden.

Kontakt:
Guy Hofmann
Tannenkamp 11
49179 Venne-Ostercappeln
Telefon: (05476) 7694016
Mobil: (0163) 6394255
E-Mail: info@pflege-am-boden.de

Im Internet: pflege-am-boden.de

Bundesarbeitsgemeinschaft Seniorenbüros (BaS)

Seniorenbüros sind Informations-, Begegnungs-, Beratungs- und Vermittlungsstellen auf lokaler Ebene für ältere Menschen. In 355 Seniorenbüros bundesweit engagieren sich 28.000 Freiwillige. Die BaS ist der Zusammenschluss der Seniorenbüros. Der Verein will das freiwillige Engagement der Generation 50+ fördern, „ihre Potenziale nutzen und ihre gesellschaftliche Beteiligung stärken". Auf seiner Internetseite führt der Verein eine Liste aller Einrichtungen.

Kontakt:
Bundesarbeitsgemeinschaft Seniorenbüros e. V.
Bonngasse 10
53111 Bonn
Telefon: (0228) 614074
E-Mail: bas@seniorenbueros.org

Im Internet: seniorenbueros.org

Heim-Mitwirkung

Heim-Mitwirkung ist ein Informationsportal, das Nachrichten, Gesetze und Tipps für Betroffene und Angehörige der Pflege in Heimen sammelt. Betrieben wird die Seite vom Bremer Pflege-Experten Reinhard Leopold.

Im Internet: heimmitwirkung.de

Werner Kollmitz

Kollmitz ist Experte für das Altenpflegesystem und beschäftigt sich mit strukturellen Missständen. Auf seiner Seite informiert er über die Probleme in der Pflege, bündelt Aktionen und veröffentlicht Briefe an verantwortliche Stellen.

Im Internet: menschenwuerde-in-der-altenpflege.de

Werner Schell

Schell ist Experte für das Patientenrecht und das Gesundheitswesen. Auf seiner Seite findet sich ein hilfreicher „Rechtsalmanach" – eine umfassende übersichtliche Sammlung aller rechtlichen Grundlagen zum Thema Pflege.

Im Internet: wernerschell.de

Michael Thomsen

Thomsen ist Altenpflege-Experte und Dozent. Er engagiert sich bei Pflege am Boden und hat auf seiner Webseite zahlreiche Veröffentlichungen zur Pflege in Deutschland gesammelt.

Im Internet: altenpflege-experte.de

Wenn Ihnen Missstände bekannt sind, über die unbedingt berichtet werden sollte, schauen Sie auf **correctiv.org/pflege** vorbei oder schreiben Sie mir eine E-Mail an daniel.drepper@correctiv.org.

Hintergrund und Quellen

Hintergrund und Quellen

Dieses Buch hat mit der Kollegin Vanessa Wormer begonnen. Unterstützt von einem Daten-Fellowship der Rudolf Augstein Stiftung arbeitete Vanessa im Januar und Februar 2015 zwei Monate mit uns an einer Auswertung der Pflegenoten. Die Idee war gut, aber leider zu ambitioniert für ein zweimonatiges Projekt. Ich habe das Thema im Anschluss übernommen und mit Hilfe vieler Kollegen bei correctiv.org ein gutes Jahr lang daran recherchiert.

So haben wir in den vergangenen knapp 18 Monaten mit Hunderten Menschen gesprochen. Darunter sind viele Pfleger, Angehörige, Pflegedienstleiter, Heimleiter, Heimbetreiber, Aktivisten, Mitarbeiter von Behörden und Pflegekassen, Gewerkschaftler, Politiker, Funktionäre und Wissenschaftler. Auch wenn Sie viele Gespräche in diesem Buch nicht direkt wiederfinden, ist das Buch ein Destillat all dieser Eindrücke.

Parallel zur Arbeit an diesem Buch haben wir dabei geholfen, eine Dokumentation für den NDR zu produzieren. Viele Ergebnisse veröffentlichen wir darüber hinaus mit weiteren nationalen und regionalen Medien. Unter correctiv.org/pflege haben wir zudem eine Internetseite veröffentlicht, auf der wir Daten jedes deutschen Pflegeheimes ausgewertet haben. Die Arbeit an den verschiedenen Veröffentlichungen hat sich oft überschnitten und befruchtet.

Für die Internet-Plattform haben wir Daten aus verschiedenen Quellen besorgt. So haben wir vom Bundesverband der AOK die Daten der Transparenzberichte des Medizinischen Dienstes der Krankenkassen zur Verfügung gestellt bekommen. Dazu haben wir bei den statistischen Landesämtern eine Spezialauswertung zahlreicher Daten für jeden Landkreis Deutschlands bekommt. Die Auswertung dieser Daten durch unsere Datenjournalisten Sandhya Kambhampati und Stefan Wehrmeyer ist zum Teil auch in dieses Buch eingeflossen.

Mit Monika Ott, Marcus von Horn, Dirk Völler und Marcus Jogerst habe ich mich persönlich getroffen, stundenlang, zum Teil mehrfach. Dazu kommen zahlreiche Telefonate, E-Mails und Nachrichten über Facebook. Ich habe mich auch mit verschiedenen Menschen aus dem Umfeld der Protagonisten unterhalten. Diese Wegbegleiter haben mir entscheidende Fakten bestätigt und einen objektiveren Eindruck von der Persönlichkeit der Protagonisten ermöglicht. Marcus Jogerst hat mir außerdem zahlreiche Dokumente und E-Mails zur Verfügung gestellt. Das Gleiche gilt in abgespeckter Form für die übrigen Protagonisten.

Bei einigen Teilen ihrer Biographie musste ich den vier Protagonisten vertrauen, weil die Aussagen für das Verständnis der Leser wichtig waren, gleichzeitig aber nur mit unverhältnismäßig hohem Aufwand zu verifizieren gewesen wären. Durch die vielen Gespräche und meine übrigen Recherchen bin ich zuversichtlich, dass auch die nicht vollständig überprüften Textteile der Wahrheit entsprechen. Gleichzeitig bin ich mir bewusst, dass sich auf mehr als 200 Seiten sicher auch einige Fehler eingeschlichen haben. Ich habe versucht, möglichst wenige zu machen.

Ich habe den vier Protagonisten die Textabschnitte vor der Veröffentlichung zukommen lassen. Das ist unüblich. Auch ich habe das als Journalist zuvor noch nie gemacht. In diesem Fall halte ich es für angemessen, da die Geschichten zum Teil sehr persönlich und sehr detailliert sind. Die vier Protagonisten hatten kein Vetorecht über meine Texte, konnten aber auf sachliche Fehler aufmerksam machen. Dadurch habe ich einige Fehler vermeiden können. Das hat das Buch besser gemacht.

Die in diesem Buch direkt betroffenen Firmen und Personen habe ich Stellung nehmen lassen. Dazu gehören die Residenz-Gruppe, die Mediko-Gruppe und das Diakonische Werk Wolfsburg. Ich habe allen 16 Landesregierungen einen ausführlichen Fragenkatalog geschickt und diese Fragen zum Großteil auch beantwortet bekommen. Mit einigen Ministerien habe ich mich persönlich getroffen, genauso wie mit dem Pflegebeauftragten der Bundesregierung, Karl-Josef Laumann. Befragt habe ich auch die wichtigsten Pflegekassen, den Städte- und den Landkreistag und die größten Verbände der Heimbetreiber. Unser Praktikant Benjamin Knödler hat mit Dutzenden Heimaufsichten telefoniert und geschrieben. Und Praktikant Lovis Krüger hat mir bei den Recherchen zur Personalbemessung und zur Geschichte der Pflege geholfen.

Auf Facebook habe ich als Mitglied in einem Dutzend geschlossenen Diskussiongruppen zum Thema Pflege mitgelesen, um einen Eindruck von der Situation der Pfleger zu gewinnen. Ich war bei Diskussionsveranstaltungen, Pressekonferenzen und dem CareSlam zu Gast, auf dem Pflegekräfte lustige und ernste Texte zum Thema Pflege vortragen.

Sehr geholfen haben uns auch Gespräche mit Menschen, die sich bereits lange mit dem deutschen Pflegesystem beschäftigen. So haben neben den im Buch genannten Personen unter anderem Reinhard Leopold, Werner Kollmitz, Michael Thomsen, Guy Hofmann und Yvonne Falckner Informationen, Dokumente und Kontakte bereit gestellt, die zu weiteren Recherchen geführt haben.

Zahlreiche weitere Dokumente und Studien haben mir geholfen, die Pflege und ihre Probleme zu verstehen. Da nicht alle konkret in dieses Buch eingeflossen sind, sind sie im Folgenden nicht vollständig aufgeführt.

Die Fotos für dieses Buch sind mit Einverständnis der Abgebildeten beziehungsweise deren rechtlicher Betreuer im Seniorenhaus Renchen und der Tagespflegeeinrichtung Gabriele Donath in Bremen-Stuhr entstanden.

Wenn Sie beim Thema Pflege tiefer einsteigen wollen, empfehle ich Ihnen die beiden stark recherchierten Bücher der Kollegen Anette Dowideit („Endstation Altenheim" aus 2012) und Gottlob Schober („Im Netz der Pflegemafia" aus 2008).

Unter correctiv.org/newsletter können Sie unseren Pflege-Newsletter abonnieren, wenn Sie über weitere Recherchen informiert werden wollen.

Weitere Quellen im Einzelnen

Kapitel 1: Vorwort

Die Russen-Mafia erwähne ich in Anlehnung an die aktuelle Berichterstattung der Kollegin Anette Dowideit in der Welt am 18. April 2016: „So funktioniert der Milliardenbetrug der Pflege-Mafia."

Eine Pflegerin aus Berlin hatte die Feuerwehr zur Hilfe gerufen. Darüber berichtet hatte unter anderem die BZ am 2. November 2015 unter dem Titel: „Überlastete Pflegehelferin ruft Feuerwehr."

Ein Beispiel für ein kürzlich von den Behörden geschlossenes Heim ist das Mediko-Heim Bremen. Der Weser-Kurier hatte am 23. November darüber berichtet: „Schwerwiegende Mängel: Bremer Altenheim geschlossen."

Dass Pfleger es nur acht Jahre lang in ihrem Beruf aushalten, habe ich unter anderem der Studie von Stefan Greß und Klaus Stegmüller entnommen, die auch später im Buch nochmal eine Rolle spielt. Die Studie ist von der Hochschule Fulda im Februar 2016 veröffentlicht worden und heißt: „Gesetzliche Personalbemessung in der stationären Altenpflege."

Kapitel 2: Tod und Leben

Die Nacherzählung dieses Kapitels ist aus Beschreibungen von Marcus Jogerst, Stiefmutter Iris Jogerst, Stiefschwester Tatjana Huck und Manuela Vallendor-Wedermann entstanden. Zudem haben verschiedene Zeitungsberichte der „Acher-Rench-Zeitung", Familienfotos und Landkarten die Beschreibungen bestätigt.

Kapitel 3: Undercover

Informationen zu Rolf Specht habe ich unter anderem aus einem Portrait des Weser-Kurier vom 1. Juni 2010: „Fast wie eine Tellerwäscher-Karriere."

Das Werbeprospekt der Residenz-Gruppe zu Sodenmattsee 1 findet sich auf residenz-gruppe.de. Dort gibt es auch eine Presseinformation zu den ausgezeichneten Heimen der Residenz vom 28. Oktober 2014.

Kapitel 4: Familienpflege

Informationen über die Geschichte der Pflege haben wir nicht ausschließlich, aber vor allem aus den folgenden Quellen zusammengetragen.

- Bloech, Julia: „Soziale Arbeit in der stationären Altenhilfe – Implementierung, Degeneration und Perspektive." 2012

- Conrad, Christoph: „Vom Greis zum Rentner." 2012

- Hackmann, Theodor: „Arbeitsmarkt Pflege – Bestimmung der künftigen Altenpflegekräfte unter Berücksichtigung der Berufsverweildauer." 2010

- Kellner, Anne: „Von Selbstlosigkeit zur Selbstsorge." 2011

- Sticker, Anna: „Theodor Fliedner – Der Diakonissenvater." 1950

- Sticker, Anna: „Die Entstehung der neuzeitlichen Krankenpflege." 1960

Kapitel 5: Verändern

Mehr Informationen zur Pflegeplanung gibt es zum Beispiel im Pflegewiki unter pflegewiki.de/wiki/Pflegeplanung.

Die Absätze zu den Arbeitsbedingungen in der Pflege habe ich aus verschiedenen Statistiken und Studien zusammengetragen.

- Statistisches Bundesamtes: „Durchschnittlicher Brutto-Monatsverdienst eines Arbeitnehmers in Deutschland von 1991 bis 2015."

- Statistisches Bundesamt: „Statistiken und Umfragen zur Pflege in Deutschland."

- Hans-Böckler-Stiftung: Lohnspiegel aus dem Jahr 2013 – „Einkommens- und Arbeitsbedingungen in Pflegeberufen."

- Studie des Pflegebeauftragten der Bundesregierung vom 27. Januar 2015: „Was man in den Pflegeberufen in Deutschland verdient."

- Pflege-Report des WIdO 2016

Zur Verweildauer in der Pflege habe ich mir noch einmal die bereits erwähnte Arbeit angesehen, die Tobias Hackmann im Jahr 2010 veröffentlicht hat: „Arbeitsmarkt Pflege: Bestimmung der künftigen Altenpflegekräfte unter Berücksichtigung der Verweildauer."

Das Angebot und die Nachfrage in der Pflege habe ich aus einer Engpass-Analyse der Bundesagentur für Arbeit im März 2016 zusammengetragen. Vor wenigen Jahren sahen diese Zahlen übrigens noch ganz anders aus. Damals gab es noch mehr arbeitslose Pflegefachkräfte als offene

Stellen. Für 2008 beispielsweise meldete die Arbeitsagentur 7740 arbeitssuchende Fachkräfte, aber nur 4300 offene Stellen.

Das Zitat von Raimund Becker stammt aus einem Artikel aus der „Welt" vom 12. März 2014: „Mangel an Pflegepersonal erreicht gravierende Ausmaße."

Ein Pilotprojekte zur Anwerbung ausländischer Fachkräfte wird zum Beispiel im Ärzteblatt am 24. Januar 2014 beschrieben: „Pilotprojekt holt chinesische Pflegekräfte nach Deutschland". Ein weiteres Pilotprojekt, eines der GIZ, heißt zum Beispiel „Ausbildung von Arbeitskräften aus Vietnam zu Pflegefachkräften" und läuft von 2012 bis 2016.

Dass es nicht ausreichend Zeit zur vertragskonformen Pflege gibt, geht aus der sogenannten NRW-Studie von Klaus Wingenfeld und Eckart Schnabel aus dem Jahr 2002 hervor: „Pflegebedarf und Leistungsstruktur in vollstationären Pflegeeinrichtungen." Als Zusammenfassung der Problematik empfehle ich die darauf aufbauenden Gedanken von Thorsten Meier: „Anmerkungen zur Personalsituation in der stationären Altenpflege."

Die Beschreibung der Verhandlungen vor 1995 geht unter anderem aus Antworten der verschiedenen Landesministerien hervor sowie aus weiteren Gesprächen mit Experten.

Die Pflegeschlüssel der Bundesländer habe ich zusammengestellt aus den aktuellen Rahmenvertragsvereinbarungen der Länder unter vdek.com, durch Anfragen an die Landesministerien und eigene Recherchen.

Für die Beschreibungen zu Plaisir habe ich mit mehreren Beteiligten gesprochen. Zudem liegen mir interne Schriftwechsel und Vertragsentwürfe vor.

Informationen zum Pflegestärkungsgesetz II gibt es auf den Internetseiten des Bundesgesundheitsministeriums. Eine gute Zusammenfassung bietet auch der Barmer GEK Pflegereport 2015.

Die verbreiteten psychischen und körperlichen Probleme bereitet unter anderem das Factsheet 10 der Bundesanstalt für Arbeitsschutz und Arbeitsmedizin aus dem Jahr 2012 auf. Der Titel: „Arbeit in der Pflege – Arbeit am Limit? Arbeitsbedingungen in der Pflegebranche."

Die Beschreibungen von Marcus von Horn stimmen mit anderen Beschreibungen ehemaliger Mitarbeiter der Residenz-Gruppe überein. Wichtige Aspekte seiner Beschreibung werden von anderen, internen Unterlagen bestätigt.

Kapitel 6: Undercover – Wo ist Charlotte?

Die Umfrage zu den Tätigkeiten der 87b-Kräfte hat Reinhard Leopold am 24. März 2016 noch einmal in der „DerFreitag"-Community zusammengefasst: „Für pflegerische Hilfstätigkeiten missbraucht."

Die Studie der Uni Witten-Herdecke zur durchschnittlichen Verantwortung der Nachtschwestern ist am 11. November 2015 veröffentlicht worden und heißt: „Nachtschicht im Altenheim: Alleinverantwortlich für 52 Personen."

Die Schließung des Bremer Mediko-Heimes beschreibt der Weser-Kurier in dem bereits erwähnten Text vom 23. November 2015: „Schwerwiegende Mängel: Bremer Altenheim geschlossen."

Kapitel 7: Endlich Chef

Die Pflegeschlüssel der Bundesländer habe ich wie beschrieben zusammengestellt aus den aktuellen Rahmenvertragsvereinbarungen der Länder unter vdek.com, durch Anfragen an die Landesministerien und eigene Recherchen.

Den Anteil der privaten Heime in Niedersachsen haben wir bei correctiv.org ausgewertet. Dafür haben wir die Daten aller deutschen Pflegeheime für die verschiedenen Landkreise und Bundesländer analysiert.

Die Beschreibung der Reichsbräuteschule stammt unter anderem aus einem zweiteiligen Video, das bei YouTube zu finden ist.

Die Umstellung der Landesförderpolitik für Pflegeheime habe ich aus verschiedenen Artikeln sowie aus Informationen des Landes Baden-Württemberg. Einen guten Überblick gibt dieser Text der Stuttgarter Nachrichten vom 23. Februar 2010: „Land stoppt Zuschüsse."

Den Anstieg des Anteils und der Zahl privater Heime in den vergangenen Jahren beschreibt der BARMER GEK Pflege-Report 2015 ab Seite 103.

Informationen über Korians Pläne in Deutschland habe ich aus einem Artikel in der Frankfurter Allgemeinen Zeitung vom 14. Februar 2015: „Deutschlands Pflegeheime locken die Franzosen an."

Einzelne Zimmer können Investoren zum Beispiel auf der Seite marktplatz-pflegeimmobilie.de kaufen. Die passende Werbung der Residenz-Gruppe zum Thema findet sich auf deren Internetseite: „Seniorenimmobilie als Kapitalanlage." Auch in den regelmäßig per E-Mail versandten Investoren-Newslettern der Residenz-Gruppe finden sich viele Informationen zum Thema.

Die Aussagen der Beratungs-Agentur Terranus stammen aus deren Branchen-Monitor 2014, Seiten 3 und 4. Mehr: terranus.de

Die Arbeits- und Sozialministerkonferenz hat am 27. und 28. November 2013 in Magdeburg unter Tagesordnungspunkt 5.12 einen Antrag unter dem Titel „Gewinnerwartungen in der Pflege" formuliert.

Die Größe der verschiedenen Zimmer in deutschen Heimen haben wir bei correctiv.org mit Zahlen der statistischen Landesämter aufbereitet.

Die Beschreibungen von Dirk Völler stimmen zum Großteil mit anderen Beschreibungen ehemaliger Mitarbeiter der Residenz-Gruppe überein. Gegensätzliche Aussagen habe ich im Text aufgenommen. Wichtige Aspekte seiner Beschreibung werden von anderen, internen Unterlagen bestätigt.

Zudem liegen mir Schriftsätze und das Urteil aus einer Klage des Betriebsrates gegen die SWW GmbH aus dem Jahr 2015 vor. Das Aktenzeichen dieses Prozesses vor dem Arbeitsgericht Bremen-Bremerhaven ist 4 BV 418/14. Die Heimleiter hatten sich hier gegen die Einstufung als leitende Angestellte zur Wehr gesetzt, den Prozess am Ende aber verloren.

Die Werbung für das Haus Glandorf findet sich als PDF-Flyer auf der Webseite des Hauses.

Zur Schließung des AWO-Altenheimes habe ich mich in einem Artikel der Neuen Osnabrücker Zeitung informiert: „AWO schließt Altenheim am Schölerberg in Osnabrück."

Die Aktivitäten Völlers in seinem Heim finden sich in verschiedenen Zeitungsartikeln der Neuen Osnabrücker Zeitung:

- „Unter neuer Führung." In: Neue Osnabrücker Zeitung, 24. November 2010.

- „Spende für die Hospizarbeit." In: Neue Osnabrücker Zeitung, 19. Dezember 2010.

- „Ehrenamtliche haben viel geleistet." In: Neue Osnabrücker Zeitung, 6. Januar 2012.

- „Gratulationsbesuch aus Kanada." In: Neue Osnabrücker Zeitung, 5. November 2014.

Die Informationen über das Altenheim St. Elisabeth in Wolfsburg stammen aus lokalen Zeitungsartikeln und einer ausführlichen Antwort des Diakonischen Werkes Wolfsburg auf meine Anfrage. Dazu kommt ein Artikel aus der Wolfsburger Allgemeinen vom 25. Februar 2014: „Elisabeth-Heim: 2015 Abriss, dafür kommen zwei Neubauten."

Eine Stellenausschreibung „Heimleitung für das Seniorenzentrum St. Elisabeth" vom 17. März 2016 habe ich auf meinestadt.de gefunden.

Kapitel 8: Bis auf das letzte Hemd

Die Erzählungen von Marcus Jogerst habe ich in diesem Kapitel wie in allen anderen Kapiteln auch durch Gespräche mit weiteren Beteiligten ergänzt. Dazu kommen verschiedene Unterlagen von Jogerst sowie die Jahresabschlüsse der Seniorenhaus Renchen GmbH aus den vergangenen Jahren. Zudem habe ich zahlreiche Berichte aus der Acher-Rench-Zeitung gelesen, die mir Marcus Jogerst zur Verfügung gestellt hat. Die für dieses Kapitel relevanten Berichte stammen vor allem aus der Zeit von Juli 2006 bis Juli 2007.

Jogersts Pflegesätze finden Sie auf der Webseite des Seniorenhauses Renchen: seniorenhaus-renchen.de. Und die Rahmenverträge der einzelnen Bundesländer finden Sie zum Teil unter vdek.com.

Die Einzelzimmer-Vorgabe des Landes Baden-Württemberg erklärt die Landesregierung am 6. März 2015 auf ihrer Internetseite. Der Text erscheint unter der Überschrift „Einzelzimmervorgabe bei Pflegeheimen bleibt". Hintergründe zum Wechsel der gewünschten Zimmergrößen in der Landespolitik finden Sie auch unter pflegen-online.de vom 18. Mai 2009: „Baden-Württemberg: 100% Einzelzimmer als Standard für Heime?"

Den Anteil der Doppelzimmer in Baden-Württemberg haben wir bei correctiv.org aus Daten der statistischen Landesämter berechnet.

Kapitel 9 – Einzelkämpfer

Die Erzählungen von Marcus Jogerst in diesem Kapitel habe ich mir in Gesprächen mit weiteren Beteiligten bestätigen lassen. Für die entscheidenden Begebenheiten wie die Auseinandersetzung wegen des Codeschlosses in der Villa Auguste hat Marcus Jogerst mir Schriftwechsel zur Verfügung gestellt. Andere Details sind durch lokale Zeitungsartikel bestätigt worden.

Zur Beschreibung der Herausforderungen für das Personal habe ich mich hier erneut auf die Studie der Hochschule Fulda von Februar 2016 zur Belastung des Personals berufen: „Gesetzliche Personalbemessung in der stationären Altenpflege."

Über das Problem der Leiharbeitskräfte habe ich nicht nur mit Marcel Bleisteiner, sondern mit vielen verschiedenen Pflegern gesprochen. Im April 2016 hatten in Norddeutschland fast 250 Pflegeheime Besuch von der Staatsanwaltschaft, weil sie angeblich scheinselbstständige Pfleger beschäftigen und damit Sozialabgaben umgehen: „Verdacht auf Sozialbetrug in Pflegeheimen: Ein richtiger Skandal." – Auf shz.de am 29. April 2016.

Die Pflegenoten aller deutschen Pflegeheime hat correctiv.org von der AOK erhalten und in den vergangenen Monaten ausgewertet. Zudem haben wir die Arbeit und Transparenz der Heimaufsichten in den 16 Bundesländern verglichen. Die Ergebnisse finden Sie unter correctiv.org/pflege. Dort erklären wir auch, wie Sie an die Heimaufsichtsberichte ihres Pflegeheimes kommen.

Die Zahlen zu den freiheitsentziehenden Maßnahmen kommen aus dem vierten Pflege-Qualitätsbericht des Medizinischen Dienstes des GKV-Spitzenverbandes von Januar 2014.

Den Schriftverkehr mit dem MDK aus dem Jahr 2013 hat Marcus Jogerst mir zur Verfügung gestellt.

Die Erzählungen von Monika Ott sind durch andere Gespräche in weiten Teilen bestätigt worden. Zudem hat mir Monika Ott Hunderte Dokumente zu den Verordnungen für Pflegeheime mitgegeben und mir die entsprechenden Gesetzestexte und Vorschriften zusammengesucht.

Der Body-Mass-Index oder BMI berechnet sich aus dem Gewicht, geteilt durch die Größe in Metern zum Quadrat. Eine Frau mit 1,50 Meter Größe muss für einen BMI von 24 genau 54 Kilo wiegen. Für einen Mann mit 1,80 Meter Größe sind es etwa 80 Kilo.

Die Studie der Bundesregierung zur Bürokratie in der Pflege ist im März 2013 unter dem Titel „Erfüllungsaufwand im Bereich Pflege" erschienen.

Das Blog von Monika Ott finden Sie im Netz unter oberschwesterhildegard.wordpress.com. Ott hat dort Dutzende Einträge zu Ihrem Alltag als Pflegerin veröffentlicht.

Kapitel 10 – Die Mühlen der Politik

Der Facebook-Post, mit dem Pflege am Boden beginnt, liegt mir als Screenshot vor. Zudem habe ich mich mit Guy Hofmann und Michael Thomsen unterhalten. Die Schwäbische Zeitung berichtete nach dem ersten Flashmob übrigens noch am selben Tag online: „Pflegekräfte demonstrieren in Aalen für bessere Bedingungen."

Auch mit Armin Rieger habe ich gesprochen. Die Verfassungsbeschwerde Armin Riegers liegt mir vor. Der Münchener Anwalt Alexander Frey betreut derzeit noch Verfassungsbeschwerden von einzelnen Betroffenen. Unterstützt werden diese vom Sozialverband VdK. Über diese Klagen ist Stand Mitte Mai 2016 noch nicht entschieden worden.

Die Erzählungen von Jogerst sind erneut durch andere Beteiligte bestätigt worden. Zum Teil liegen mir auch Schriftwechsel über die Organisation von Veranstaltungen sowie die entsprechende Berichterstattung aus der „Acher-Rench-Zeitung" vor. Jogersts Briefe an Katrin Altpeter und Wolfgang Schäuble liegen mir vor. Sie sind in diesem Buch gekürzt wiedergegeben, aber inhaltlich unverändert.

Die Beschreibung des 17. März 2015 beruht auf Aussagen von Marcus Jogerst und der anwesenden Pflegerin und Pflege-Dozentin Yvonne Falckner sowie auf Fotos, die „Pflege am Boden" an diesem Tag geschossen hat.

Informationen zum Pflegestärkungsgesetz II gibt es auf den Seiten des Bundesgesundheitsministeriums. Eine gute Zusammenfassung bietet auch der Barmer GEK Pflegereport 2015.

Für die Beschreibung der Veranstaltung mit Manfred Lucha habe ich auch einen Text aus der „Acher-Rench-Zeitung" vom 15. Mai 2015 genutzt: „Pfeifkonzert wütender Pflegekräfte."

Als Hintergrund zu den Problemen der 24-Stunden-Pflege empfehlen wir das Buch „Damit es Oma gut geht" von Bernhard Emunds. Auf 200 Seiten beschreibt Emunds ausführlich alle Aspekte des Themas. Aus diesem Buch habe ich mich in diesem Kapitel bedient. Eine aktuelle Befragung von 26 polnischen Pflegekräften hat Patrycja Knieska bei der Friedrich-Ebert-Stiftung veröffentlicht: „All-inclusive-Pflege aus Polen in der Schattenzone."

Die Pressemitteilung des Sozialministeriums Baden-Württemberg zur neu vorgeschriebenen Personalquote von einer Fachkraft pro 30 beziehungsweise 40 Bewohnern ist unter dem Titel „Personaleinsatz in Heimen neu geregelt" am 10. Juli 2015 veröffentlicht worden.

Die ehemalige Landessozialministerin Katrin Altpeter wollte leider nicht mir reden und hat eine schriftliche Anfrage nicht beantwortet.

Kapitel 12: Schlusswort

Dass etwa drei Viertel aller Deutschen zu Hause gepflegt werden wollen, ist immer wieder das Ergebnis von Umfragen. Ein Beispiel ist eine Umfrage der R+V, veröffentlicht auf der Internetseite ruv.de am 29. Juli 2013: „Deutsche setzen auf ambulante Pflege und Partner."

Gleichzeitig will nur ein Drittel der Menschen selbst jemanden zu Hause pflegen. Das ist das Ergebnis einer Umfrage der DAK Gesundheit, veröffentlicht am 23. Februar 2015 auf der Seite vdek.com unter dem Titel: „Nur wenige zu häuslicher Pflege bereit."

Die Berechnungen zur Vollversicherung hat Professor Markus Lüngen für die Gewerkschaft verdi durchgeführt. Lüngen ist Volkswirtschaftler und Experte für Gesundheitsökonomie an der Hochschule Osnabrück. Seine Untersuchung hat er unter dem Titel „Vollversicherung in der Pflege – Quantifizierung von Handlungsproblemen" im Jahr 2012 veröffentlicht.

Danksagung

Jeder pflegt allein – Wie es in deutschen Heimen wirklich zugeht.

Danksagung

Danke.

An all die Pfleger, die mit meinen Kollegen und mir für dieses Buch gesprochen haben, all die Betroffenen, Angehörigen, Experten, Aktivisten, Politiker, Funktionäre. Ganz besonders an diejenigen, deren Geschichte ich in diesem Buch aufschreiben durfte. An Monika Ott, Marcus von Horn, Dirk Völler und Marcus Jogerst. Je mehr Menschen aufstehen und Journalisten wie meinen Kollegen und mir ihre Geschichten erzählen, desto besser für alle.

An all diejenigen, die mir im Hintergrund bei meinen Recherchen geholfen haben. Sei es durch gute Tipps und Ideen, Ratschläge, Korrekturen oder Kontakte. Besonderer Dank geht an Reinhard Leopold, Werner Kollmitz und Michael Thomsen. Per E-Mail, Twitter, Facebook, am Telefon und in persönlichen Gesprächen habe ich darüber hinaus Hunderte Hinweise und Erfahrungsberichte bekommen, dazu Daten und Dokumente. Ich habe gemerkt, wie sehr dieses Thema tatsächlich jeden von uns auf irgendeine Art betrifft. Vielen Hinweisen konnte ich für dieses Buch nicht nachgehen. Einiges wird in Zukunft auf correctiv.org/pflege zu finden sein.

An Correctiv. Für die Zeit, dieses Buch zu schreiben. Besonders an all die Kollegen, die mir bei den Recherchen und der Redaktion geholfen haben. An Vanessa Wormer, Benjamin Knödler und Lovis Krüger. An unseren Textchef Ariel Hauptmeier für die großartige Unterstützung, an unseren Grafikdesigner Thorsten Franke und unseren Fotografen Ivo Mayr. An Michael Schomers für die Undercover-Reportage. An Klaus Weckbecker, Direktor des Instituts für Hausarztmedizin am Universitätsklinikum Bonn. An Benedict Wermter für die Mitarbeit an der Undercover-Reportage und am Ratgeber. An Sandhya Kambhampati und Stefan Wehrmeyer für die Auswertung der Daten und an Simon Jockers für den Aufbau der Webseite.

An Gitta Datta und den NDR für die Zusammenarbeit in den vergangenen Monaten. Und an all die Medienpartner, die gemeinsam mit uns Geschichten zum Thema Pflege veröffentlichen.

An die Rudolf Augstein Stiftung, die mit einem Daten-Fellowship Anfang 2015 den Anstoß zu diesem Projekt gegeben hat.

An alle Unterstützer von correctiv.org, egal ob große Stiftung oder einfacher Spender. Ohne Eure Hilfe wäre dieses Buch nicht möglich gewesen.

An meine Eltern und meine Frau.

Der Autor

Jeder pflegt allein – Wie es in deutschen Heimen wirklich zugeht.

Der Autor

Daniel Drepper, Jahrgang 1986, ist Mitgründer von und Senior Reporter bei Deutschlands erstem gemeinnützigen Recherchezentrum correctiv.org.

Bis Mitte 2014 war Drepper Fellow am Stabile Center for Investigative Journalism und Scholar am Brown Institute for Media Innovation der Columbia University in New York City.

Drepper arbeitete von 2010 bis 2013 für das Recherche-Ressort der heutigen Funke-Mediengruppe. Davor war Drepper unter anderem freier Journalist für den Deutschlandfunk, den WDR, Zeit Online, Spiegel Online, die Frankfurter Allgemeine Zeitung und zahlreiche Regionalzeitungen.

Für die WAZ-Gruppe gründete er die Recherche-Plattform fussballdoping.de, die für den Grimme-Online-Award nominiert wurde.

Drepper gewann unter anderem einen Wächterpreis, den Ernst-Schneider-Preis sowie den Axel-Springer-Preis und wurde als Journalist des Jahres in der Kategorie Newcomer ausgezeichnet. Seine Diplomarbeit schrieb Drepper über journalistische Auskunftsrechte und das Informationsfreiheitgesetz.

Heute lebt Drepper mit seiner Frau in Berlin.

Kontakt: daniel.drepper@correctiv.org
Twitter: twitter.com/danieldrepper
Facebook: facebook.com/danieldrepper

Der Undercover-Rechercheur

Michael Schomers, Jahrgang 1949, ist seit mehr als 30 Jahren freier Fernsehjournalist. In dieser Zeit hat er zahlreiche Fernsehreportagen und Dokumentationen gedreht sowie Bücher geschrieben. Häufig hat er dabei investigativ recherchiert und war undercover unterwegs. Er war verdeckter Rechtsradikaler, Fernfahrer, Bestattungshelfer und Sozialhilfeempfänger. Schomers hat zahlreiche Fernsehpreise gewonnen und unterrichtet als Dozent investigativen Journalismus, Dokumentarfilm und Produktionsmanagement.

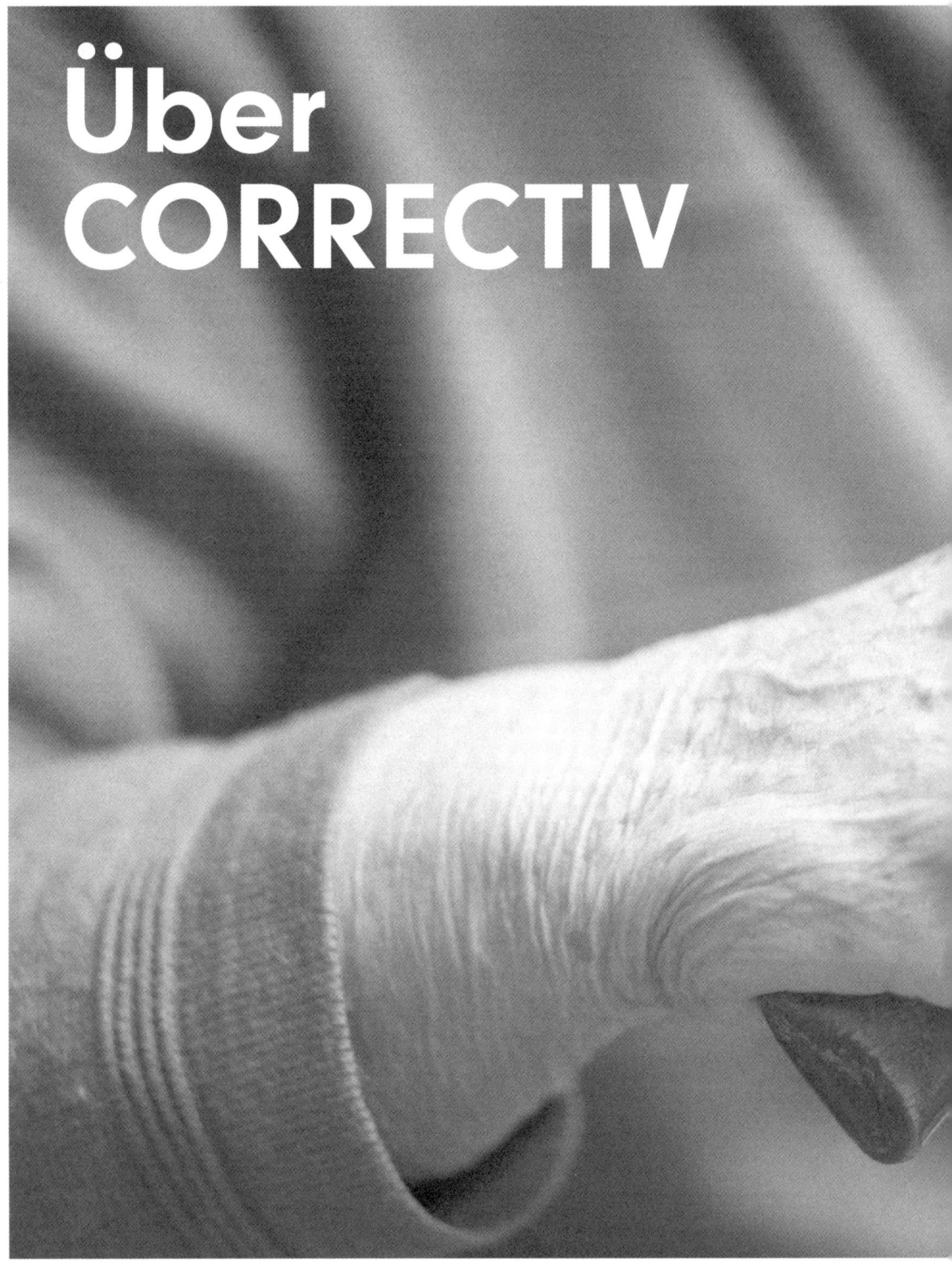

Über CORRECTIV

Jeder pflegt allein – Wie es in deutschen Heimen wirklich zugeht.

Über Correctiv

Dieses Buch ist ein Projekt von correctiv.org, dem ersten gemeinnützigen Recherchezentrum Deutschlands.

Correctiv finanziert seine aufwändigen Recherchen durch Spenden und Mitgliedsbeiträge von Stiftungen und Bürgern. Ihnen gefällt unsere Arbeit? Dann unterstützen Sie uns als Fördermitglied: **correctiv.org/unterstuetzen**

Sie wollen wissen, was wir sonst noch machen? Unter correctiv.org/newsletter bekommen Sie Informationen von uns direkt ins E-Mail-Postfach. Dort bieten wir auch regelmäßige Nachrichten zum Thema Pflege an.

Sie finden Correctiv auch in den sozialen Medien:
facebook.com/correctiv.org
twitter.com/correctiv_org
instagram.com/correctiv_org

Unabhängiger Journalismus braucht unabhängige Finanzierung

Nette Geschichten schreiben können andere. Wir wollen aufklären. Wir sind das erste Recherchezentrum in Deutschland, das unabhängig, werbefrei und nicht-gewinnorientiert ist.

Nach unserem Verständnis ist der Kern des Journalismus, Missstände aufzudecken. Deshalb recherchieren wir zu Korruption im Gesundheitswesen, zu Machtmissbrauch von Politikern und zu einer Oberschicht, die glaubt, Regeln würden nur für andere gelten.

Damit wir arbeiten können, brauchen wir Menschen, die uns unterstützen. Werden auch Sie Fördermitglied und ermöglichen damit die Arbeit von 16 investigativen Journalistinnen und Journalisten bei CORRECTIV.

Denn wir sind überzeugt: Ohne unabhängige und kritische Medien kann die Demokratie auf Dauer nicht überleben.

Unterstützen Sie unsere Arbeit, werden Sie Fördermitglied von Correctiv.
correctiv.org/unterstuetzen

Dafür stehen wir

Wir sind das erste gemeinnützige Recherchezentrum im deutschsprachigen Raum. Wir wollen jedem Bürger Zugang zu Informationen geben. Das ist unser Ziel.

Wir sind damit eine von vielen Antworten auf die Medienkrise. Die alten Geschäftsmodelle funktionieren immer weniger. Gleichzeitig müssen Journalisten eine immer komplexere Welt immer besser erklären. Verlage stellen Zeitungen ein oder kürzen Etats. Das Digitalgeschäft kann das bisher nicht ausgleichen. Die Medien haben Probleme, ihrer Wächterfunktion nachzukommen. Hier setzt correctiv.org an und will investigativen, aufklärenden Journalismus für jeden Verlag, für jeden Sender in Deutschland erschwinglich und zugänglich machen.

Aus diesem Grund initiiert correctiv.org unter anderem auch ein Bildungsprogramm, um die Methoden des aufklärenden Journalismus weiterzugeben. Damit wollen wir Bürger vor Ort dazu befähigen, sich selbst Informationen zu beschaffen und für Transparenz zu sorgen.

Unser Modell

Correctiv.org finanziert sich vor allem durch Spenden von Bürgern und Zuwendungen von Stiftungen. Seine Recherchen und Geschichten reicht correctiv.org in Kooperationen an große und kleine Zeitungen und Magazine wie auch an Radio- und Fernsehsender weiter.
Darüber hinaus probieren wir uns an innovativen Wegen, große Geschichten im Internet zu veröffentlichen. correctiv.org hat keine Druck- oder Vertriebskosten, sondern konzentriert sich auf Inhalte. Der Großteil des Etats von correctiv.org fließt direkt in aufwändige und investigative Recherchen, die sich viele Medien heute kaum noch leisten können.

Um Missstände aufzudecken und unsere Demokratie nachhaltig zu schützen, braucht es investigative Journalisten, die gründlich nachhaken, oft jahrelang an einem Thema arbeiten und regelmäßig dazu publizieren. Und interessierte sowie informierte Bürger, die Aufklärung einfordern.

Unsere Köpfe

Bei den Machern von correctiv.org handelt es sich um renommierte Journalisten und Programmierer. Sie haben zum Teil in leitenden Funktionen für große regionale und überregionale Medien gearbeitet. Sie sind profiliert und spezialisiert auf investigativen Journalismus. Sie haben Erfahrung in Bildungsaufgaben und setzen sich seit langem für eine transparente Gesellschaft ein. Sie sind national und international bestens vernetzt: Die Macher von correctiv.org sind die Garanten für unabhängigen Recherchejournalismus und einen ernst genommenen Bildungsauftrag.

Unser Weg

Correctiv.org beschäftigt neben klassischen investigativen Reportern auch Online- und Datenjournalisten sowie Programmierer. Mit modernsten Techniken wollen wir den journalistischen Anforderungen im digitalen Zeitalter bei der Recherche wie auch Darstellung gerecht werden. Damit wollen wir möglichst viele Menschen für unsere Arbeit begeistern. Correctiv.org beschreitet neue Wege.

Unsere Themen

Correctiv.org recherchiert zu den Bedrohungen und Herausforderungen unserer Gesellschaft, zu Machtmissbrauch und Korruption in Politik, Wirtschaft, Sport und Kultur, zu Themen wie Umwelt, Bildung, Gesundheit und sozialer Gerechtigkeit oder Rechtsradikalismus. Gemeinsam ist allen Themen, denen sich Correctiv.org annimmt, dass sie von nationaler Bedeutung sind, aber auch erhebliche Auswirkungen vor Ort haben. Die Themen von Correctiv.org gehen die Menschen direkt an.

Unsere Struktur

Correctiv.org wird von der gemeinnützigen GmbH „CORRECTIV – Recherchen für die Gesellschaft" mit Sitz in Essen getragen. Diese gemeinnützige GmbH darf keine Profite machen und muss ihr ganzes Vermögen für den Aufbau von correctiv.org einsetzen. Wir beschäftigen festangestellte Mitarbeiter und arbeiten mit freien Reportern zusammen. Die Redaktion hat ihren Hauptsitz in Essen und eine Betriebsstätte in Berlin. correctiv.org wird von einem Aufsichtsrat und einem Ethikrat beaufsichtigt, dem renommierte Journalisten angehören.

Unsere Finanzierung

Correctiv.org ist eine Non-Profit-Organisation. Wir werden vor allem finanziert durch Zuwendungen gemeinnütziger Stiftungen sowie durch Mitgliedsbeiträge und Spenden unserer Nutzer und Leser. correctiv.org ist somit nicht von Verkaufs- und Anzeigenerlösen abhängig. Wir akzeptieren kein Geld von Leuten, die uns vorschreiben wollen, wie wir zu arbeiten haben. Alle Geldgeber, die uns mehr als 1000 Euro zukommen lassen, erscheinen auf unserer Webseite. Correctiv.org ist gemeinnützig, unabhängig und investigativ.

Unsere Initialstifterin

Die Essener Brost-Stiftung hat sich bereit erklärt, unsere Gründung zu finanzieren.
Die Brost-Stiftung hat einen gemeinnützigen Auftrag jenseits aller Parteipolitik. Sie ist als seriöse
Organisation bekannt und akzeptiert.

Die Stifterin Anneliese Brost und ihr Mann Erich Brost gehören beide zu den bedeutendsten Verlegerpersönlichkeiten der Deutschen Geschichte. Der frühere SPD-Abgeordnete des Parlamentes der Freien Stadt Danzig, Erich Brost, musste nach Beginn des 2. Weltkrieges vor den Nazis flüchten. Schon im Sommer 1945 kam er aus dem englischen Exil zurück nach Deutschland. Statt seine Parteikarriere wieder aufzunehmen, gründete er im Kohlerevier der Republik die Westdeutsche Allgemeine Zeitung (WAZ), um die Aufklärung voranzutreiben. Er wollte Arbeitern die Teilhabe an der Gesellschaft ermöglichen, um Demokratie zu fördern. Gemeinsam mit seiner Frau Anneliese schuf er den Aufbruch des Journalismus aus der dunkelsten Zeit.

Nun wird ein Teil dieses Erbes dafür eingesetzt, ein neues Kapitel im Journalismus aufzuschlagen und die Zukunft demokratischer und transparenter zu gestalten.

Wir freuen uns über dieses Vertrauen.

Alle unsere Recherchen zur Pflege finden Sie
unter **correctiv.org/pflege**

Die Vielfalt der Presse

Wir sind anders.

10 ,- Euro für unabhängige Recherchen

correctiv.org/unterstuetzen

Jeder pflegt allein – Wie es in deutschen Heimen wirklich zugeht.

Ebenfalls im Correctiv-Verlag erschienen:

DER BEEINFLUSSUNGSAPPARAT

Wie Massenmedien funktionieren, wie sie unsere Gesellschaft manipulieren und wie wir dazu beitragen.

In ihrem Comic-Manifest gehen die New Yorker Autorin Brooke Gladstone und Zeichner Josh Neufeld der Frage nach, was Zeitungen, Fernsehen, Radio ausmacht und wie das Internet alles durchrüttelt. Dabei liefern sie überraschende Einsichten in die Gesellschaft und finden dabei Erklärungen, wie Menschen auf so Verschwörungstheorien wie etwa die angebliche „Lügenpresse" kommen. DER BEEINFLUSSUNGSAPPARAT ist ein New York Times Bestseller, den wir von CORRECTIV ins Deutsche übersetzt haben. In einem Nachwort geht David Schraven auf Besonderheiten in der deutschen Medienlandschaft ein.

Stefan Plöchinger aus der Chefredaktion der Süddeutschen Zeitung sagt: „Wer kurz mal kritisch über den Zustand des Journalismus nachdenken will, der sollte diesen wunderbar kurzweiligen Comic lesen."

Stephen Colbert sagt: „Ein großartiges Buch".

224 Seiten. Hardcover. 20,00 €

shop.correctiv.org

Jeder pflegt allein – Wie es in deutschen Heimen wirklich zugeht.

WEISSE WÖLFE

Eine grafische Reportage über rechten Terror. Wir von CORRECTIV haben in dieser aufwändigen Recherche der Idee hinter der Terrorserie des Nationalsozialistischen Untergrundes, NSU, nachgespürt. Wir entdecken eine neue Terrorbande, die weitgehend unbekannt in Deutschland ist – und die international tätig war. Und wir enthüllen die Ideologie, die weiteren Terror erzeugt.

224 Seiten. Hardcover. 15,00 €

shop.correctiv.org

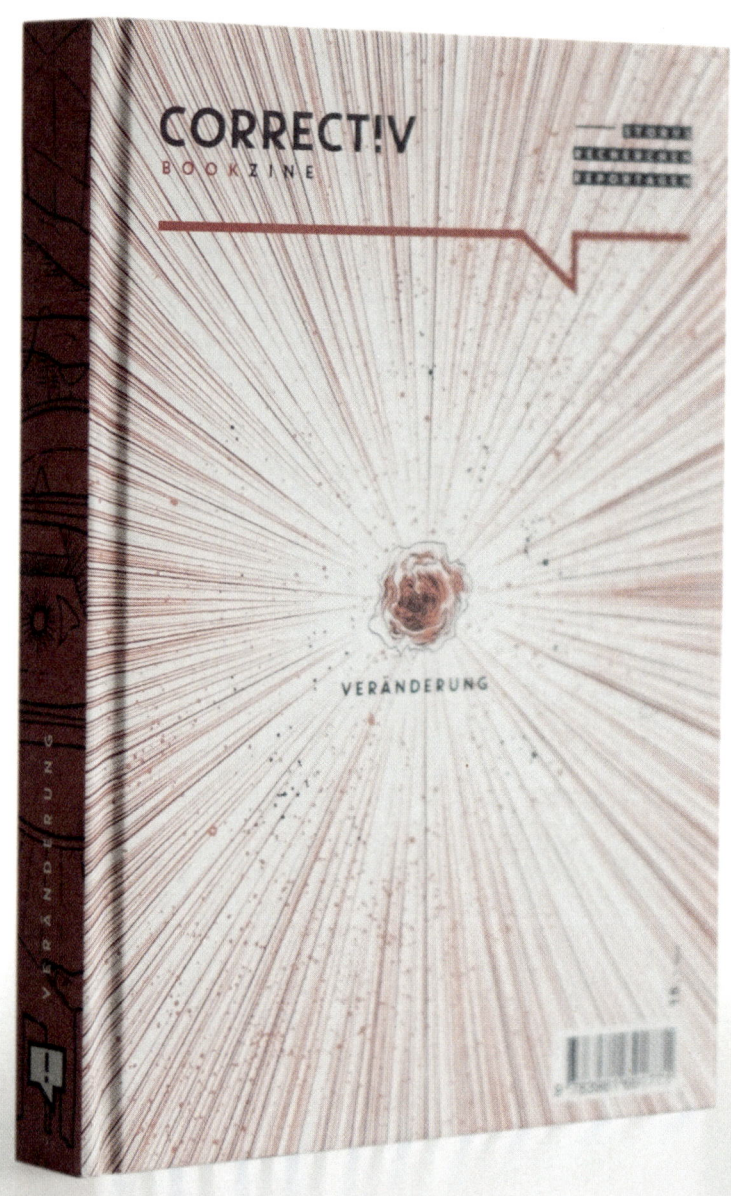

Jeder pflegt allein – Wie es in deutschen Heimen wirklich zugeht.

CORRECTIV BOOKZINE #3

Obwohl das Oberthema unserer dritten Ausgabe des CORRECTIV-Bookzines „Veränderung"
heißt, bleibt das Prinzip beim Altbewährten: investigative Recherchen innovativ aufbereitet auf
224 anzeigenfreien Seiten im Hardcover.

Der Rest ist neu: ein großartiges Cover mit Illustrationen des Berliner Comiczeichners Jens Har-
der, Undercover-Recherchen als todkranker Krebspatient im Geistheiler-Milieu, Geständnisse
eines Mafiakillers auf der Flucht, Infografiken zu den Bestimmern unserer Klimapolitik und
Steuerverschwendung im Fußballbetrieb. Ein Psychiatrie-Revolutionär zwischen Zwangseinwei-
sung und Überbelegung, der Kampf im Zeichen der Informationsfreiheit gegen die Blockadepo-
litik der Regierung und beeindruckende Fotostrecken von ungebrochenen Kriegsveteranen und
lebensfrohen Rentnerparadiesen in Florida. Und natürlich vieles mehr.

Mitglieder bekommen das Bookzine kostenlos und automatisch zugesandt und müssen es hier
nicht bestellen.

224 Seiten. Hardcover. 15,00 €

shop.correctiv.org

Jeder pflegt allein – Wie es in deutschen Heimen wirklich zugeht.

CORRECTIV BOOKZINE #2

Wir streben nach Freiheit. Das ist das Thema unseres zweiten Bookzines. Diesmal noch mehr Book als Zine. Hardcover, 224 Seiten, werbefrei: Eine grafische Story über Joß Fritz, den ersten Freiheitskämpfer Deutschlands. Eine Fotoreportage über Russlands neue Krieger. Und natürlich eine Enthüllungsstory über Wladimir Putins Spionagezeit in Dresden. Wir schreiben über Henry David Thoreau - und seinen Aufruf zur „Pflicht zum Ungehorsam gegen den Staat". Wir schreiben über das Leben in der Illegalität und über gruppendynamische Seelenstrips. Mitglieder bekommen das Stück kostenlos und automatisch zugesandt und müssen es hier nicht bestellen.

224 Seiten. Hardcover. 15,00 €

shop.correctiv.org

Jeder pflegt allein – Wie es in deutschen Heimen wirklich zugeht.

reden schreiben wirken

... und ganz nebenbei ein besserer Mensch werden. Wir haben ein Buch gemacht über die Kunst zu reden, zu schreiben, sich auszudrücken. Unser Autor Markus Franz sagt: Sie können weder gut schreiben noch reden. Und er sagt, das liegt an den Deutschlehrern, die auch nicht gut schreiben und reden können. Woher auch? Sie haben es ja selbst nicht gelernt. Markus Franz ist ein erfahrener Journalist, ein Redenschreiber - unter anderem für Peer Steinbrück - und ein Wort-Coach, wenn es diesen Job gibt. Markus Franz beschäftigt sich mit Sprache und den Methoden, wie man besser schreiben und reden lernt. Sein Lehrbuch ist verdammt unterhaltsam und garantiert nicht das, was Sie erwarten.

Hardcover. 20,00 €

shop.correctiv.org

CORRECT!V
RECHERCHEN FÜR
DIE GESELLSCHAFT